陈寅恪、蔡元培、钱穆、南怀瑾、季羡林、胡适、冯友兰、梁漱溟、钱锺书等一批顶尖级国学大师对中国传统文化的权威解读！

国学公开课

跟国学大师学国学

文 捷 ◎编著

读国学经典·品国学魅力

中国华侨出版社

图书在版编目（CIP）数据

国学公开课 / 文捷编著. —— 北京：中国华侨出版社，2016.1
 ISBN 978-7-5113-5959-9

Ⅰ. ①国… Ⅱ. ①文… Ⅲ. ①国学－通俗读物 Ⅳ. ①Z126-49

中国版本图书馆 CIP 数据核字（2016）第 026490 号

● 国学公开课

编　著 / 文　捷
责任编辑 / 文　喆
责任校对 / 高晓华
装帧设计 / 环球互动
经　销 / 新华书店
开　本 / 710 毫米×1000 毫米 1/16　印张 /19　字数 /272 千字
印　刷 / 北京柯蓝博泰印务有限公司
版　次 / 2016 年 5 月第 1 版　2016 年 5 月第 1 次印刷
书　号 / ISBN 978-7-5113-5959-9
定　价 / 36.80 元

中国华侨出版社　北京市朝阳区静安里 26 号通成达大厦 3 层　邮编：100028
法律顾问：陈鹰律师事务所　　　　　编辑部：(010) 64443056　　64443979
发行部：(010) 64443051　　　　　　传　真：(010) 64439708
网　址：www.oveaschin.com　　　　E-mail：oveaschin@sina.com

前 言
PREFACE

"国学"即为中国之学,是中华民族在数千年历史中创造的文化总合。国学,不仅是悠久的中国传统文化的证明,更是中华文化的学术基础、固本之学,也是每一位中国人立身处世之本,也是我们当下每个人都不可或缺的精神力量。在不断走向世界的今天,每一个中国人都应该具有良好的国学素养。

学好国学,最有效最直接的途径就是向中国的近现代大师学习。所谓大师者,大学问、大智慧也,是华夏五千年经史子集的集大成者。中国近现代出现了诸多的国学集大成者,比如陈寅恪、蔡元培、钱穆、南怀瑾、季羡林、梁漱溟、冯友兰、钱锺书等,他们的学问研究和国学造诣都是出类拔萃的,不仅如此,他们的道德人品亦属一流,是近现代中国当之无愧的国学大师。向他们学习,不仅仅要学习他们的学术研究,在国学上的造诣,更重要的就是要学习他们的人品、文品、风骨等,这也是国学中的精华部分,值得我们当下的每个人去了解和学习。

学孔论孟,可思辨仁义礼智;参禅悟道,可感受禅宗道德……同样,通过解读各位先哲、国学大师的为人处世,拜读他们对诸多国学典籍的讲解和梳理,并结合古今的诸多例证,可以感悟国学的博大精深,感知至广大而尽精微的万物妙道，体悟极高明而道中庸的为人之道，实践经世致用的济事之道，修为兼济天下之大德，更可练达成就事业之博大胸怀。

《国学公开课》以国学为缘，以大师的名言、名篇为教材，让你真正与人生中的良师益友结缘，以收获大得：得师、得智、得友、得益、得大视野、得大格局、得身心归，大成也，大业也！也让你真正地了解国学的博大精深。

当然，国学源远流长，并非一朝一夕可以得之。为此，本书旨在化繁为简，引用大师的原文，将大师的经典智慧、思想、精髓简化，将经典的国学用深入浅出的语言解读，为更多的国学爱好者提供精神上的低门槛、无障碍的阅读普及本。

史、儒、道、兵、易、礼节……这里无所不包，本书等待着你的探索。陈寅恪、蔡元培、钱穆、南怀瑾、季羡林、胡适、冯友兰、梁漱溟……各位国学大师带领你穿越时空的阻隔，让你随时随地都能聆听充满智慧的声音！纷繁复杂的喧嚣尘世中，一本好书，一杯好茶，便可品人间五味，观世间百态。

目 录
CONTENTS

Part 1 陈寅恪——以人格践行独立之精神

第一章 独立之精神,自由之思想 …………………… 2
    01. 生命不息,学习不止 …………………………………… 2
    02. 独立之精神,自由之思想 ……………………………… 5
    03. 只求学问,不受学位 …………………………………… 6

Part 2 蔡元培——修身正己是为人之根本

第二章 道德、人格、强身都是修身的根本 ………… 10
    01. 道德是育人的根本 ……………………………………… 10
    02. 健全的人格是教育之首 ………………………………… 13
    03. 修身正己,以身体康强为第一要义 …………………… 15
    04. 人的第二天性的养成:从个人点滴行为开始 ………… 19
    05. 幸福由"勤勉"而生 …………………………………… 22

第三章 "自制"是修身第一要诀 …………………… 27
    01. 合理控制自身的欲望 …………………………………… 27
    02. 求名誉,不可急于求成 ………………………………… 29
    03. 别因一时的愤怒而毁了自己的一生 …………………… 31
    04. 要想自制,就要养成忍耐之力 ………………………… 34
    05. "以情制情"——纾解不良情绪的良方 ……………… 37

Part 3
钱穆——生命的价值远高于物质

第四章 追随内心，不为外物所累 …… 40
  01. 生命的意义与外在的物质无关 …… 40
  02. "德""福"兼备才是福 …… 43
  03. 追求眼前的幸福 …… 45
  04. 心智才是生命的本态 …… 48
  05. 随性而为，才能求得安乐 …… 51

Part 4
南怀瑾——极富智慧的孜孜学者

第五章 强者征服天下，智者征服自己 …… 54
  01. 清静自我，享受清福 …… 54
  02. 世上无如人欲险，几人到此误平生 …… 58
  03. 扩展欲望，必要自食恶果 …… 59
  04. 胜人者力，自胜者强 …… 62

第六章 立业先立德，做事先做人 …… 65
  01. 小事是成就大事的立脚点 …… 65
  02. 自助者天助，自强者刚强 …… 67
  03. 为别人着想，就是为自己着想 …… 70
  04. 低头的是"稻子"，昂头的是"稗子" …… 72
  05. 智者爱"曲线"，愚者爱"直线" …… 76

第七章 将人生的磨难看成是一笔财富 …… 79
  01. 身处困境，心则在顺境 …… 79
  02. "忍"是一种能力，也是一种修为 …… 84
  03. "顽石"只有打磨后，才能变成"美玉" …… 88
  04. 艰难是优秀人士的"助推器" …… 90

Part 5
季羡林——一丝不苟，认真生活的大师

第八章　做人的法则：懂得施予，以"仁"为本 …………… 96
　　01. 心存"仁"念，富有人情味 ………………………… 96
　　02. 恻隐之心，仁之端也 ………………………………… 99
　　03. 莫将"闲事"挂心头，保持一颗平常心 …………… 101
　　04. 怀旧并不是沉溺于过去 ……………………………… 105

第九章　修身的法则：洞彻人生，通达乐活 …………………… 110
　　01. 人若无欲品自高 ……………………………………… 110
　　02. 淡然看待生死 ………………………………………… 114
　　03. 洞明世事，反求诸躬 ………………………………… 116

第十章　立身的法则：不降其志，不辱其身 …………………… 119
　　01. 认认真真过人生 ……………………………………… 119
　　02. 不降其志，不辱其身 ………………………………… 123
　　03. 老骥伏枥，志在千里 ………………………………… 127

Part 6
梁启超——襟怀坦荡的百科全书式巨人

第十一章　做事先做人，修身先修心 …………………………… 132
　　01. 君子坦荡荡，心广天地宽 …………………………… 132
　　02. 言行一致才能取信于人 ……………………………… 135
　　03. 忠于事实，忠于真理 ………………………………… 137

第十二章　知者不惑，仁者不忧，勇者不惧 ………………… 140
　　01. 成仁者不心忧 ………………………………………… 140
　　02. 智慧是解惑的钥匙 …………………………………… 142
　　03. 意志刚强的人无所畏惧 ……………………………… 145

第十三章　用品质雕塑人格，用人格成就自我 ……………… 147
　　01. 人生即责任，担责即福祉 …………………………… 147
　　02. 知人者智，知己者明 ………………………………… 149
　　03. 艰难困苦，玉汝于成 ………………………………… 151

04. 业精于勤，荒于嬉 ·········· 154

Part 7
鲁迅——医治民族灵魂的文坛先锋

第十四章 小事着手，细处着眼，积跬步之功，至千里之行 ·········· 158
  01. 滴水藏海，细微之处见真章 ·········· 158
  02. 勿以善小而不为，小事蕴含大乾坤 ·········· 160
  03. 时间是组成生命的材料，不要浪费点滴时光 ·········· 162

第十五章 立足行动，靠坚持不懈取胜 ·········· 165
  01. 一诺千金，敢说敢做 ·········· 165
  02. 行动胜于空谈 ·········· 167
  03. 做事贵在持之以恒 ·········· 170

第十六章 正人须正己，律人从律己开始 ·········· 172
  01. 欲变世界先变其身 ·········· 172
  02. 自省责己，贵于责人 ·········· 174

第十七章 发现幸福真谛，感悟生命的重量 ·········· 177
  01. 幸福源于对痛苦的领悟 ·········· 177
  02. 爱的前提是让对方幸福 ·········· 180

Part 8
王国维——著作等身的国学大师

第十八章 智慧前行，为学以理，积学精业 ·········· 184
  01. 无用之用，是为大用 ·········· 184
  02. 以德育才，以美养德 ·········· 187
  03. 循序渐进，方入佳境 ·········· 189

第十九章 品行是立身之本、成事之基 ·········· 192
  01. 君子敏于行，慎于言 ·········· 192
  02. 人品的高度决定事业的高度 ·········· 195
  03. 成大业者必有大境界 ·········· 197

第二十章 静水流深，回归真我，找回失落的精神家园 ·········· 200
  01. 用理智驾驭情感，用情感平衡理智 ·········· 200

02. 永怀赤子之心，不背人生之初 ········· 202
03. 返璞归真，重塑独立之人格 ········· 204

Part 9
冯友兰——用实践诠释人生哲学

第二十一章 人生应当追求更高的境界 ········· 208
01. 人生的四种境界 ········· 208
02. 人生当知自觉 ········· 210
03. 平静地接受命运 ········· 212
04. 不要执着于是非对错 ········· 214
05. 平淡是一种境界 ········· 216

第二十二章 经营更好的人生 ········· 219
01. 爱能带来更多的爱 ········· 219
02. 顺应生活规律，不可妄为 ········· 221
03. 莫被外物所萦系 ········· 223
04. 外不欺人，内不自欺 ········· 224
05. 顺应自然，珍惜当下 ········· 226

第二十三章 树立积极的人生态度 ········· 229
01. 知不足 ········· 229
02. 人生当尽力 ········· 231
03. 获得他人的认可，人生才有价值 ········· 233
04. 努力是成功的必要因素 ········· 235
05. 寻找机会，等待机会 ········· 237

Part 10
梁漱溟——中国最后一位儒家

第二十四章 生命就是生活 ········· 240
01. 好好活着就是生活 ········· 240
02. 生命就是向上创造 ········· 242
03. 生命不需要太多理由 ········· 244
04. 人生应该知趣 ········· 246

		05. 人生须有高远的志向 ⋯⋯⋯⋯⋯⋯⋯⋯⋯⋯⋯⋯⋯⋯ 248

第二十五章　人生四难 ⋯⋯⋯⋯⋯⋯⋯⋯⋯⋯⋯⋯⋯⋯⋯⋯⋯⋯⋯⋯⋯ 250
01. 放平心态难 ⋯⋯⋯⋯⋯⋯⋯⋯⋯⋯⋯⋯⋯⋯⋯⋯⋯⋯ 250
02. 人生无悔难 ⋯⋯⋯⋯⋯⋯⋯⋯⋯⋯⋯⋯⋯⋯⋯⋯⋯⋯ 252
03. 奋勇后继难 ⋯⋯⋯⋯⋯⋯⋯⋯⋯⋯⋯⋯⋯⋯⋯⋯⋯⋯ 254
04. 心态健康难 ⋯⋯⋯⋯⋯⋯⋯⋯⋯⋯⋯⋯⋯⋯⋯⋯⋯⋯ 256

第二十六章　重视人格，重视心灵 ⋯⋯⋯⋯⋯⋯⋯⋯⋯⋯⋯⋯⋯⋯⋯ 258
01. 不疑人，不自负 ⋯⋯⋯⋯⋯⋯⋯⋯⋯⋯⋯⋯⋯⋯⋯⋯ 258
02. 立足现实，安心当下 ⋯⋯⋯⋯⋯⋯⋯⋯⋯⋯⋯⋯⋯⋯ 260
03. 内心不动，所向披靡 ⋯⋯⋯⋯⋯⋯⋯⋯⋯⋯⋯⋯⋯⋯ 262
04. 和气养身，无物不长 ⋯⋯⋯⋯⋯⋯⋯⋯⋯⋯⋯⋯⋯⋯ 264
05. 人生根本不可丢 ⋯⋯⋯⋯⋯⋯⋯⋯⋯⋯⋯⋯⋯⋯⋯⋯ 266

Part 11
钱锺书——中国文化批判性的观照者

第二十七章　人生如围城 ⋯⋯⋯⋯⋯⋯⋯⋯⋯⋯⋯⋯⋯⋯⋯⋯⋯⋯⋯ 270
01. 不要总是羡慕他人 ⋯⋯⋯⋯⋯⋯⋯⋯⋯⋯⋯⋯⋯⋯⋯ 270
02. 懂得珍惜 ⋯⋯⋯⋯⋯⋯⋯⋯⋯⋯⋯⋯⋯⋯⋯⋯⋯⋯⋯ 272
03. 正确地对待"得不到" ⋯⋯⋯⋯⋯⋯⋯⋯⋯⋯⋯⋯⋯ 274

第二十八章　恬淡洒脱，自在人生 ⋯⋯⋯⋯⋯⋯⋯⋯⋯⋯⋯⋯⋯⋯⋯ 276
01. 顺其自然，不患得失 ⋯⋯⋯⋯⋯⋯⋯⋯⋯⋯⋯⋯⋯⋯ 276
02. 人当有些狂气 ⋯⋯⋯⋯⋯⋯⋯⋯⋯⋯⋯⋯⋯⋯⋯⋯⋯ 278
03. 重视精神上的快乐 ⋯⋯⋯⋯⋯⋯⋯⋯⋯⋯⋯⋯⋯⋯⋯ 280

第二十九章　人生智慧 ⋯⋯⋯⋯⋯⋯⋯⋯⋯⋯⋯⋯⋯⋯⋯⋯⋯⋯⋯⋯ 282
01. 话是空的，人是活的 ⋯⋯⋯⋯⋯⋯⋯⋯⋯⋯⋯⋯⋯⋯ 282
02. 忘记别人的错 ⋯⋯⋯⋯⋯⋯⋯⋯⋯⋯⋯⋯⋯⋯⋯⋯⋯ 284
03. 学会"自知" ⋯⋯⋯⋯⋯⋯⋯⋯⋯⋯⋯⋯⋯⋯⋯⋯⋯ 286
04. 先苦才能后甜 ⋯⋯⋯⋯⋯⋯⋯⋯⋯⋯⋯⋯⋯⋯⋯⋯⋯ 287

Part 1

陈寅恪

——以人格践行独立之精神

　　陈寅恪，中国现当代当之无愧的国学大师。他学贯中西，文史兼通，学术研究有着极高的境界。他一生都潜心学问，不求显达，深为国内外学者所敬重。"独立之精神，自由之精神"是他个人的核心思想，无论是做人还是做学问，终其一生都在用实际的行为践行这一思想，成为中国文化史上名副其实的国学大师。可以说，陈寅恪所推崇的自由、独立思想以及他本人对知识的重视，对我们当下的人具有极深的借鉴意义。

第一章

独立之精神,自由之思想

> "独立之精神,自由之思想"是陈寅恪先生思想的核心,也是其终生践行的目标,同时,也是他为人处事的重要原则。同时,也是陈寅恪大师留给我们当代人最可贵的一笔精神遗产,是值得我们当下的知识分子学习和弘扬的学术精神和价值取向,而且也一定会成为现代化以后的全国人民的人生理想。这种思想是陈寅恪先生留给我们最为珍贵的思想理念,无论在什么时候都值得我们当下的人去了解和学习。

01. 生命不息,学习不止

【原文】

学问不是吃饭的工具,学问就是生命本身。

【引申】

国学大师陈寅恪先生一生最为推崇的就是学问。无论在早年还是晚年,他都视钻研和研究学问为自己生命不可分割的一部分。他曾十分明确地表示,学问不是吃饭的工具,学问就是生命本身。他是这样说的,也是这样做的,其毕生都在求知中充实自我,完善自身的修养,砥砺自我人格。他少时在南京家塾就读,在家庭环境的熏陶下,自小就能背诵十三经,广泛阅读经、史、哲学典籍。随后他又东渡日本学习。1905年因足疾辍学回国,后就读上海复旦公学。1910年自费留学,先后到德国柏林大学、瑞士苏黎世大学、法国巴黎高等政治学校就读。第一次世界大战爆发，1914年回国。1918年冬又得到江西官费的资助，再度出国游学，先在美国哈佛大学随篮曼教授学梵文和巴利文。1921年，又转往德国柏林大学，随路德施教授攻读东方古文字学，同时向缪勤学习中亚古文字，向黑尼士学习蒙古语。在留学期间，他勤奋学习、积蓄各方面的知识，而且具备了阅读蒙、藏、满、日、梵、英、法、德、巴利、波斯、突厥、西夏、拉丁、希腊等十几种语言的能力，尤以梵文和巴利文特精。文字是研究史学的工具，他国学基础深厚，对国史精熟于心，又大量吸取西方文化，故其见解多为国内外学人所推重。可见，这位国学大师用他遍布全球的求学足迹，为我们诠释了"生命不息，学习不止"的精神理念。

可以说，陈寅恪终其一生都在做学问，搞研究，不断求知，学习。即便是在战乱中、病痛中，他也不曾停止过。

抗日战争爆发后，陈寅恪携全家踏上了流亡之路。在离开北平之前，他还不忘记把自己的藏书寄往将要去的长沙。陈寅恪做学问的方式就是在书上随读随记，也是就是古人所说的"眉批"，眉批上写满了他的思考、见解和引证，这也是他学术研究的基础。

在几乎没有参考书的情况下，陈寅恪撰述了两部不朽的中古史名著——《隋唐制度渊源略论稿》和《唐代政治史述论稿》。这是两本藏之名山、传之后世的著作。在国际汉学界具有极深的影响《剑桥中国史》在提及陈寅恪时，给予了他异乎寻常的褒奖："解释这一时期政治和制度史的第二大贡献是伟大的中国史学家陈寅恪做出的。他提出的关于唐代政治和制度的观点，远比以往发表的任何观点更扎实、严谨和令人信服。"

就是这样一位"最优秀的中国学者"，"一个天生的导师"，此时却身处战火之中，他的工作条件惊人地恶劣，但他在大灾面前，依然恪守着一个民族的史学传统："国可以亡，史不可断，只要有人在书写她的历史，这个民族的文化就绵延不绝。"

可见，这位国学大师的言行带给我们现代人的不仅仅是一种刻苦、好学、钻研的精神，更是一种令国人为之崇敬的人格力量，他已经将做学问

当成他生命中不可或缺的一部分。

其实,中国自古就有"活到老,学到老"的谚语,它旨在告诉国人学习是对个人精神的充实,在学的过程中,我们会思考,在思考的过程中,人性就会得到升华。一个人在极其短暂的一生中,想要突显自己的价值,就要不断地学习,进而在思考中不断提升自身的修养,使人格得以完善,同时,也能传承美德,陶冶个人情操,铸造精神世界,提升自我的智慧。

有这样一个故事:

一位老人对自己的孩子说:"你知道为什么我要比今天的青年更幸福吗?很简单,我有过理想,有过信仰。这些支撑我度过了青年时代;而现在的青年,他们虽然快乐却没有精神支柱,等到我这个年纪,他们很容易就会垮掉。"

孩子听罢若有所思,便接着问道:"我们读文言文有什么用呢?"

老人笑着说:"不错,读李白、杜甫,读孔子、老子、孟子的书是没有直接的利益,但它却能陶冶个人情操,净化精神,洗涤心灵,有利于自己成为一个有血有肉、有情有义的性情中人。"

孩子点头,接着又问道:"为什么在学校我们要学语文,为什么还要背诵古典诗词呢?"老者听罢,一时觉得回答如此复杂的问题有些难,只好说:"如果数理化学不好,那仅仅是落后,如果母语学不好,缺少了文化素养,那就是愚蠢了。如果在愚蠢和落后之间让你选择一个,你选择什么呢?"

孩子顿时明白了。接着,老人又意味深长地说,一个人如果活到了十七八岁,还不能认识到人文精神的重要,还没有独立思考的意识,指望上大学再锻炼,情性、心灵和教养定会留下很多补不了的洞了。

人类在漫长的发展过程中积累了大量的精神财富,一个人即使要精通某一方面的知识,也需要长时间的学习,将其看成是生命本身的一个重要组成部分。在年轻时,学是为了理想,为了安定;中年时,学是为了补充,补充空洞的心灵;老年时,学则是一种意境,慢慢品味,就会感知灵魂乐在其中。所以,我们要想在年轻时不迷茫,在中年时不空虚,在老年时不悲观,就去学习吧,为此,你的人生便会无比充实。

02. 独立之精神,自由之思想

【原文】

我认为研究学术,最主要的是要具有自由的意志和独立的精神。所以我说:"士之读书治学,盖将以脱心志于俗谛之桎梏。""俗谛"在当时即指三民主义而言。必须脱掉"俗谛之桎梏",真理才能发挥,受"俗谛之桎梏",没有自由思想,没有独立精神,即不能发扬真理,即不能发扬真理,即不能研究学术。

【引申】

"独立之精神,自由之思想"是陈寅恪先生的核心思想理念。他不仅提出这样的思想,同时也在中国思想史上最黑暗的年代用行动去诠释和践行这一理念,所以,这是大师留给我们当代人最可宝贵的一笔精神遗产。

关于此,陈寅恪在《王观堂先生挽词并序》中这样写道:"士之读书治学,盖将以脱心志于俗谛之桎梏,真理因得以发扬。……惟此独立之精神,自由之思想,历千万祀,与天壤而同久,共三光而永光。"其实,在大师看来,每个人的精神和思想都应该是独立和自由的,不应受外物的影响,这样才能彻底摆脱思想的桎梏,使真理得以发扬。

他不仅在思想上向知识分子宣扬这样的思想理念,在教学上也坚持这一原则。在清华授课时,他曾经对学生说:"前人讲过的,我不讲;近人讲过的,我不讲;外国人讲过的,我不讲;我自己过去讲过的,也不讲。"他之所以坚持"四不讲"理念,就是让学生自主地去培养自己独立的精神、自由的思想。

陈寅恪先生的"独立之精神,自由之思想"在当今社会仍旧有着极深的指导意义。一个精神不独立、思想不自由的人,常常会因他人的思想或外在的因素而左右自己的行为,无论在生活中还是在工作中,都弄不明白自己真正要的是什么,真正追求的是什么。

陈晓从小到大都是班上的好学生，成绩也还不错。最终如愿以偿地考上了一所好大学，毕业后还找到了一份好工作。在别人看来，她的人生是完美的，令人羡慕不已。但只有陈晓自己知道，她活得一点也不开心，因为她时常搞不清楚自己工作是为了什么，不知道自己真正需要什么。所以，她一直处于一种如柳絮般随风飘荡的状态。

刘枫则与她截然相反，他在中学时期就比较叛逆，而一旦树立了自己的理想，就会坚持不懈，无论多累都会想办法去实现自己的理想。大学毕业后，他找到了一份自己喜欢的工作，每天都欢天喜地的，内心充满着幸福的感觉，在自己感兴趣的领域里不断进取，最终取得了巨大的成功。

可见，独立精神和自由思想对一个人的人格和行为有着多么大的影响力！所以，无论在生活、学习中还是在工作中，我们都要着重地去培养自我独立的精神、自由的思想，这是培养独立人格的基础，也是找到自我人生价值、人生目标和幸福生活的基本点。

03. 只求学问，不受学位

【原文】

考博士并不难，但两三年内被一个专题束缚住，就没有时间学其他知识了。只要能学到知识，有无学位并不重要。

【引申】

在这里，陈寅恪先生向我们传达的是学习知识要大于学习形式的理念，即为此生只求学问，不受学位。陈寅恪先生曾经在清华大学任教，他本人不仅已将学习和研究学问凌驾于个人得失之上，而且还教导学生学问大于学位的学习理念。

陈寅恪从12岁起就曾先后在日本、德国、瑞士、法国、美国等多个国家的高等学府求学。值得人深思的是，陈寅恪虽然游学多年却没有得到一个学位。陈寅恪完全是为了读书而读书，哪里有好大学，哪里藏书丰富，他便去哪里学习、听课、拜师、研究。对于绝大多数人趋之若鹜的学位，他却淡然视之，不以为然。

在1925年，清华学校创办国学研究院，时在清华任教的吴宓就专程向梁启超介绍陈寅恪，梁启超便很快地推荐陈寅恪担任国学研究院导师。当时清华的校长曹云祥问梁说："陈寅恪是哪一个国家哪所学校毕业的博士？"梁启超回答："他不是博士，也不是硕士。"曹又问："那么，他是否有著作呢？"梁答道："也没有著作。"曹说："既不是博士，又没有著作，这就难了！"梁启超闻之大为生气，遂答道："我梁某也没有博士学位，著作算是等身了，但总共还不如陈先生寥寥数百字有价值。好吧，你不请，就让他在国外吧！"接着，梁启超介绍了柏林大学、巴黎大学几位教授对陈寅恪的推誉，曹云祥听后立即决定聘请陈寅恪为教授。

一代学界泰斗，却没有学位文凭，这便是陈寅恪的特立独行之处。"士之读书治学，盖将以脱心志于俗谛之桎梏。"这就是只求学问，不受学位的影响，由此也可以看出陈寅恪读书的最终目的，是为了独立之精神，自由之思想。

只专注于知识、学问，不在意学位，在当时的社会背景下，很少有学者能做到这点。也正是因为这样的思想理念，让他能够静下心来潜心钻研，摆脱世俗的羁绊，完成了《隋唐制度渊源略论稿》、《唐代政治史述论稿》、《元白诗笺证稿》、《金明馆丛稿》、《柳如是别传》、《寒柳堂记梦》等著作，为中国学术界做出了巨大贡献。也正因为如此，他也才能在眼疾加剧、几近失明的状况下，坚持做学问、研究。

1962年，陈寅恪的右腿跌骨折，胡乔木前往看望，很是关心他的文集出版情况。陈寅恪对此说："盖棺有期，出版无日。"胡乔木笑着答道："出版有期，盖棺尚早。"于是，在助手的帮助下，陈寅恪便把《隋唐制度渊源略论稿》《唐代政治史述论稿》《元白诗笺证稿》以外的旧文，编为《寒柳堂集》、《金明馆丛稿》，并写有专著《柳如是别传》，最后撰《寒柳堂记梦》。他的助手黄萱曾感慨地说："寅师以失明的晚年，不惮辛苦、经之营之，钩稽沉隐，以成此稿（即《柳如是别传》）。其坚毅之精神，真有惊天地、泣鬼神的气概。"

陈寅恪先生的这种为知识勇于献身的精神，值得我们当下的每个知识分子学习。当一个学者能时时刻刻将学问、研究放在人生的第一位，不求功利，不谋地位，不受世俗羁绊时，那么，他便距大师的位置不远了。

当一个人潜心专注于学问，挣脱了世俗的羁绊，那么他无论做什么，都很容易做出成绩来。科学家巴斯德说："机遇只偏爱那些有准备的头脑。"而一心向学，脱离了世俗羁绊的头脑便是时刻为人类的新发现做准备的头脑。同样是水壶，普通人烧出来的是开水，而瓦特却烧出了蒸汽机；同样是手被草叶子拉破了，普通人只会想到埋怨草的无情和自己的粗心，而鲁班却为此发明了锯；同样是看到苹果从树上掉下来，果农见了只会感到心疼，而牛顿却因此发现了万有引力定律。造成这种差别的根本原因是什么？答案只有一个：因为瓦特、鲁班、牛顿只将研究学问当成他们的生命的一部分，这样那些自然界的微弱刺激便更能激起他们灵感的火花。由此可见，严谨治学的第一要素就是要摆脱世俗的各种羁绊。

Part 2

蔡元培
——修身正己是为人之根本

"修身、齐家、治国、平天下",这是传统儒家对于个人修身的最高要求,也是每个儒家子弟穷其一生要追逐的理想境界。作为中国近现代最伟大的教育家和国学大师的蔡元培,曾将"修身、齐家、治国、平天下"写进《中学修身教科书》,其前四章分别以"修己"、"家族"、"社会"和"国家"来命名。很显然,他十分希望中国人继续坚守"修齐治平"这个儒家伦理道德的理想,但是在这个延续了两千年的"旧瓶"中,我们又能看到他究竟装了怎样的"新酒"进去呢?

第二章

道德、人格、强身都是修身的根本

> 中国历来讲求"修身、治家、平天下"的古训,《中学修身教科书》是蔡元培先生为中国新式学校撰写的一本经典读本,内容深刻而丰富,提纲挈领,循序渐进,既有伦理哲学上思想上的观照,又有修身的方法和路径。其中开篇便介绍了修身正己的方法,即以道德为本,人格、强身都是自身之要,给我们当下人提供了极为基本的修身养性的建议和方法,值得我们当下所有人去学习和研究。

01. 道德是育人的根本

【原文】

人之生也,不能无所为,而为其所当为者,是谓道德。道德者,非可以猝然而袭取也,必也有理想,有方法。修身一科,即所以示其方法者也。

……

夫事必有序,道德之条目,其为吾人所当为者同,而所以行之之方法,则不能无先后。其所谓先务者,修己之道是已。

【引申】

这句话是蔡元培在其《中国修身教科书》中的开篇论述。由这句话也可以看出,身为教育家的蔡元培,很是注重一个人道德的培养。在他看来,要使人成为"为其所当为"有道德有理想的人,就要加强自身的人格修养，而这并不是单纯的说教就能做到的。只有那些具有完整人格的人，才能真正地使一个国家走向繁荣、昌盛、强大。

中国圣贤早在《礼记·大学》中提出了"古之欲明明德于天下者，先治其国；欲治其国者，先齐其家；欲齐其家者，先修其身；欲修其身者，先正其心；欲正其心者，先诚其意；欲诚其意者，先致其知，致知在格物。物格而后知至，知至而后意诚，意诚而后心正，心正而后身修，身修而后家齐，家齐而后治国，国治而后天下平"，也就是我们所说的"正心、修身、齐家、治国、平天下"。可见，古人就重视人格、道德的修养，这也是中国道德的根基，中国的许多道德修养多是由此演化而来的。

不可否认，修身、养性是非常重要的，道德、人格的培养，对当今的每一个人都具有普遍的意义，是一个人立足社会、成就事业的根基。真正的道德修养和人格的修炼，是一种根植于内心的素养，是一种无须提醒的自觉，以承认约束为前提的自由，一种设身处地为他人着想的善良。它关乎公平、正义，时刻存在于我们的日常生活中，它就在人与人间的关系中。

周末，晓菲随父亲到海边去捕捉鱼虾。每撒一下网，总会有收获，可是每次网拉上来后，父亲总会是挑拣一番，将其中的大部分虾蟹都扔回到大海中。

晓菲不解："好不容易才打上来，为何要重新扔回海里？"父亲平静地回答道："在这个海域中，每个出海的渔民都应该知道，只有符合规定尺寸的鱼虾才可以捕捞。"

晓菲说道："远在公海，谁也管不着你呀？"父亲淡淡一笑："在渔船上待久了，你就会知道，在这里，不是每个人都需要他人来提醒和督促的！"

生活中，我们也可以想一想，我们有多少时候，不需要别人提醒，就能检点自己的行为，就能够自觉地遵纪守法、恪守做人的本分，并能做到尽可能地为他人着想、帮助他人呢？

公德、道德、修养一种人格的升华，是一种根植于人内心无须提醒的自觉，它是一个国家、一个社会和谐发展的根基。正所谓"文化可以立国"，而文化的根本便是道德、修养、人格的植入。所以，为了使国家更发达，社会更和谐，为了我们更自在、更快乐，我们首先要做到自律，然后再将这种无形的文化感召力去影响他人。

要知道，在社会生活中，我们时刻会遇到"道德"问题：男女婚配而形成家庭，家庭中夫妻之间、父母与子女之间便自然地构成最基本的伦理关系，即道德关系；在学校中读书，需要处理同学之间、师生之间的关系；出门乘车，会面对司机和乘务人员服务质量好坏的问题，还有乘客们挤挤嚷嚷、彼此之间如何相处的问题；到商店购物，商品是否货真价实、售货员是否能做到礼让、热情、周到等，这些都与"道德"问题密切相关。生活在社会中的每个人不得不与"道德"发生某种关系，这是因为每个人都在对别人和周围发生的事情进行着"道德"评价，我们自己的言行也常在别人的评价之中，可以说，在社会生活与社会交往中"道德"问题无处不在，可以说，"道德"已经成为影响社会是否和谐发展的关键所在。为此，蔡元培先生将"道德"作为育人的关键，其丰富的内涵，很值得我们现当代人的深思。

其实，不仅蔡元培，中国古人就已经十分关注人们的道德教育。孔子以"智、仁、勇"为道德核心；孟子以"仁、义、礼、智"四类为其道德核心；董仲舒以"仁、义、礼、智、信"五类为其道德核心。除了中国，在西方文化源头的古代希腊思想中，道德也是人们所关注和重视的。曾经提出"美德即知识"的哲学家苏格拉底就明确把"认识你自己"宣布为人的认识的主要任务。可见，道德已经成全世界都在强调的一种教育做人理念，所以，我们当下的人更要将道德教育坚持下去。

当然，道德教育是一个长期的过程，正如蔡元培所说："人前言人才教育者，尚有十年树木，百年树人之说，可见教育家必有百世不迁之主义，如公民道德是。"可见，对我们每个人来说，德育教育是一项长期而艰巨的过程，需要我们每个人在自律的同时，也能为他人树立榜样，为道德教育做出不懈的努力。

02. 健全的人格是教育之首

【原文】

盖国民而无完全人格,欲国家之隆盛,非但不可得,且有衰亡之虑焉。造成完全人格,使家隆盛而不衰亡,真所谓爱国矣。

……

教育者,养成人格之事业也。使仅仅灌注知识、练习技能之作用,而不贯之以理想,则是机械之教育,非所以施于人类也。

【引申】

由此处可以看出,身为教育家的蔡元培先生将"健全人格"、"完全人格"的培养,作为教育的重中之重。在他看来,国民的真假爱国主义主要取决于国民有无完全的人格,并强调男女国民,都应该有"完全人格",而不应有所区别。

不可否认,人格对每个人来说都是一种财富,它是人的良好意愿和尊严的财富。从小对人格进行投资,虽然不能直接在物质方面变得富有,但可以让人从赢得的尊重和荣誉中获得一种精神方面的回报。无论是东方的圣人,还是西方的哲人,都十分重视个人人格的塑造。苏格拉底说:"人有了人格的尊严,必不甘堕落为禽兽,而品德也必有自然提高。"因此,"良将不怯死以苟免,烈士不毁节以求生"。正因为有了这种人格的力量,就可以战胜困难,也可以抵御邪恶。也正如古人所说的"富贵不能淫,贫贱不能移,威武不能屈"。在人生的道路上能留下一串光辉的足迹。可见,一个人人格的塑造是一个人立足于社会的根本,个人气质、魅力形成的关键,也是一个人能否成事的重要基础。

杰弗德曾经是一位地位卑微的会计,其后步步高升,后来便任美国电报电话公司总经理。他常对人说,他认为"人格"是一个人事业能否成功的关键因素。他说:"没有人能准确地说出'人格'究竟是什么,但是如果一个人没有健全的特性,便是没有人格。人格在一切事业中都显得极为重要，这是毋庸讳言的。"

其实，古今中外，除了杰弗德外，还有摩根、范登里普，包括中国的李嘉诚、马云等成功人物，都极为看重"人格"，认为一个人最大的财富便是"人格"。

一位极负盛名的人士说过："有些人生来就有与人交往的天性，他们无论对人对己，处世待人、举手投足与言谈行为都很自然得体，毫不费力便能获得他人的注意和喜爱。可有些人便没有这种天赋，他们必须加倍努力，才能获得他人的注意和喜爱。但不论是天生的还是后天努力的，他们的结果，无非是博得他人的善意，而那获得善意的种种途径和方法，便是'人格'的发展。"不可否认，只有健全的人格，才能获得人们的喜爱，并愿意与之合作。因此，世间凡是智者贤人，常因为人格的感召力而受到众人的推崇和影响。可以说，一个人无论成功与否，其人格一定是要放在第一位的。这也是教育家蔡元培把人格的塑造和培养作为育人的首要任务的原因。

在现实中，学校教育或家庭教育总会把文化知识的学习作为一第要务，而往往会忽视个体人格的培养。要知道，知识的掌握是一项智力教育，它主要靠领悟、记忆来实现，是一种层次相对较低的智力活动，所以人们把长于记忆、懒于思考的人讥为两脚书橱。但是人格的养成却是一项极为复杂的过程，它不仅需要丰富的知识，还需要健康的体魄、良好的精神、诚实的作风、广泛的兴趣、高尚的情操和真正的智慧。因此，健全的人格应该是自由思想、独立精神、诚实作风、仁爱品德的综合体现。如果学校教育或家庭教育只有知识的学习、灌输而缺乏人格的培养，那么，知识就极有可能成为人争名夺利的"武器"，成为危害社会的工具。所以，人格教育就显得极为重要了。为此，蔡元培的这种教育理念，是值得我们现代人继承和学习的。

在辛亥革命之后，蔡元培认为既然革命已经成功，所谓的爱国精神就"不是在提倡革命，而是在养成完全之人格"。当时担任北京大学校长的蔡元培，曾经反复强调："大学并不是贩卖毕业生的机关，也不是灌输固定知识的机关，而是研究学理的机关。……而研究学理的结果，必要影响于人生。"所以，大师曾经对学生们说：你们应"当有研究学问之兴趣，尤当养成学问家之人格"。同时，蔡元培甚至也认为对人格能否重视，成了区分文明人与野蛮人的主要依据。

身为教育家和国学大师的蔡元培，在提倡塑造他人人格的同时，也在用自身的人格魅力感染着他人。蔡元培的"君子之象"，曾经在学生中广受欢迎，反响极为强烈。冯友兰说："蔡元培之所以会受到学生们的爱戴，完全是人格的感召。"柳亚子先生在《纪念蔡孑民先生》一文中也说："蔡先生一生和平敦厚，蔼然使人如坐春风。"

在当年的北大，蔡元培的君子之象与人格魅力，已经成为校园里的一种新气象，并产生了极为广泛而深远的影响。张申府概括地说："在蔡元培校长的革新精神指导下，北京大学气象一新，在全国教育界、学术界以及思想界产生了重要的影响，成为五四爱国运动的中心。"美国著名哲学家杜威高度评价说："拿世界各国的大学校长来比较一下，牛津、剑桥、巴黎、柏林、哈佛、哥伦比亚等等，这些校长中，在某些学科上有卓越贡献的，固不乏其人；但是，以一个校长身份，而能领导那所大学对一个民族、一个时代起到转折作用的，除蔡元培而外，恐怕找不出第二个。"所以，冯友兰对蔡元培气象的论述与褒扬，对当下我们的加强道德修养，进行人格教育，不断提升人格方面，具有极深的启迪作用。

03. 修身正己，以身体康强为第一要义

【原文】

修己之道不一，而以康强其身为第一义。身不康强，虽有美意，无自而达也。康矣强矣，而不能启其知识，练其技能，则奚择于牛马：故又不可以不求知能。知识富矣，技能精矣，而不率之以德性，则适以长恶而遂非，故又不可以不养德性。是故修己之道，体育、知育、德育三者，不可以偏废也。

......

凡道德以修己为本,而修己之道,又以体育为本。

忠孝,人伦之大道也,非康健之身,无以行之。人之事父母也,服劳奉养,惟力是视,羸弱而不能供职,虽有孝思奚益?况其以疾病贻父母忧乎?其于国也亦然。国民之义务,莫大于兵役,非强有力者,应征及不及格,临阵而不能战,其何能忠?且非特忠孝也。一切道德,殆皆非羸弱之人所能实行者。苟欲实践道德,宣力国家,以尽人生之天职,其必自体育始矣。

【引申】

从上文可以看出,蔡元培修身的第一要义就是要有健康强健的体魄。他认为,身体的康健,是人的根基,比如我们为亲人行孝、为国家尽忠等,都是以健康的身体为前提的。这也体现了蔡元培作为教育家所表达出的对拥有强健体魄、拥抱健康生活的热切渴望。

不可否认,无论在任何时候,健康是人对生命付出的基本义务,是人生最宝贵的财富之一。健康是生活质量的基础,是生命存在的最佳状态,是人的身体与心灵和谐的基础,是人类自我觉醒的重要方面。然而,现实生活中的人却往往会因为内心的欲望而做有损健康的事。多数人都没有跳出"前四十年用命换钱,后四十年用钱买命"的怪圈。随着社会的发展,纵有亿万财产,也无法买回健康,英年早逝的企业家数不胜数。为此,蔡元培的理念也给现实中的我们以极深的启示。

利奥·罗斯顿是最肥胖的好莱坞明星,他的腰围有6英尺多,体重达到了385磅。1936年,在一次演出时,他因为心力衰竭而被送往汤普森急救中心。抢救人员用了最好的药物,而且还动用了最好的医疗设备,最终,仍旧没能够挽回他的生命。

在临终之前,罗斯顿曾经这样说道:"你的身躯如此庞大,但是你的生命需要的也仅仅是一颗心脏。"

罗斯顿的这句话,感动了当时所有的人,尤其是当时的医院院长——哈登。作为胸外科的专家,他流下了伤心的眼泪。为了表达对罗斯顿的敬意，同时也为了提醒体重超常的人，他就将罗斯顿的这句话刻在了医院的大楼上面。

1983年，另一位名人，美国著名的石油大亨默尔因为心力衰竭住进了医院。因为战争，使他的公司陷入了危机之中。为了尽快地摆脱困境，他不得不忙碌地来往于欧、亚、美之间，最后因为旧病复发，才住进了医院。

他将汤普森医院的一层楼包了，为了不影响工作，他还架设了五部电话与两部传真机。当时的《泰晤士报》上这样写道：汤普森——美国的石油中心。

默尔的心脏手术很是成功，他在这儿待了一个月便出院了。在医院疗养期间，他真切地体会到自己真正需要的是什么，他觉得自己的一生确实太过忙碌和劳累了，已经失去了其本应有的色彩。出院后，他没有回美国，托人卖掉了自己悉心经营的公司，并且在苏格兰乡下的一栋别墅中开始安享晚年。在1998年，汤普森医院百年庆典，邀请他参加。记者向默尔询问，为何卖掉自己的公司？他指了指医院大楼上的那一行金字说道："正如利奥·罗斯顿的话一样，其实，富裕和肥胖没什么两样，都不过是获得了超过自己所需要的东西罢了。"

人生真正需要的是什么？是过多的金钱和物质吗？即便你拥有了全世界，无非也就是一日三餐，夜寐一床。就算你有多么豪华的房屋，买回来很多好吃的，到头来也是睡一张床，吃三餐饭。就算你每次可以点上一百道菜，你又能吃多少呢？最多能撑饱一个胃，难道不是吗？当你明白了这些道理后，那就先从善待你的生命、关注你的健康开始吧。

其实，在许多发达国家地区的人们已经开始在思考物质财富和健康之间谁更重要的问题了。在美国，今天的"幸福"概念已经不是工作、房子、车子，而是"少做一点，少赚一点，少花一点"的自愿简单的生活方式，来换取身体的健康。在以"工作狂"出名的日本人中，清心寡欲，俭朴自然之风正吹遍整个岛国。在台湾，企业界的名人已经不再攀比别墅、珠宝、豪宅等这些身外之物，而是更关注胆固醇、血压、血糖、尿酸等健康指标，健康的人生已经成为人们反思过去沉溺物质生活之后所带来的弊病。

从另一个方面说，以损耗健康为前提的行为，是一种对生命的不负责任，是一种自私的表现。因为你的生命不仅仅属于你自己，还属于你的亲人、社会。《弟子规》有云："身有伤，贻亲忧；德有伤，贻亲羞。"一个人如果不爱惜自己的身体，伤病不断甚至到英年早逝，让父母牵挂、伤心，是大不孝，抛下爱人孩子，是缺少爱心不负责任，是不仁；社会培养了你，你对社会没有贡献，是不忠不义。这与蔡元培的"身不康强不能尽孝，身不康强不能尽忠"的理念是一致的。

强健的身体无疑是第一位的，但是强健身体的保证就是要们加强体育锻炼。在这方面蔡元培先生无疑是中国近代体育的积极倡导者，在他的教育思想和实践活动中，包含着极为丰富的体育内容。在谈及体育与德育的关系时，他再一次论证了体育的基础地位，即："凡道德以修己为本，而修己之道，又以体育为本。""忠孝，人伦之大道也，非健康之本，无以行之。""于国家也亦然……一切道德，殆皆非羸弱之人所能实行者，苟欲实践道德，宣力国家，以尽人生之天职，其必自体育始矣！"

1920年，蔡元培在新加坡南洋华侨中学演讲中说："先讲体育，在西洋有一句成语，叫作'健全的精神，宿于健全的身体'。足见体育的不可轻视。不过体育是要发达学生的身体，振作学生的精神，并不是在赌赛跑跳，或开运动会博得名誉体面上头……其实体育最要紧的，是合于生理。若只求个人的胜利或一校的名誉，不管生理有无危险，这不要说于身体有妨害，且成一种机械的作用，便失却了体育的价值了。"

作为北大校长，为了改善学生的体质，蔡元培热切地倡议学生积极参加体育锻炼。自1919年秋季学期起，北大实行新生入学体格检查制度，此外，学校还增加了诸多的体育器材和设备，开设了游泳池和溜冰场，在当时学校办学经费极为紧张的情况下，这种举动是值得我们当下的教育工作者深思的。

中国一直都有"少年强则国强"之说，而"少年强"的强，首先要有强健的体魄，而强健的体魄最为重要的就是要重视体育。蔡元培先生早期在体育方面的理论与实践，为我们当下的教育和个人都做出了榜样，其功绩也应为我们这些后人所铭记。

04. 人的第二天性的养成：从个人点滴行为开始

【原文】

习惯者，第二之天性也。其感化性格之力，犹朋友之于人也。人心随时而动，应物而移，执毫而思书，操缦而欲弹，凡人皆然，而在血气未定之时为尤甚。其于平日亲炙之事物，不知不觉，浸润其精神，而与之为至密之关系，所谓习与性成者也。故习惯之不可不慎，与朋友同。

【引申】

国学大师蔡元培在这里向我们阐述了习惯对一个人的重要性，是一个人修身养性的关键所在。在他看来，个人习惯的对于一个人性格的力量，不外乎朋友对于一个人的影响。这也正如查·艾霍尔所说："有什么样的思想，就有什么样的行为；有什么样的行为，就有什么样的习惯；有什么样的习惯，就有什么样的性格；有什么样的性格，就有什么样的命运。"这就一针见血地指出了习惯与命运的密切关系。而成功学大师拿破仑·希尔则说："习惯能够成就一个人，也能毁灭一个人。"进一步阐明了习惯对于人一生的巨大影响。可以说，好习惯是一个人事业的基石、幸福的催化剂、个人形象的明信片，而坏习惯则是毁掉一个人大好前途、剥夺你人生快乐、损毁你的美好形象，养成好习惯你将收获完满幸福的人生。坏的习惯或者死守陋习不肯改变，你的人生很有可能在平庸或失败中度过。

关于习惯的养成，蔡元培认为："人心随时而动，应物而移，执毫而思书，操缦而欲弹，凡人皆然，而在血气未定之时为尤甚。"是说，一个人的习惯极容易受外在环境的影响，尤其人在年少时。所以，要养成良好的习惯，就要从改善外在环境开始。孟母三迁，传递的就是这种思想理念。

那么，如何才能养成良好的习惯呢？蔡元培在《中国修身教科书》中

也讲述了两个方面：

第一，"江河成于涓流，习惯成于细故。"就是说，习惯的养成源于生活中点滴细节的重复。为此，蔡元培还讲述了这样一个故事：

"昔北美洲有一罪人，临刑慨然曰：吾所以罹兹罪者，由少时每日不能决然蚤起故耳。夫蚤起与否，小事也，而此之不决，养成因循苟且之习，则一切去恶从善之事，其不决也犹是，是其所以陷于刑戮也。是故事不在小，苟其反复数四，养成习惯，则其影响至大，其于善否之间，乌可以不慎乎？"在蔡元培看来，习惯的养成完全源于生活中对细小的事情的重复所得。所以，很多事情看似小，但是一旦养成习惯就会对一个人产生极为重要的影响。同时，他也认为"第使平日注意于善否之界，而养成其去彼就此之习惯，慢将不待勉强，而自进于道德。道德之本，固不在高远而在卑近也。自洒扫应对进退，以及其他一事一物一动一静之间，无非道德之所。彼夫道德之标目，曰正义，曰勇往，曰勤勉，曰忍耐，要皆不外乎习惯耳。"可见，一个人日常的行为对个人习惯与道德的养成有着密切的关系。所以，生活中，一个人要养成良好的习惯，就要从小开始，从小事和生活细节开始。

一位诺贝尔奖的获得者的成功经验是极具有代表性的。在获奖典礼上，一位记者问他在哪所学校学到了他认为最重要的东西。而这位获奖者的回答令所有人都感到震惊，大师认为是幼儿园。他满怀憧憬地谈起了幼儿园，说他在幼儿园"学到把自己的东西分给小伙伴一半；不是自己的东西不要拿；东西要放整齐；吃饭前要洗手；做错事后要表示歉意，午饭后要休息，要仔细地观察大自然"，等等。

可见，从小养成的好习惯真的可以改变一个人的命运。有一天，当你发现自己已经养成了或者改掉了自己的一些坏习惯时，你的命运有可能随之而改变了。

美国石油大亨保罗·盖迪曾经一度抽烟很凶，被朋友称为"大烟鬼"。

有一天，他自己开车经过法国，当时恰逢天降大雨，他开了几个小时后，就在一家小城的旅馆过夜了。

晚饭过后，疲惫的他很快就进入了梦乡。

清晨4点钟，盖迪就醒来了，很想抽一根烟。他打开灯之后，就习惯性地伸手去抓睡前放在桌子上面的烟盒，然而，里面是空的。他就下了床，开始四处地搜寻衣服口袋，毫无收获。他又开始心急地搜索各个行李箱，渴望能发现一根，但是结果令他大失所望。

这个时候，旅馆附近的商店、餐厅、酒吧已经全部关了门，他唯一希望得到香烟的办法就是穿上衣服，到离这里很远的车站去买。

越是没有香烟，他想抽烟的欲望就越大，有烟瘾的人都有这种体验。盖迪立即穿上衣服就想出门，然而，就在他去四处找雨衣的时候，就停住了。不禁问自己：我这是在干什么？

盖迪站在那儿不停地寻思，一个所谓的高级知识分子，而且是一个相当成功的商人，一个自以为有足够的理智对手下下命令的人，竟然要在三更半夜离开旅馆，冒着大雨走过几条街，仅仅为了要得到一支香烟。这是一个什么样的坏习惯，这个坏习惯的力量强大得足够支配他当下的意识和行动。想到这里，盖迪就下了狠心，把那个空烟盒揉成一团扔进了纸篓之中，脱下睡衣回到了床上，带着一种解脱甚至是一种极为胜利的感觉，一会儿就进入了梦乡。

从此以后，保罗·盖迪就再也没有抽过香烟。依照戒烟的方法，他也不断改掉了自己身上的很好坏习惯，使他的性格更趋于完美，从此之后，他的事业就越做越大，成为了世界顶尖的富豪之一。

不可否认，在对自己行为的支配之中，习惯的力量比任何原则的力量要大得多，它可以左右一个人的终生的性格。所以，我们要拥有良好的性格，就一定要在平时的生活中养成良好的生活习惯，改变自己的不良的性格，也在于从生活的一点一滴中纠正自己的不良的习惯，这个过程就要求我们能够针对自己暴露出来的性格弱点，有意识地培养与之相反的习惯，通过这种新的习惯来克服和改变原有的性格弱点。比如，你过于敏感，就应该积极地改变自己斤斤计较的坏习惯，克服过于计较小事的心理，逐步地培养自己不为小事动容的习惯；如果你嫉妒心过重，那就要培养自己宽容的习惯，生活中与人交往要学会换位思考，多理解他人；如果你性格暴躁，那就要学会在生活中用克制和幽默来克制你的怒气，并学着培养自己宽容待人的习惯，等等……如此这般，从生活小细节出发，逐渐地改变习惯，从而改变性格，进而就可以从根本上改变命运。

第二，礼仪能造就习惯。对此，蔡元培说："礼仪者，交际之要，而大有造就习惯之力。夫心能正体，体亦能制心。是以平日端容貌，正颜色，顺辞气，则妄念无自而萌，而言行之忠信笃敬，有不期然而然者。孔子对颜渊之问仁，而告以非礼勿视，非礼勿听，非礼勿言，非礼勿动。由礼而正心，诚圣人之微旨也。彼昧者，动以礼仪为虚饰，袒裼披猖，号为率真，而不知威仪之不摄，心亦随之而化，渐摩既久，则放僻邪侈，不可收拾，不亦谬乎。"可见，平时多交际，多注意自我的礼仪，是养成好习惯的一种重要途径。正所谓"礼能正体，亦能制心"，人在与人交往的时候，会格外注意个人的礼仪以及言行细节，它能端正人的外在形象和言辞，同时亦能感化人的内心，久而久之，人的好习惯自然也就养成了。

总之，习惯是一个人日常行为和个性的"领导者"，同时，习惯的养成也源于日常中不起眼的小行动，所以，我们要养成良好的习惯，塑造良好的个性，就要从日常生活的点点滴滴做起。正如培根所说的那样，习惯真是一种顽强而巨大的力量，它可以主宰人的一生，因此，人从幼年起就应该通过教育培养一种良好的习惯。

05. 幸福由"勤勉"而生

【原文】

勤勉者，良习惯之一也。凡人所勉之事，不能一致，要在各因其他地位境遇，而尽力于其职分，是亦为涵养德性者所不可缺也。凡勤勉职业，则习于顺应之，与节制之义，而精细寻耐诸德，亦相因而来。盖人性之受害，莫甚于怠惰。怠惰者，众恶之母。古人称小人闲居为不善，盖以此也。不惟小人也，虽在善人，苟且饱食终日，无所事事，则必由佚乐而流于游惰，于是鄙猥之情，邪僻之念，乘间窃发，驯致滋蔓而难图矣。此学者所当戒也。

……

人之一生，凡德行才能功业名誉财产，及其他一切幸福，未有不勤勉而可坐致者。人生之价值，视其事业而不在年寿。尝有年登其耋，而悉在醉生梦死之中，人皆忘其为寿。亦有中年丧逝，而树立卓然，人转忘其为夭者。是即勤勉与不勤勉之别也。夫桃梨李栗，不去其皮，不得食其实。不勤勉者，虽小利亦无自而得。自昔成大业，享盛名，孰非有过人之勤力者乎？世非无以积瘁丧其身者，然较之汩没于佚乐者，仅十之一二耳。勤勉之效，盖以睹矣。

【引申】

在这里，蔡元培先生指出了，勤勉是一种良好的习惯。"勤"即为勤劳，"勉"即为努力，为此，勤勉即为努力不懈、勤劳不懈的意思。在蔡元培看来，人的善与德皆源于"勤勉"，而"众恶"则源于怠惰。人一旦勤勉不息，其精神必然充实、振奋，人也会变得积极、满足，幸福感自然就来了。而人在怠惰时，就会感到无聊、倦怠、消沉，它能剥夺你对前途的希望，斩断你和别人间的友情，使你心胸日渐狭窄。正如蔡元培所说："小人闲居为不善，盖以此也。"就算不是小人，是一个向善的人，一旦怠惰起来，就会终日无所事事，就很容易会产生"鄙猥之情，邪僻之念"，慢慢地，人也就学坏了。所以，蔡元培就得出结论"幸福由勤勉而生"。在他看来，人一生，无论是德行、才能、功业、名誉和财产等一切幸福，皆源于"勤勉"而字。人生的价值在于"深度"，而不在"长度"，生命的意义不在于寿命的长短，而在于人活着时所产生的价值。

不可否认，醉生梦死的享乐，只能给生命带来一时的满足感，但心灵上的空虚和纠结却是永久的。人生在世不过几十年，碌碌无为的一生，只会让自己的生命空洞无物，让生命失去其独有的色彩。而惟有勤勉的一生，才能让灵魂得到真正的充实，为生命赋予丰富的色彩和意义。

老子在年轻的时候，有一次骑着青牛经过函谷关，他在函谷府衙写五千言《道德经》其间，一位年逾百岁、鹤发童颜的老翁招招摇摇地到府衙

来找他。

老翁见到老子，对他略略施了小礼说道："听说先生博学多才，老朽想向您讨教个问题。可以吗？"

老子微笑着点点头。

老翁就得意地对老子说道："我今年已经106岁了，说实话，从年少时到现在，一直是游手好闲地轻松度日。与我同龄者都纷纷作古，他们开垦百亩良田，但是最终却没有一席之地，建了很多舍屋宇，最终死时却落于荒郊野外的孤坟中。而我呢，虽然一生都不曾种过田，也没置过片砖只瓦，却仍旧居住在避风挡雨的房舍之中。先生，我现在是不是可以嘲笑他们忙忙碌碌地劳作一生，只是给自己换来一个早逝呢？"

老子听了，微然一笑，随即找来一块砖头和一块石头，放在老翁的面前，说道："如果你能择其一，仙翁您是要砖头还是石头呢？"

老翁十分得意地将砖头取过来，放在自己的面前说道："我当然要取砖头了。"

老子抚须笑着问老翁："为什么呢？"

老翁指着石头说道："这石头真没棱没角，取它何用？用砖头却得着呢！"

老子又招呼围观的众人问道："大家是要石头还是要砖头呢？"

周围所有的人都纷纷说要砖头而不要石头。

老子又回过头来对老翁说道："是石头寿命长呢，还是砖头的寿命长？"

老翁说："当然石头了。"

老子释然而笑道："石头寿命长，但却不能为人所接受，砖头寿命短，却受人们的认可，不过是有用和没用罢了。天地万物都是如此。寿命虽短，于人于天有益，天人皆择之，短亦不短；寿虽长，于人于天无用，天人皆摒弃，倏忽忘之，长亦是短啊。"

老翁顿然大惭。

其实，人生的价值和意义并不在于其寿命的长与短，而在于生活与生命的质量,在于是否能将有限的生命和时间用于不懈的追求与去体现生命的价值上。也就是说,一个人如果总是浑浑噩噩、无所事事地虚度光阴,丧失了理想,没有了进取之心,其生命就变得一文不值,也是亵渎了宝贵的生命。

蔡元培的这段话,其实也是在告诉我们,如果你现在有一份自食其力的工作,能勤勤勉勉地为工作付出努力,也就意味着你是有福之人。生活中,很多人都认为无所事事,安享富贵便是一种莫大的幸福。殊不知,这其实是人生的灾难,过上这样的生活,说明你已经生活在地狱之中了。

有这样一个故事:

一个贫穷的人,平生极为懒惰,却总是梦想自己能过上富贵无忧的生活。

有一天夜里,他做了一个梦:自己到了一个极为美妙的地方。那里有花园美景,有绝色美女,有令人眩晕的娱乐节目,还有享用不尽的华丽的服饰和美食。

里面还有大批的奴仆,一位奴仆过来告诉他说:"从此之后,你就是这里的主人,这里的一切都是你的,想吃什么就吃什么,想玩什么就玩什么,奴仆也可任由你支配!"这个人极为庆幸:这种日子一直是自己梦寐以求的,终于实现了目标。于是,他每天都将自己浸泡在美色与美食之中,得到了前所未有的快乐。

就这样,日子一天天地过去,他发现美食不再那么可口了,游戏也越来越乏味了,那些曾经让他感觉天仙般美丽的女人们再也提不起他的兴趣来了。他每天早晨醒来以后,也不知道如何打发时间,于是就对仆人说道:"这样的生活真是太过无聊了,我需要做一点事情,你能给我一份工作做吗?"

让他感到意外的是,这个要求被拒绝了。仆人说道:"很是抱歉,这里没有工作可以给您做。"在沮丧之余,他愤怒地说道:"这里真是太无聊了,早知道这样,您还是送我去地狱好了!"听了他的抱怨,仆人温和地对他说道:"先生,您以为这里是什么地方呢?这里就是地狱啊!"

由此可见，拥有一份能够自食其力的工作，是多么幸福的一件事情！生活中，我们经常会听到这样的抱怨：工作太紧张，每天早起晚归，疲于奔命，不知何时是个头；如果来世，我希望自己变成一头猪，吃了睡，睡了吃，什么都不操心；什么时候可以不用工作，就能住上大房子，开上名车……要知道，人活着就要思考，就要劳动，如果你整天置自己于安逸之中，每天衣食无忧，表面上看似是享受，实则是生活在地狱之中。长时间将自己浸泡在安逸之中，人也无异成了行尸走肉。

一个人最可悲的行为，就是丧失了理想，没有了进取心，一味地去享受安逸。这样会让你的人生苍白无力，使你越来越堕落，不懂得珍惜你得到的东西，也不会对周围的事物心存感激，更不容易找到满足感。而通过工作来实现自我价值，通过个人努力来获得成就，你会体会到收获的快乐，珍惜自己所拥有的，对周围的一切心存感激，那么，你将会获得永久的快乐和幸福。所以，无论你是腰缠万贯的富豪，还是一贫如洗的穷人，都要记住，只有工作才能让你在充实中体会到生命的本质意义，才能让你获得快乐和满足，才能让你在奋斗中感受到生命的精彩。

第三章

"自制"是修身第一要诀

> "自制",即为自己约束自己,这是修身人士的要诀,也是成功人士的基本要素。有人曾说,自制是修身成大事者必备的能力与条件。其实,世间真正有力量的人就是能自己要求自己,克制自我欲望,勇于改掉自己的坏习惯,这样的人无论在任何条件下都能坚守道德准则和为人原则,最终通过征服自我达到人生目标的目的。
>
> 要知道,人都是有弱点的,惟有有了自制力,才能降服其心,才能控制自己的情绪,让自己回归本性。在蔡元培看来,自制是要求自我情绪和欲望上的节制,自制不是要求别人如何改变,而是通过克己,修得人生的圆满。为此,要修身,自制是我们必学的一门课程。

01. 合理控制自身的欲望

【原文】

欲望者,尚名誉,求财产,赴快乐之类是也。人无欲望,即生涯甚觉无谓。故欲望之不能无,与体欲同,而其过度之害亦如之。

【引申】

在这里,蔡元培先生阐明了:人活着需要欲望,但是一定要把握住欲望的度,否则,就会害人害己。

的确,欲望是人类进步的原始动力,人类的祖先为了追逐食物,才从树上下来,继而才学会了制造工具,最终才进化成人类。人如果没有欲望,也就没有人类的今天。可以说,欲望是推动人类不断进步的力量。人如果完全没有欲望,就会觉得生命了无生趣。但是欲望也不能过多,否则,只会成为人生烦恼和灾难的根源。

有这样一个故事:

在海边一间简陋的房屋里,住着一位老太太和她的老伴,家里只有一个盛鱼的大木盆。他们的日子虽然过得很清贫,但却非常有意义。每天老头子都会到海里去捕些鱼回来,等他们吃过饭后,老头子就会陪她看星星,拉家常,平静中有一种和谐的美。然而,这种和谐在不久之后,被一件事打破了。

有一天,老头子又外出捕鱼,捕到了一只会说话的小鱼,小鱼为了活命,就答应他帮他实现三个愿望。老头子感到困惑,就把此事告诉了老太太,老太太却为此十分高兴。

老太婆在欲望中沉沦了,她开始苦苦思索,想了好久都想不出来自己要什么。后来,她就将自己孤立起来,在孤独中开始追寻,她不知道自己在追寻什么,但是她却不能自拔了,在梦想中越过越上瘾,她想完了豪宅,又想金屋,想完了金屋想当女王,想完了女王就又想着要去做那些小鱼的掌管者,最终由于太过贪婪而死去了。

临终前也没能想出来,自己想要的究竟是什么!

可见,过度的欲望是人灾难和不快乐的根源之一。其实,我们每个人都可能有这样的体验:在我们在年少的时候,因为无所求,所以会感到轻松、快乐。成年后,因为要面对太多的世事和诱惑,心中的欲望就越来越多,为了满足自己,我们每天都在不停地拣拾,自以为装进去的都是好东西,殊不知,捡起来的恰恰是无尽的烦恼。慢慢地,我们心中承受的东西越来越多,想拥有钱财、美色、饮食,想拥有权力、名望……凡是触及我们生活的东西,我们都想拥有,而这些欲望一旦得不到满足之时,我们的内心就会变得沉重,心里塞满了烦恼,快乐自然也就消失了。所以说,欲望是一切烦恼的根源,只有合理控制内心的欲望,才能使欲望合理存在,使之成为我们个人进步的动力,又能减少我们心中的烦恼和痛苦。那么,我们应如何去做呢?

要使欲望对我们发挥更为积极的作用，一定要控制好欲望的"度"，不应把目标定得太高。我们自小可能都受这样的一种教育理念影响："王侯将相宁有种乎？""不想当元帅的士兵不是好士兵。"其实，这些话作为励志教育是很好的，但作为人生的目标明显有些太"过"，王侯将相、元帅等，世上能有几人？大千世界还是普通人占大多数。如果目标定得过高，好高骛远，一旦实现不了，烦恼自然就来了。

同时，我们也要把握好实现自身欲望的手段。实现欲望的手段一定要是正确的，要以不侵犯大多数人的利益为前提。否则，你要满足欲望所遇到的阻力自然就会多出很多，烦恼也必然会多出许多。

另外，在实现自身欲望的过程中要懂得分享。一个不懂得与他人分享的人，在成功之路上是走不远的。因为一个人再有能力，总不能囊括天下所有事情，做起事情自然会因负累太多而失败。在很多情况下，分享成果的过程，也是让他人为你分担烦恼的过程。所以，不管在任何时候，一定要懂得分享。

02. 求名誉，不可急于求成

【原文】

豹死留皮，人死留名，尚名誉者，人之美德也。然急于闻达，而不顾其他，则流弊所至，非骄则诣。骄者，名扬己而抑人，则必强不知以为知，訑訑然拒人于千里之外，徒使智日昏，学日退，而虚名终不可以久假。即使学识果已绝人，充其骄矜之气，或且凌父兄而傲长上，悖亦甚矣。诣者，务屈身以徇俗，则且为无非克剌之行，以雷同于污世，虽足窃一时之名，而不免为识者所窃笑，是皆不能自制之咎也。

【引申】

在《中国修身教科书》的自制篇中，蔡元培着重阐述了"骄"与"诣"对人的危害，意在告诫人们，欲修身，就要戒骄戒诣，这才是一个君子所为。在蔡元培看来，人崇尚名誉，本身是一种美德。但是，人如果因为急于成名，而不顾及其他，就会出现出坏的影响，即不是骄傲自满便是卑躬谄媚。骄傲自满者，往往会通过压低别人而抬高自己，明明不知道的还要处处逞强装懂，总拒人于千里之外，最终只会使智慧和学识慢慢地被消磨掉。靠这种方式得来的虚名终究不会维持长久。即便这个人学识过人，如果总是骄傲自满，常凌驾于前辈或长辈之上，更是件荒谬的事。而那些总是低声下气对他人奉承、巴结的人，无非就是以违背天理的行为去屈从于污浊混乱的世道，虽然能窃得一时的名声，但却会被有见识的人所耻笑。可见，一个人要成名，千万不可操之过急，否则，即便是成名，只能成为"名不副实"或"名存实亡"的一类人。

不可否认，骄傲和谄媚都是一种消极的处世方式，也是成功路上的大敌。骄傲的人处处以我为中心，总觉得自己很了不起，会想方设法去打压别人以来抬高自己。他们也总喜欢自我封闭中自我欣赏，故步自封，不懂得与人分享，并期望通过处处设防去保护自己的优势。另外，骄傲的人往往会"失道寡助"。他们自以为很了不起，看不起别人的优点和学识，将失去来自各方面的支持、指点和帮助。总之，骄傲会使人松懈进步的愿望，封闭分享的胸怀，失去朋友的帮助，最终只会贪得一时的虚名，而得不到实在的益处，得不到真正的尊重。

哥伦布历尽艰险发现了美洲新大陆回到西班牙之后，为了奖赏他女王特地为他摆宴庆功。

在酒席上面，当时的许多王公大臣、名流绅士都瞧不起这位没有任何爵位的哥伦布，而且因为嫉妒他所做出的贡献而纷纷出言讥讽，以抬高自己。有的说："有什么了不起的，换成我出去航海，一样也可以发现新大陆。"有的说："驾着船，只要朝一个方向航行，不转弯，就一定会有新发现！如果换成我，还会提早到达呢！"有的说："如此容易的事，女王还给他如此高的奖赏，真是不服！"

这时候，哥伦布则从桌上随手拿起一个鸡蛋，笑着问那些讥讽自己的人说："各位令人尊敬的先生们，你们有哪位能让这个鸡蛋立起来呢？"

于是，那些内心充满嫉妒而又自以为能力超群的王公大臣，都开始纷纷开始试着将那个鸡蛋立起来，但左立右立，横着立竖着立，想尽了办法，无论如何也立不住一个椭圆形的鸡蛋。

"哼！我们立不起来，你也不可能将它立起来！"大家就纷纷把目光盯向了哥伦布。

只见哥伦布不慌不忙地用手拿起鸡蛋，"砰"的一声往桌子上磕了一下，蛋头破了，鸡蛋便牢牢地立在了桌子上面。

众人一看，便纷纷骚动了起来，都嚷道："这谁不会呀！简直太简单了！"哥伦布则微笑着对众人说道："是的，这当然很简单，但是，在这之前，你们为什么就想不到呢？"

可以想象，那群靠讥讽哥伦布而想抬高自己的人的行为是多么的愚蠢与可笑。对此，有人说："一个人炫耀什么，说明他内心缺少什么。"一个人如若总在别人面前卖弄自己的学问，正可以说明他没有多少学识。即便他将自己凌驾于那些学识渊博的父辈学者之上，最多也只是落得世人的耻笑罢了。所以，要做一个聪明者，就要学会脚踏实地，谦虚谨慎，认真地钻研学问，这样才能赢得他人的认可、尊重和敬重，也才能赢得真正的名誉。

再者，无真才实学，又不肯踏实勤奋，仅靠卑微地奉承和讨好别人，刻意靠曲意迎合他人而赢得名誉的人，最终也只能成为别人的笑柄。所以，蔡元培在这里旨在告诉我们：一个人要赢得名誉，一定要戒骄戒谄，以免让自己成为"名不副实"的人。

03. 别因一时的愤怒而毁了自己的一生

【原文】

热情之种类多矣，而以忿怒为最烈。盛怒而欲泄，则死且不避，与病狂无异。是以忿怒者之行事，其贻害身家而悔恨不及者，常十之八九。

【引申】

"忿怒"亦为"愤怒"，即为愤恨嗔怒的意思。在这里，蔡元培认为，人的过激的情绪有多种，但以愤怒的情绪最为激烈。人在极为气愤时，连死都不怕，与病狂者没有什么不同。凡动辄生怒的，终会以害人害己而悔恨不已的，十之八九。蔡元培先生把控制愤怒列为"自制"的内容之中，可见，发脾气、生气、愤怒等坏情绪对人的危害或影响有多大！

其实，很多时候，生活中的诸多悲剧都是因为愤怒的情绪造成的：因一句话与人不合，便说一些过激的话，因而毁了一桩生意；因小事争吵而断送一段婚姻；因一时之气而伤了和气，葬送了一段珍贵的友谊……我们很多人都有类似的经历，因为情绪过激而给人生带来麻烦、过失甚至灾难的不计其数，事后却又会后悔不迭。

不可否认，人在气头上，难免会被强烈的愤怒冲昏了理智的头脑，以至于忽视了最基本的判断与核实的步骤，造成伤害人的事。其实这是人的通病。对此，心理学家指出，人在愤怒的时候，智商是最低的。尤其在愤怒的关头，人们会做出非常愚蠢的决定并自以为是，也会做出非常危险的举动而大义凛然。这个时候所做的决定，90%以上都是极端的错误。生活中，很多不理智的决策往往都是因为我们没有一个良好的情绪状态，所以要保证自己的人生不后悔，就请别在愤怒时做任何决定。

刚毕业的大学生张勇，很想在媒体广告业大展宏图、一施抱负。但因为缺乏工作经验，多数公司都不愿意录用他。后来几经波折，经亲戚推荐，好不容易到了一家有良好发展前景的广告公司上班。

张勇对该公司的工作环境、人事结构、薪资水平等都很满意，尤其对个人未来的发展充满了信心。因为他是新人，上司为了锻炼他，就让他从最基本的端茶、倒水的工作开始干起。这让张勇很是不满，觉得上司不尊重人才，于是心中经常生出许多抱怨来。

一次，因为张勇的疏忽，他在打印文件时将一份重要的文件漏掉了，让客户产生了误解，险些与公司解除了合作协议。上司对此很不满，于是就将张勇叫到办公室说道："小张，这点活都干不好，以后重要的工作怎么放心地交给你去做呢？"张勇本来对上司大材小用的行为就有些不满，听到这样的训斥，更是冒火。说道："老子不干了还不行吗？这种低端的工作，你爱让谁干就让谁干吧！"说完，就怒气冲冲地收拾东西离开了公司。

随后，张勇又回到了自己刚毕业时的迷茫状态，在几千份简历石沉大海后，他对自己的行为后悔不已：自己的能力本不差，但却因一时的冲动而断送了自己的前程。

其实，无论一个人现年几岁，当他在气愤时，其思虑是不成熟的，言语也不懂节制，行为是失态的，仿佛就像一个年幼的孩子一般地不成熟。书上说："人有见识就不轻易发怒。"当一个人在生气的时候，他的智慧、仪态等，都会大大地退化，乃至所讲出的话，所做出的决定，往往都会将事情搞糟。

一个成功者，并不是因为他们在人生道路上有多么一帆风顺，也不是因为他们的能力有多么超群，而只是因为他们善于控制自己的心情，能在愤怒时平复自己的情绪，恢复自己的理智，让自己的每一次所做的事都能成功。

相反，一个失败者，也不是真的像他们所认为的那样缺少机会，或者是资历浅薄，甚至迷信自己命不好。很多时候，失败的原因就是因为他们不懂得控制自己的情绪，任自己的坏情绪肆意妄为：遇事不顺时，怒火中烧；消沉时，借酒消愁，丧失斗志，让自己错失机会；得意时，忘乎所以，夜郎自大，四面树敌，为人生设立一道道的阻碍的屏障。

总之，人生关键时刻的成功与失败完全取决于两个字"心情"。心情好，则事成；心情坏，则事败。在这里，你需要牢记理性决定的护身符。

（1）凡事先熄火再决定。

人在丧失理智的情况下，所做出的决策一般都是违背事物发展规律的，所以，凡事做决策时，要先平息怒火后再做决定，再开口与人交谈，可以提升决策的正确率。

（2）不急于求成。

任何事物的发展都会遵循其原有的规律，如果你妄想揠苗助长、一夜开花，那就是为失败埋下地雷，总有一天地雷会爆炸。

（3）在得意时不忘形。

人在气愤、生气时容易出错，同时，在得意时也会丧失理智。所以说，在高兴的时候也不要随意做决定，忘形的时候自身的余地就会减少，失败的几率就会增加。

04. 要想自制，就要养成忍耐之力

【原文】

忿怒亦非恶德，受侮辱于人，而不敢与之较，是怯弱之行，而正义之士所耻也。当怒而怒，亦君子所有事。然而逞忿一朝，不顾亲戚，不恕故旧，辜恩谊，背理性以酿暴乱之举，而贻害终身之祸者，世多有之，宜及少时养成忍耐之力，即或怒不可忍，亦必先平心而察之，如果则自无失当之忿怒，而诟詈斗殴之举，庶乎免矣。

【引申】

在这里，蔡元培先生认为，愤怒并不是人的一种恶行，当一个人受到他人的嘲笑或侮辱时，如果不敢反击，便是一种怯弱的行为，也是那些正义的人所不齿的，所以，人该愤怒的时候就愤怒。然而，如果你愤怒时，不顾及亲戚颜面，不懂得宽恕故友、亲人，辜负恩情厚谊，违背理性而做出了不理智的行为，只会造成终身的悔恨。所以，我们从小就要养成忍耐的本事，就是说，当你极为愤怒时，先要让自己平静下来仔细考虑下，如是自己并无过错的话，那就该愤怒一下以示自己的不满，但是互相辱骂、斗殴的举动，就应当免了！

在这里，蔡元培在控制自我愤怒情绪给了我们一个建议：遇事先冷静，先反思自我，再决定该不该生气、愤怒或发脾气等。不可否认，"冲动"是一个教唆人不断犯错的恶魔，总有一天会让人跌入万劫不复的深渊，所以，遇事先保持冷静，凡事都不可操之过急，是自制的一个良方。生活中，那些不凡之人大都会遵循这样的处事原则：胆大而不急躁，迅速而不轻佻，勤奋而不粗浮，身居职守而不刚愎自用，胜而不骄，喜功而不自炫，自重而不自傲，豪爽而不欺人，刚强而不迂腐，活泼而不轻浮，直爽而不幼稚。

几年前，在西部农村地区有一对年轻夫妇，女人因为难产而死，留下一个幼子。男人平时因为要忙于农活，所以就没时间看孩子。于是，就让家里那只养了5年的大狗帮忙照看孩子。那只狗聪明灵活、极通人性，很会照顾小孩，每天都会咬着奶瓶给孩子喂奶。

有一天，男人出门去了，就让它去照顾孩子。

他到了别的乡村，因为遇到大雪，当日不能回家了，他第二天才赶回家，他刚回到家，狗便立即闻声出来迎接主人。他打开房门一看，满屋的血，抬头一望，床上也是血，孩子却不见了，狗就在身边，满口也是血。主人发现这种情形，以为狗狂性发作，将孩子吃掉了。他立即大怒，随手拿起刀将狗杀死了。

之后，他便听到孩子的声音，又见他从床上面爬了下来，于是就抱起孩子，虽然身上有血，但并未受伤。

男人很是奇怪，不知究竟是怎样一回事，再看看狗身，腿上的肉也没有了。旁边有一只狼，口中还叼着狗肉；原来是狗救了那位小主人，却被冲动的主人误杀了，做出了令他后悔终身的事。

其实，生活中因冲动而酿成此类悲剧的事情时有发生：因他人触动自我尊严或利益而导致的打架斗殴乃至杀人甚至自杀事件等，所带给人的遗憾都是终生的。

心理学家指出，人的冲动都带有强烈的情绪色彩，其行为缺乏意识能动调节作用，因而常表现为感到厌烦、草率鲁莽、不计后果、急于求成，或行为具有挑衅性等，既不对行为的目的做清醒的思考，也不会对实施行为的可能性做实事求是的分析，更不会对行为的消极和不良后果做理性的评估和认识，而是一厢情愿、忘乎所以，结果往往是追悔莫及，甚至铸成大错，遗憾终身。所以，要使我们的人生少留遗恨，就要切勿冲动做事，遇事先沉住气，等情绪恢复理智后再行动。

有一个行事鲁莽的人，常年在外打工，春节回家前，老板送了两句话给他，让他在犹豫不决的时候打开看。途中在一旅馆住宿，半夜听到一位女子的歌声，他不知该不该去看，于是打开纸条上写道："好奇会害死人！"这人便上床继续睡觉。

到天明后，他从房中出来，经打听才知道昨晚的女子是店主女儿，有神经病，喜欢在夜间用歌声引诱打人。打工者随即感到庆幸。

他回到阔别多年的家，正要进门，听闻屋内有男女嬉戏，他很清楚，

妻子与一年轻男子正在说笑,态度亲密。他便怒从中来,正欲杀之。转念一想,打开纸条见:冲动是魔鬼。于是便忍住怒火进门,妻子一怔,随即拉过年轻男子告之这是你的父亲。原来他离家时,妻子已有身孕,如今儿子已经长那么大了。于是,他喜极而泣,感谢老板的两句话让他平安到家并收获了幸福。

可见,遇事要保持理智,深思熟虑后再行动,是拥抱成功、收获幸福的重要保证。一个人遇事是否会慌张、急躁,是否能经过深思熟虑再行动,是判断一个人是否成熟的标准。这样的人给人稳重的感觉,能让人产生信赖感,而这也是成事的重要气质。所以,如果你是个冲动者,那就学会调节自我情绪吧。

(1) 用理智控制自己的冲动,使自己冷静下来。

化解冲动的首个方法便是克制。突发的激情来也匆匆,去也匆匆,只要想办法抑制片刻,就可以避免动拳头的冲动。一般可采取两种方法:一是忍耐。尽管冲动情绪像匹野马,但缰绳还是在自己手中。当别人对你说了不中听的话,甚至羞辱性的话,你可以在心里默念"我不发火"、"我不在意"等,也可以在心里默背诗词或文章等,这样能使消极激情变弱;二是谦让,一个处处懂得谦让的人,不是容易被坏情绪所控制的。

(2) 用暗示、转移注意法。

化解冲动要学会及时转移。大量事实证明,冲动情绪一旦爆发,很难对它进行调节控制,所以,必须在它尚未出现之前或刚出现还没升温时,立即采取措施转移注意力,避免它继续发展。比如,可尽力让自己想一些无关的事,干一些其他的活,脑子不闲,手脚不停,就能摆脱因发怒带来的负面情绪。所谓眼不见、心不烦,说的就是这个意思。

(3) 平时可进行一些有针对性的训练,培养自己的耐性。

可以结合自己的业余兴趣、爱好,选择几项需要静心、细心和耐心的事情做做,如练字、绘画、制作精细的手工艺品等,不仅陶冶性情,还可丰富业余生活。

05. "以情制情"——纾解不良情绪的良方

【原文】

以情制情之道奈何？当忿怒之时，则品弄丝竹以和之；当抑郁之时，则登临山水以解之。于是心旷神怡，爽然若失，回忆忿怒抑郁之态，且自觉其无谓焉。

【引申】

人的情绪就像一个"万花筒"，多姿多彩又变化莫测。生活中，我们会为一些事情愤怒、生气，也会因为一些事情而感到压抑、郁闷等，不良情绪会时不时地打扰我们，对此，我们该怎么办呢？对此，蔡元培给我们提出了纾解坏情绪的方法，即：以情制情。他告诉我们，当我们在愤怒、生气时，可以拨弄一下古琴，听听音乐等以缓解愤怒的情绪；当心情压抑、郁闷的时候，可以到野外去登山涉水以达到缓解的目的，如此这般，就可以心旷神怡。当心情好的时候，再去回想自己为之而气愤的事情，就会觉得那些事根本都是无关紧要的。

生活中，不良情绪会时时地会来扰乱我们的生活，比如愤怒、抑郁、烦躁等，如果任其发展，不注意克制，就很容易在失控的情况下做出不理智甚至让自己后悔终生的事情来。为此，蔡元培先生就为我们提供了两种行之有效的方法，也就是我们现代人所说的"音乐疗法"和"旅行疗法"。

其实，音乐疗法在心理治疗上的作用已毋庸置疑。音乐具有神奇的力量，从古至今，很多音乐的"高手"，就把音乐的神效发挥得淋漓尽致。如宫、商、角、徵、羽，五音调和搭配，就可以修炼出成一套养身大典，用音乐舒神静性，颐养身心。

两千多年前，我们的祖先就在中医的经典著作《黄帝内经》内，提出了"五音疗疾"的理论，在后来的《左传》中更是说：音乐像药物一样有味道，可以使人百病不生，健康长寿。中医心理学认为，宫、商、角、徵、羽这五种民族调式音乐的特性可以调理人的五脏五行，而五脏五行的健康又与情绪的好坏有着密切的联系。由此可以推知，音乐通过调理五脏五行来调节人的悲伤、愤怒、绝望、暴躁等不良情绪。

现代社会，欣赏音乐已是最普遍的排解压力之一。美妙的音乐深入人心，使人进入轻快、缥缈的幻境，从而使身心得到最大的放松，并激发起美好、向上的情绪，让人积极地去理解和肯定人生，让生活更加充实，身心更健康。

音乐疗伤治病已是众所周知。据说在古代，真正好的中医不用针灸或中药，用音乐来治疗，一曲终了，病退人安。

不管是天然的音乐，还是人类所创作的美妙音乐，都有异曲同工之妙。可以平复我们的情绪，带给我们好心情，因此，让音乐成为我们日常生活中不可缺少的一部分吧，带上播放器，放一般音乐，哼哼唱唱，让我们更加轻松地进行人生之途。

同样，旅行疗法也有同音乐疗法相同的功效。如果我们心情郁闷时，可以选择一个旅行的地方，比如登山涉水等，当你登上一座山峰，尤其是到达山顶时，你的心情便会豁然开朗，一切的不快和烦恼的事情都会在瞬间烟消云散。这时你再去回想自己为之郁闷的事情时，就会觉得微不足道了。

一位事业很成功的女士，说自己去过三次巴厘岛：第一次去的时候，是跟着团去的，匆匆忙忙，走得很快，到处看了风景，也没留下什么记忆，回到家后感觉很累。后两次是她自己去的，在巴厘岛找了个喜欢的地方住了一个礼拜，抛开工作中的各种繁琐事，每天安静地早起早睡，穿上当地人的衣服，过当地人的简朴生活，感觉才是真正地让自己身心放松。

自然界是充满生命能量的，如美丽的风景会让我们赏心悦目；大自然中清新的空气中含有大量负氧离子，对人的健康大有益处；去泡泡温泉，不仅会让我们身心愉快，还可以洗掉浑身的疲惫；历史文化让我们大开眼界，增长知识。

大自然的能量是看不见、摸不着的，但是却在无形中给予我们正面的、积极向上的能量，让我们的呼吸畅通，浑身充满力量地动起来。

其实，人生本来就是一场旅行。路途布满荆棘和坎坷，但是沿途也有许多美丽的风景。因此，我们在朝着目标努力前进的时候，也不要忘记偶尔停下来，感受一下美妙的风景，给自己的心灵放个假，找回原来的平静、激情和信心，然后轻装上阵。

Part 3

钱 穆
——生命的价值远高于物质

钱穆曾被中国学界尊为"一代宗师",更有学者谓其为中国最后一位士大夫、国学宗师。他一生写了1700多万字著作,在国内外学术界有着极大的影响。他学识广博、著作等身。按传统学科分类,他兼及经史子集四部,为传统国学中的"通儒之学";按现代学科来看,其治学范围涉及史学与史学史、哲学及思想史、文化学及文化史等,可谓百科全书式的学者。钱穆一生勤勉,著述不倦,毕生创作的著作达70余种,如《国史大纲》、《国学概论》、《中国思想史》等,是中国近现代当之无愧的国学大师。在他所有的著作中,其《人生十论》表达了个人对人生意义和生活的种种看法和追问,给我们当下人以极深的启示和指导,很值得我们学习和研究。

第四章

追随内心,不为外物所累

> 钱穆认为,心智是生命的本态,一个人的行为只有听从于其内心,才能活出生命的真滋味来,才能俘获到更多的自由与快乐。所以,在生活中,我们要勇于舍弃外界物欲的种种诱惑,多按照内心的想法去做,追求当下触手可及的幸福,如此,才能让生命获得真实的意义。

01. 生命的意义与外在的物质无关

【原文】

人生分为三个步骤,第一个步骤应为生活。人生生活如衣食住行,它的意义与价值是用来维持与保养我们的生命存在的。也可以说生活是生命存在一种必要的手段或条件。譬如我们讲食和衣,所谓食前方丈,我可以吃一桌菜,前面放着见方一丈的很多食品,同颜渊的一箪食、一瓢饮,双方的意义与价值是同样的,没有很大的分别;又比如说穿衣,大布之衣、大帛之袍,同穿锦衣狐裘,双方的意义与价值还是差不多的。饮食为御饥渴,衣着为御寒冷。住可以有高楼大厦,但是像颜渊居陋巷,在贫民窟里,诸葛亮高卧草庐,在一个茅棚里,外表看来双方好像很不同,实际论其在生命的意义与价值上,还是差不多,没有什么大不同。依次讲到行,高车驷马,古人驾车是用四匹马。孔子出游一车只有两马,老子出函谷关只骑一只驴子。普通人就徒步跋踄了。其实,在人的生命之意义与价值上，仍是差不多。直到今天科学发达，物质文明日新月异，我们的衣食住行同古代历史上的绝不相同了，但实际照我们人的生命立场讲来，衣还是衣，食还是食，住还是住，行还是行，在生活形式上古今虽有别，但在生命的意义与价值上，还只限于第一阶段。纵然生活水平上有所进步，但还是只限于维持与保养之手段上，还是差不多的。

【引申】

在这里，钱穆从衣食住行方面向我们阐述了这样一个道理：一个人拥有外在物质的多寡，与生命意义的丰富与否是无关的。其实，他是在告诫世人：不必去过多地追逐外在的物质享受，简单的生活同样也能赋予生命更多的意义。

关于此，有这样一个故事：

有一位商人，他乘船到了海边的一个渔村。在码头上看到了一位渔夫从海里划着一艘小船靠岸，船上装着好几尾大鱼。外国商人对渔夫能抓到这么高档的鱼表示赞叹。然后问他："您每天用多少时间就可以抓到这么多的大鱼？"渔夫说："根本不用费多大工夫啊，一会儿就可以抓到了。"

商人又说："你为何不再多抓一会儿，这样你就可以抓到更多的鱼了。"渔夫觉得不以为然，说道："这些鱼足够我们一家人生活了，我为什么要抓那么多，做无用的功呢？"

商人又问道："你只是花一小会儿的时间去抓这些鱼，剩下的时间做些什么呢？"渔夫说："我每天要做的事情还真不少，我每天睡到自然醒，然后再出海抓几条鱼，回去和孩子们玩一玩，再睡个午觉。黄昏的时候到村子里找几个朋友喝点酒，再弹会儿吉他。这日子也过得极为充实。"

商人听罢就摇了摇头，并且帮他出主意："我是美国著名大学商学院的博士，我给你出一个主意你可以挣大钱。你每天应该花更多的时间去抓鱼，然后再攒钱买条大些的船。到时候你就可以抓更多的鱼，再买渔船，到时候你就可以拥有一个渔船队。你直接把鱼卖给工厂，这样可以挣更多的钱。然后你还可以开一家罐头厂。这样你就可以离开渔村，到城市里去做有钱人。"

渔夫问："我要达到这个目标大概需要多长时间呢？"

商人说："大概得需要15年到20年吧。"

"然后呢？"渔夫又问。

商人说："然后？然后你就会更加有钱，你可以得到几个亿的钱财呢！"

"再然后呢？"渔夫睁大眼睛问。

商人说："到那时候你就可以退休了，就可以搬到海边的小渔村里去住，享受清新的空气，每天睡到自然醒，回去和孩子们玩一玩，再睡个午觉。黄昏的时候到村子里找几个朋友喝点酒，再弹会儿吉他，过一种惬意无比的悠闲生活。"

渔夫听完，非常不解，他说："难道我现在的生活不就是这个样子吗？那为什么我还要花那么多的时间去折腾自己呢？"

商人最终无话可说。

终点又回到了起点，看似有些可笑滑稽，可是，这也向我们阐述了这样的一个道理，那就是生命的意义与外在的物质的多寡是没有多大关系的，少追求一些物欲，同样也可以享受到更多的美丽色彩。

我们可以静下心来想一下：其实人生的最终追求不外乎如此，如果你感到此刻的自己是幸福的，又何必还去苦苦奢求那些劳累人心的妄想呢？生命的意义并非像富翁所说那样，要拥有多么丰富的物质才能得以体现的，无欲无求、健康平和、顺其自然的心态一样可以维持生命的存在，也可以让生命更精彩。朱元璋在晚年，虽然锦衣玉食，享尽人间富贵，却远没有少年时每餐只吃一种食物来得有意义。所以，我们在生活中就应该懂得知足，少一些欲望，无论在何时何地便可以享受到当下的生命的意义。

现代社会，人们往往将自己的生活方式规定得太过繁琐，女士要用LV的包包，要用LVMH香水，要穿高档服装……男士要穿鳄鱼T恤，要开奔驰、宝马，要戴劳力士的手表……孩子要上贵族学校，要用最新款的手机……这些被人们称之为"品位"的东西，其实也是为了维持生命的最基本的需求。与其这样给心灵套上沉重的枷锁，不如简单、快乐地去体味生命的真滋味。在生命的历程中，如果你想感受到更多的美丽色彩，少一些痛苦，那么，就该舍弃那些该舍弃的了。

02. "德""福"兼备才是福

【原文】

儒家思想并不反对福，但他们只在主张福德俱备。只有福德俱备那才是真福。无限地向外寻求，以及无限地向内寻求，由中国人福的人生观观点来看，他们是不会享福的。

【引申】

在这里，钱穆的"福"与"向外寻求"都是指外在的物质，而"德"与"向内寻求"是指内在的修养。钱穆认为，真正的福气应该是将外在的追求与内在的修养恰当地融合统一，一味地向外追求物质与权力会拖累内心，而一味地向内追求灵魂的安宁则会制约个人发展，都不能享受到真正的福气。

我们知道，一味地向外追求物欲，内心自然得不到安宁，快乐也就无从谈起了，这样是享受不到真正的福气的。

有一位老妇人，每天都感到生活充满了烦恼。邻居看到她每天都唉声叹气的，就问他原因。他说："我有两个女儿，大女儿嫁给了一个开洗衣作坊的人，二女儿嫁给卖雨伞的。到天气下雨的时候我就为我开洗衣坊的女儿担心，担心她的衣服晾不干；到晴天的时候我担心我那卖雨伞的女儿，怕她的雨伞卖不出去。"

邻居闻言，对她说道："您这是在自寻烦恼。其实，您的福气太好了，下雨天，您二女儿家顾客盈门；天晴时，你大女儿家生意兴隆。对于您来说，哪一天都有好消息呀！您没必要天天如此烦恼不已呀！"

老太太听了这样的话，仔细想了想，心里顿时感到轻松了许多。

人生本没有烦恼，所有的烦恼都是由人内心的欲望造成的。老妇人既想在下雨天让大女儿的生意好起来，想在天晴时让二女儿的生意也好起来，因为贪欲太多，所以才烦恼不止。最终，在邻居的开导下，放下了心中的欲望，烦恼顿时少了许多，心里也感到无比的轻松。

其实，我们每个人可能都有这样的体验：在年少的时候，因为无所欲求，所以感到无比的轻松和快乐，到了成长后，因为面对更多世事的诱惑，心中的欲望就越来越多，为了满足自己，我们每天都在不停地拣拾，自以为装进去的都是好东西，殊不知，捡起来的恰恰是无尽的烦恼。慢慢的，我们的欲望之火越烧越旺，想拥有更多的钱财、美色、食物，想拥有更大的权力和名望……凡是触及我们生活的东西，我们都想拥有，这些欲望一旦得不到满足，我们的内心就会变得极为沉重，心里塞满了烦恼，快乐自然也就消失了。所以说，欲望是一切烦恼的根源，只有杜绝了心中的欲望，所有的烦恼才会消失。

如果人类为了一味追求内心的安宁，完全将欲望磨灭，也就意味着人不再寻求自身进步与世界的发展，内心自然也会感到空虚，也不能够享受到真正福。要知道，欲望是人类进步的原始动力，人类的祖先正是为了追逐食物，才从树上下来，继而才学会了打造工具，最终才进化成了人的。如果没有欲望就没有人类的今天。所以，我们也不能因为欲望能产生烦恼，就"存天理，灭人欲"，关键是我们如何控制好自身的欲望，就像钱穆所说，将"福"与"德"兼备统一起来，使欲望既合理存在，又能减少我们内心的烦恼，如此这样才能享受到真正的福气。

那么，我们具体应如何去做呢？

我们要把握好实现自身欲望的手段。实现自身欲望的手段一定是正确的，不要以侵犯大多数人的利益为前提。否则，你要满足欲望所遇到的阻力自然会很多，痛苦和烦恼也自然会多出许多。

另外，在实现自身欲望的过程中要懂得分享。一个不懂得与他人分享的人，在成功之路上是走不远的。因为一个人再有能力，总不能囊括天下所有事情，做起事情自然会因负累太多而失败。在很多情况下，分享成果的过程，也是让他人为你分担烦恼的过程。所以，不管在任何时候，一定要懂得分享。

所谓欲望是烦恼产生的根源，没有欲望，也就没有烦恼，这话的确是千真万确的。但是作为一个凡夫俗子，生活中或多或少都会有欲望，但是只要我们把握好欲望的"度"，才不至于使内心负累太多，才能享受到真正的福气。

03. 追求眼前的幸福

【原文】

中国人常喜祝人有福，他们的人生理想好像只在享福。福的境界不在强力战斗中，不在辽远的将来，只在当下的现实。……福的人生观，似乎要折损人们辽远的理想，似乎只注意在当下现前的一种内外调和、心物交融的情景中，但也不许你沉溺于现实之享受。

【引申】

在这里，钱穆告诉我们：真正的幸福或福气就在当下，我们不要为已经失去的而感到懊悔，也不要为得不到的东西而遗憾，珍惜当下所拥有的才是最为重要的。

我们在年轻的时候，总是认为幸福不过是对功名的一种企求，是一种对虚荣的满足，觉得一个如果能大富大贵、出人头地，就是真正的幸福。但是，佛说：幸福并不是一种傲人的资本，也并非是虚名能够满足的，因为幸福并不是以权势的高低、功名的显赫作为标准。真正的幸福就是珍惜你当前所拥有的。

在很久以前流传着这样一个故事。

很久以前有一座寺庙，庙里有个蜘蛛在拜佛正门前的横梁上结了一张网，由于每天都受到香火和虔诚的祭拜的熏陶，蜘蛛便有了佛性。五百多年后，蜘蛛的佛性大大地增强了。

这一天，佛陀就光临了这座寺庙，趁香火甚旺之时，就问蜘蛛："我们今日相见算是十分有缘，你在此修炼了这五百多年得到了什么真知灼见呢？"蜘蛛遇见佛祖后很是高兴，连忙答应了。佛陀问道："世间什么才是最为珍贵的?"蜘蛛想后,就回答道:"世间最珍贵的东西是'得不到'和'已失去'。"佛陀点头后便离开了。

时间就这样一天一天地过去了,这只蜘蛛一直在寺庙的横梁上修炼,转眼间又过了五百年,它的佛性便大大增强。一日,佛陀又来到寺前,对蜘蛛说道:"你可还好,五百年前那个问题,你可有什么更深的认识吗?"蜘蛛依然认为世间最珍贵的是"得不到"和"已失去"。佛陀摇头走开了,并对蜘蛛说:"你的佛性没有进步,并没有达到我想要的境界,以后我还会再来找你的。"

五百年又过去了,有一天,忽然间刮起了大风,风将一滴甘露吹到了蜘蛛网上。蜘蛛望着甘露,见它晶莹透亮,很漂亮,顿生喜爱之意。蜘蛛每天看着甘露很开心,它觉得这是一千五百年来最开心的几天。有一天,大风又刮了起来,不料大风将这滴甘露吹得不见踪影了。

在少了甘露的日子里,蜘蛛感到非常无聊。看到蜘蛛难过的样子,佛陀又问蜘蛛说:"世间最珍贵的是什么?"蜘蛛想到了甘露,便对佛陀说:"世间最珍贵的是'得不到'和'已失去'。"佛陀说:"你还是没有改进悟性,那就让你到人间走一趟吧。"

佛陀把蜘蛛投胎到一个做官的家庭,成了一个富家小姐,名唤"蛛儿"。这时佛陀赐予了她美丽的容貌。一日,甘鹿中了新科状元,皇帝决定在后花园为他举办庆功宴席。来了许多妙龄少女,其中还有蛛儿,席间,甘鹿表演诗词歌赋,大献才艺,在席的姑娘们无不被他的容貌和才华所折倒。但蛛儿知道这是佛陀所赐予自己的姻缘。

等过了两天,佛陀便安排他们在寺院见面了。蛛儿与甘鹿便在走廊上聊起了天。那日蛛儿很是开心,但甘鹿并没表现出对她的爱慕。蛛儿对甘鹿说:"你不记得16年前在寺庙中的事情了吗?"甘鹿感到很惊奇说:"蛛儿姑娘,你的想象力未免太丰富了吧。"说罢,就离去了。

又过了两天,皇帝下了命令,命甘鹿与长风公主完婚;蛛儿与太子芝草完婚。对蛛儿来说,这一消息如同晴天霹雳,她怎么也想不通,佛陀竟然这样对她。几日来,她不吃不喝,生命危在旦夕之时,太子芝草赶来了，对奄奄一息的蛛儿说："那日在后花园中我对你一见钟表情,于是就苦苦求父王,他才答应。如果你离我而去了,那我活着还有何意义?"说着拿起宝剑就要自刎。

就在此时,佛陀出现了,对奄奄一息的蛛儿说："你可曾想过,甘露(甘鹿)是风(长风公主)带来的,最后也是风将它带走的。甘鹿是属于长风公主的,他对你不过是生命中的一段插曲。而太子芝草是当年寺庙门前的一棵小草,他看了你一千五百年,喜爱了你一千五百年,可是你从来没有低下头来看一看他。"

"蜘蛛,如果我再问你,世间是最珍贵的是什么?"佛陀又将一千五百年前的话题问她。蜘蛛经历了人间大喜大悲后,终于一下子大彻大悟了。她对佛陀说："世间最珍贵的不是'得不到'和'已失去',而是现在能把握的幸福。"于是,她与太子走上了幸福的道路。

由此可见,在很多时候,我们生活得不幸福,是因为我们不懂得珍惜和把握当下所拥有的。我们只将眼光放在失去的东西上面或者总是想着未来更美好的东西,而忽视了我们当前所拥有的。殊不知,你本身所拥有的正是你所能够真正把握的,就像钱穆所说,福的境界不在强力战斗中,不在辽远的将来,只在当下的现实。我们也只有认认真真地享受当下所拥有的,才能感受到真正的幸福。

美国著名作家斯宾塞·约翰逊有一本书叫作《礼物》,大概内容是这样的:

一位智慧老人告诉自己的孩子,世界上有一种特别特别的礼物,它可以让人生充满成功与快乐,而要想得到这个礼物只有靠自己的力量。他的孩子们就想:如果我能找到这个礼物,这一辈子就不会白活了。于是,他们从童年到青年,每个人几乎都用尽了所有的智慧与办法四处找寻,越是拼命地去寻找,就越感到不快乐,最终那个神秘的礼物也没有出现。

到后来,这些孩子们就决定放弃了,不想再这样漫无目的地继续寻找下去。到后来,他们才赫然地发现,那份礼物原来却一直在他们自己的身边,这个能给人带来成功和快乐的神秘礼物就是"此刻"。

其实,在生活中,我们很多人一生也都在寻觅一些有形的"礼物",

却忽略了自己早已经拥有的礼物——无形的"此时此刻"。在这个充满焦虑和烦恼的时代，这份"礼物"更能帮助我们重新发现我们幸福生活的真谛。

天地万物，自然轮回，我们生活在这样的一个空间内，必然要遵守生老病死、稍纵即逝的自然规律。时间和历史都不会为我们守候，生命的年轮总是随着日出日落而辉煌、消逝，而最为幸福的生活就在此刻，只要你能珍惜当下所拥有的，便能够享受到生命永恒的快乐和幸福。为此，劳累一天，筋疲力竭还要加班加点努力工作的我们，是否也应该尽快地停下脚步审视一下自己，这样的忙碌究竟是为了什么？我们生活的意义究竟是为了什么？生命的价值又在哪里？当你的脚步慢下来，也许我们就会幡然醒悟，在当下的这一切，享受当下所拥有的幸福和快乐，才是上天赐予生命的重要的意义。

04. 心智才是生命的本态

【原文】

生命中之第一层次即生活方面，比较接近自然，可以说人同其他植物动物的生命，相差得不很太远。孟子说："人之异于禽兽者几希"，即是此意。进一步说，我们是为要维持保养我们的生命才有生活，并不是我们的生命为着生活，而是生活为着生命。换一句话讲，生活在外层，生命在内部。生命是主，生活是从。等于说生命是个主人，生活是个跟班，来帮这个主人的忙。……物质、生命、心灵，三者间的动作程序，就人类言，又像是心最先，次及生命，再次及身体，即物质。因于此一观点，我们所以说，宇宙间心灵价值实最高，生命次之，而物质价值却最低。换言之，最先有的价值却最低，最后生的价值却最高。

【引申】

在这里，钱穆先生所说的生活无非是指衣食住行，即外在的物质。他认为生活是以生命为目的，也就是说，外在物质只是生命的附从，而心智才是生命的本态。我们要活出真色彩,就必须重视我们的内心的真实想法。换句话说,一个人保持惬意的心境,要比拥有家财万贯更有福气。然而,在生活中,很多人贪恋太多,在不知不觉中迷失了方向,一心去追求外在的物质,忽视了内心的感受,直到临终时才追悔莫及。

有这样一个故事:

从前,有一个富有的人,平时既不修身又不修心。他一生一共娶了四位夫人,他平时最宠爱四夫人,终日与她恩恩爱爱,从来不离不弃;其次疼爱的是三夫人,因为三夫人很有魅力;再者就是二夫人,因为当初在贫困的时候,与二夫人很是恩爱,但是到了富贵后就将其淡忘了。富人最不关心的还是他的原配夫人,他对这位夫人从未重视过,只让她在家做家务,像仆人一样让她干粗活。

后来这位富人得了不治之症。临终前,他将四位夫人叫到身边,说道:"四夫人,我平常最疼爱你,时刻也离不开你,现在我已活不多久了,我死了以后太孤单了,财产妻儿虽多,但是我只想带你走,你陪我一起死,好吗?"

四夫人听到此话,面容顿时失色,惊叫道:"你怎么能这样想?你年纪大了,要死是当然的,可我还年轻,你死后,我还要好好地活下去呢!"

富翁听到这话,深深地叹了一口气。就又把三夫人叫过来,把对四夫人说过的话向她又说了一遍。

三夫人一听,吓得身体直发抖,连忙道:"这怎么可能呢?我还年轻,我不想这么早就随你去,我还想嫁个人,幸福地生活下去呢!"

富翁又深深地叹了一口气,摆摆手,命三夫人退去。将二夫人叫过来,希望二夫人能陪他一起死。

二夫人听罢,连忙摆手道:"不可!不可!我怎么能陪你去死呢?四夫人与三夫人平时什么事情都不肯做,而我必须得管理家中的事情,所以不能陪你死。不过,你死后,我会把你送到坟场的!"

富翁听到此,难过得眼泪掉了下来,没想到自己平生最爱的三位夫人,现在对自己却是这样。最后,他又将平时最不关心的原配夫人叫到自

己跟前,对她说道:"我生前冷落你,真是对不起你了。但是现在我要死去了,在黄泉路上太过孤单了,你愿意陪我一起去吗?"

大夫人听此,并没害怕,更没有惊慌,反而很庄重地答道:"嫁夫随夫,现在你要去世了,做妻子的如何还能活下去呢?不如与你一同死的好!"

"你真的愿意陪我一起死?"富人极为惊讶,但也十分感慨,他说道:"唉!早知你对我如此忠心,我也不会时常冷落你了。我平日里对四夫人、三夫人爱护得比自己的命还重要,对二夫人也不薄,但是到今天,她们却忘恩负义,在我死的时候,还说如此狠心的话。想不到平时我没能重视你,你反倒愿意同我一起死去。"富人说完,大夫人就同他一同死去了。

这是一个极为精彩、有意义的故事,故事中的四位夫人,其实代表着不同的意义。四夫人代表我们的身体,在生活中,我们都喜欢将自己打扮得漂漂亮亮的,到死的时候才知道漂亮的外面终究是一场空;要改嫁的三夫人,就好比人一生为之追求的财富,生前拥有再多的财富,到最终也带不走;二夫人就代表我们在穷困时才能想起的亲戚和朋友,他们由于还有太多的尘事未了,在你临终的时候,只会去送你一程;平时从未重视过的大夫人,实则就是指我们的内心,到生命的尽头也只有她才能跟着我们走进坟墓。这个故事向我们传达了这样一个道理:自己的内心才是生命的本态,它才是我们最为珍贵的东西。

然而,生活中多数人却总是一味地为一些身外之物而奔波忙碌,全然忽视了内心的真正欲求,等到人之将死的时候,才明白自己生前所追求的东西终究都是一场空,只有自己的内心才是最忠实于自己的,只有内心的感受才是我们最应该在乎和把握的。

05. 随性而为，才能求得安乐

【原文】

我们如能圆满我的天性，完成我的天性，自会得到安乐两字做我们人生最后的归宿。我天性喜欢这样，我人生的行为事业表现亦是如此。这样做，我心里才安，才会感到快乐。其实，人生除了安与乐没有第三个要求了。我们吃要吃得安，穿要穿得安，安是人生的第一个重要的字。安了就能乐。我们看社会上大富大贵的人，或许不安不乐，极贫极贱的，或许他反而安乐。我们应该学争取富贵呢？还是学安于贫贱呢？我刚才讲的大舜，他家是贫贱的；周公，他家是富贵的。富贵贫贱只是人生一种境遇，我们要能安，我们要能乐。只要我们的行为能合乎我们的天性，尽可不问境遇，自得安乐。

【引申】

在这里，钱穆是在告诉我们：所有的外在条件只是一种境遇，安乐与外在的贫贱是无关的。如果我们能够圆满我的天性，完成我的天性，就能得到安乐。也就是说，我们只要按照我们的天性去行事——随性而为，就能自得安乐。

静下心来一想，的确如此。安乐并不是刻意去追求的，它其实就在我们的周围，在我们的内心深入，只有随性而为，便能够感受得到。

随性而为其实是一种顺从于心灵的简单自由的生活，心里想怎么样，就怎么样去做，就像种子自然地发芽、生长一样；就像小鸟在天空中自由地飞翔一样，不受尘世的任何束缚和约束。不必为了得到别人的赞美而去故意做作，不必为了满足内心的物欲而给自己的心灵套上枷锁，不必为了显示自己的威严而在下属面前故作严肃、深沉……它是一种完全根据本我的需求去支配自己行为的一种生活方式，这样的生活如何得不到安乐呢？

有一次，梅格去外地参加一个重要的会议，在一个没有电梯的宾馆，从一楼到五楼之间上下跑了六七趟，几趟下来，感觉腿脚发麻、浑身无力。而与她一同参加会议的一位年迈的老太太却大气不喘，精神焕发。

梅格与老人闲聊后才知晓她已经有七十高龄，是这次会议的特邀嘉宾。这么大的年龄还有这么好的身子骨和精气神实在令梅格十分佩服，就向她讨教养生秘诀，老人说："我的秘诀就是：忧愁穿脑过，梦在心中留，对什么事情都不去苛求。"

在谈到自己的梦想时，老人说，自己在生活中与人无争，与己有求，但不过分苛求。我根本不想做名人，不想当明星，只想做个有所为而又有所不为的文学爱好者。在自己三十多岁的时候，当明白自己一生所要的不过是清清淡淡一碗饭后，就主动放下了许多事情，让每天的生活不闲着，也不劳累，早上起来跑跑步，白天读读书，晚上有空写写字，从来都是睡得甜吃得香，从不为什么事情去担忧。然而，正是这种看似平淡的心境，才让她能够沉淀下来，静下心来，为自己创造了极好的创作空间，最后才成为一个了不起的作家。

这位老人正是因为随性地去安排自己的生活，才获得了内心的真正安乐。任何事情都有其规律，无论境遇如何，只要听从于内心的声音，你就能够获得无比的快乐与幸福。一个家财万贯的富翁未必比路边一个摆地摊卖煎饼过得更快乐，一个万人之上的皇帝未必就体味得到贫穷农夫的真快乐。所以，快乐与外在的境遇是无关的，它源自于人的内心，随性而为，便是快乐产生的源泉。

随性而为是一种坦然和乐观的生活态度。在物欲横流的现代社会中，它体现的是一种心境，一种精神，一种对生活的态度，一种至高的生存追求。随性生活，才能使我们放宽心思，才能欣赏到生命的真正精彩的部分，才能活得有意义。

上天既然给了我们生命，我们就应该活出它的价值，而随性生活，就是顺着自己的心意去探寻生命的轨迹，不必去计较外在的得失，不必去在意那些身外之物，这样才能让自己切实地活出真正的自我，才能体现出自我的真正的价值。

Part 4

南怀瑾
——极富智慧的孜孜学者

  不可否认，国学世界的博大精深对我们的人生是有所裨益的，但也正是因为这种博大精深，才致使我们对国学的学习极难"登堂入室"。学习国学的确不能一蹴而就，但如果能够有一位过来人站在高处为我们指点迷津，同时肯低下身上循循善诱，那无疑会让我们的学习事半功倍。

  值得庆幸的是，在国学的海洋中，我们看到了南怀瑾先生这座指示航向的灯塔。他不仅被人们尊为"国学大师"、"禅宗大师"、"台湾十大最有影响的人物"，更有"一代奇人"、"通天教主"、"儒释道大宗师"等称号。更可贵的是，南怀瑾先生的国学修养高深莫测，解释经典深入浅出，同时有着虚怀若谷的精神，包藏天下的气魄，可以说是我们学习国学的最佳导师。

第五章

强者征服天下，智者征服自己

> 老子说："胜人者有力，自胜者强。"就是说："'胜人'是与人打架能够获胜，这不算什么；要能战胜自己的人，才称得上是一个强人。想战胜自己，克服自己，那是很难很难的。修道成功的人就是自胜，能战胜自己的欲望，战胜自己的烦恼妄念。我常常跟大家说，英雄能够征服天下，不能征服自己；征服天下易，征服自己难。"我们应该努力让自己成为圣人而不是英雄。因为有些英雄为了逃避自己的烦恼痛苦，就去征服别人。而圣人是不会把自己的烦恼和痛苦转移到任何一个人的身上，他反而会想把天下人的烦恼和痛苦都担起来。这就是圣人与英雄的分别，也是我们为什么要做圣人而不是英雄的原因所在。

01. 清静自我，享受清福

【原文】

红尘中的人生，就是功名富贵，普通也叫享鸿福。清静的福叫作清福，人生鸿福容易享，但是清福却不然，没有智慧的人不敢享清福。人到了晚年，本来可以享这个清福了，但多数人反而觉得痛苦，因为一旦无事可做，他就活不下去了。有许多老人到了享清福的时候，他硬是享死了，他害怕那个寂寞，什么事都没有了，怎么活啊！所以，一个人先要养成会享受寂寞。能享受寂寞，那你就差不多了，可以了解人生了，才体会到人生更高远的一层境界。这才会看到鸿福是令人厌烦的。……要说一个人一生不愁吃，不愁穿了，有钱用，世界上好地方都逛遍，谁做得到？地位高了，忙得连听金刚经都没有时间了，他哪里还能够享受到这个清福呢？所以，清福最难。

【引申】

在这里，南怀瑾大师告诉我们现代人一个真理：清福最难得。关于清福，南怀瑾先生还讲了这样一个故事：

明朝时期有一个人，每天半夜中就会跪在庭院中烧香拜天，态度十分诚恳，而且一拜就是三十年。有一夜他终于感动了天神，天神站在他前面，一身发亮发光。还好，他没有被吓跑，天神问道：你天天在夜里拜天，态度如此诚恳，你有什么要求就赶快讲，我马上要走了。这个人很是吃惊，想了一会儿就说道："我什么都不求，只想一辈子有饭吃，有衣服穿，不会穷，多几个钱，可以一辈子游山玩水，没有病痛，无疾而终。"天神听到了这个要求，说道："哎哟，你所求的这个，是上界的神仙之福；你求人世间的功名富贵，要官做得大，财发得多，我都可以答应你。然而，你求的上界神仙之清福，也是我想求的，我根本没法给你……"

南怀瑾先生讲这个故事就是告诉我们：清闲之福的难得，难到只有神仙才能够消受。

其实，清福之所以难得，就在于"清福"是朴素之福、闲适之福、淡雅之福。随着社会节奏的加快，很多现代人都难享受到"清福"了。很多人甚至都有这样的感受：忙碌了一天回到家后，内心还是会莫名其妙地陷入一种不安之中？于是，开始反思：为何不安呢？但想了许久，都找不出确切的答案。其实，这主要是因为我们总是苛求自己不停地忙碌，以至于使忙碌深深地融化到我们的心灵深处了。如此这样，怎么能够享到"清福"呢？

一位专栏作家曾这样描述过一个普通上班族的一天：

早上 7 点钟，闹铃开始响起。随后开始起床忙碌：洗漱，穿职业套装。然后在出门的时候，随手就抓起水杯和工作包，急急忙忙跳进汽车，接受每天被称为上班高峰时间的煎熬。

从上午 9 点到下午 5 点的之中，工作中忙忙碌碌，微笑着接受着来自各方面的工作压力。当"重组"或"裁员"的斧头落在别人头上时，自己就开始长长地松了一口气。然后再扛起额外增加的工作，不断地看着表工作，盼望着下班。

下午 5 点后，坐进车里，行驶在回家的高速公路上。开始与家人或好友相处，吃饭、聊天、看电视。

10 点钟开始睡觉，以防明天因迟到被罚当月奖金。

我们每天都在体味这种机械、无趣的生活，大脑都空白一片，但又得时刻忙碌着，置身于一件件做不完的琐事与想不到尽头的杂念之中，整天都在忙忙碌碌，丝毫体验不到生活的任何乐趣。

年复一年，日复一日，每天都在重复着这样的忙碌生活，我们的内心的弦时常绷得紧紧的，生怕一停下来就会被社会所淘汰。然而，麻木与紧张并非是生活的本质，面对这样的生活，我们就要抛开一切，放松内心绷紧的弦，让自己清闲下来一段时间，这样，你就会重新找到生活的意义与乐趣。

我们的人生就像是在演戏剧一样，很滑稽，我们往往不断追逐某些东西，为此永远不知疲惫，但是往往会在最后发现，在自己匆忙赶路寻找风景的时候，却失去了感受此刻沿途最美的风景。罗丹说："不懂得享受当下的生活是我们最大的悲哀。"生活中的此时此地总是被我们忽略，我们在无意中就预支了"此刻的生活"。为此，我们根本感受不到我们生活的真正乐趣。所以，在生活或工作中，我们无须去苦苦苛求自己，要不时地停下来欣赏一下当下生活的美妙。

一个牧师在布道词里讲了这样一个故事：

上帝派给了我一项任务，让我牵着一只蜗牛出去散步。于是，我就只好照做了。在途中，我尽管走得很慢，蜗牛尽管已经在尽力地爬，可每次它总是好久才能挪动那一点点距离。于是，我就开始不停地催促它、吓唬它、责备它。而蜗牛也只是用抱歉的眼光看着我，仿佛说自己已经尽力了。我恼怒了，就不停地拉它、扯它，甚至想踢它，蜗牛也只是受着伤，喘着气，卖力地往前爬。

我想："真是太奇怪了，为什么上帝要我牵一只蜗牛去散步呢？于是，我开始仰天望着上帝，天上一片安静。我想，反正上帝都不管它了，我还管它干什么，任由蜗牛慢慢往前爬吧，我想丢下它，独自往前赶路。我就放慢了脚步，想将它放下，静下心来……咦？忽然闻到了花香，原来这边有个花园，我感到微风吹来，原来此刻的风如此温柔……而我以前怎么都没有体会到呢？

我这才想起来，莫非是我犯了错误了，原来是上帝叫蜗牛牵我来散步的……"

我们平常人已经在自己的过分苛求下，习惯了忙碌的生活，这样无论如何也感受不到路途中的美丽风景。如果我们能够放下苛求，让此刻的自己松懈下来，就可能体会到生命的真谛。要想使自己停下来，如何才能做到呢？

可以这样去做：从每天中抽出一个小时，什么也不做，把心情放松下来。当然前提是，你一定要找一个清静的地方，否则如果遇到了熟人，你一定不可避免地会像往常那样与对方漫无边际地聊起来。也许刚开始的时候，你会觉得心慌意乱，因为还有那么多事情等着你去干，你会想如果是工作的话，早就把明天的计划拟定好了，这样干坐着，分明就是在浪费时间。但是，你必须要将这些念头从你的大脑中赶走，坚持下去，渐渐地你就会发现，整个人都轻松多了。你会体会到这一个小时的时间是如此地惬意，然后再做起工作来，不再会像以前那么手忙脚乱了，你可以很从容地去处理各种事务，不再有逼迫感。当然，你可以慢慢地逐渐地延长空闲的时间，每天两个小时、三个小时。一旦养成了习惯，你的生活将得到很大改善，你就会从那种时刻都紧张的情绪中解脱出来，使头脑得到彻底的净化。

02. 世上无如人欲险，几人到此误平生

【原文】

心理状况开始心念一动，一开发的时候，像手指按开关一样，只要一按机关，稍稍有某一点小问题就会引起大烦恼，引出一大堆的是非利害。那么开关不打开，心里有事不向外发，留在里头呢？就是自己在那里捣鬼，心里自己在骂人、打架、打官司。……就是自己总想要把坏的一面去掉，总想人生得到真正的胜利，只是想达到目的。我们一天到晚都是希望自己怎么胜利、怎么成功。

【引申】

人心中最多的就是各种欲望：工作中希望自己可以被提拔，学习中希望自己有成就，生活中希望一切都顺利。其实，这些欲望一方面帮助我们把生活向前推动，让我们不断提高；另一方面，这些欲望也十分危险，控制不好很可能毁了我们的一生。

为此，在这里南怀瑾生动地向我们描述了欲望控制人类心理与行为的过程。他告诉我们，希望胜利和成功的欲望往往不会把我们导向真正的胜利和成功，而是让我们丧身于无可挽回的绝望山谷。

从前有一个渔夫，每天靠钓鱼度日。他每天起早贪黑地到大海里钓鱼，钓到一篓子鱼之后，就拿到集市上去卖。就这样，他从没有一天中断过钓鱼，他的生活过得也还凑合。

有一天早晨，他像往常一样去海里钓鱼。这一天收获倒是不小，钓了不到两小时，就钓了有大半篓鱼。正在渔夫高兴之际，一个不小心，鱼竿竟然掉到海里了。渔夫慌了，赶紧把手放进海里去捞他的鱼竿。突然，他从海里捞到一个东西，渔夫拿出来一看，眼睛都快直了：手里握着的居然是一颗大珍珠。渔夫觉得自己好像是在做梦，掐了掐自己的大腿。哈哈！居然是真的！渔夫拿着它真是爱不释手。可是，他发现这颗珍珠上面有一个小黑点。渔夫心想：这么漂亮一颗珍珠，怎么可以有黑点呢？必须把黑点刮掉，这样才算完美嘛！

想到这儿，渔夫就回家找了一把小刀，准备用刀子把那个小黑点刮掉。可是，渔夫刮掉一层，黑点还在，再刮一层，黑点还在，刮到最后，黑点没有了，可是珍珠也不复存在了。渔夫看着地下的珍珠粉末，又看看手里握着的那把小刀，放声大哭起来。

农夫因为受欲望的驱使，最终毁掉了一颗绝世珍珠。所以，聪明的人一定要学会分清人生的主次，抓住人生的根本。比如当自己因为享乐而伤害自己的健康时，我们就应该告诉自己：拥有健康的人，不论眼下处境如何困难，都有机会东山再起，今后还会享受生命。而失去健康的人，就算拥有整个世界，也只好遗憾离去，两手带不走任何东西。

所以，智者在总结人生经验的时候告诉我们："世上无如人欲险，几人到此误平生。"早一点懂得欲望的危险，可以帮我们在人生的路上避开许多陷阱，让我们安然地度过自己的一生。

03. 扩展欲望，必要自食恶果

【原文】

一个人，真能够对天道自然的法则有所认识，那么，天赋人生，已够充实。能够将生命原有的真实性，善加利用，因应现实的世间，就能悠游余裕而知足常乐了。如果忘记了原有生命的美善，反而利用原有生命的充裕，扩展欲望，希求永无止境的满足，那么，必定会带来无限的苦果。还不如寡欲、知足，就此安于现实，便是最好的解脱自在。

【引申】

在这里，南怀瑾旨在告诫现实中的人们，若能够保持已有的成就，就是最现实、最大的幸福。如果更有非分的欲望和希求，不安于现实，要在原已持有的成就上，更求扩展，在满足中还要追求进一步的盈裕，最后终归得不偿失，还不如就此保持已得的本位就算了。

其实，说起人的欲望，莫过于权力、名誉、物欲等，然而，南怀瑾一

生对这些东西都不屑一顾。

他对物质生活的要求极低,平时生活十分简朴,吃穿都追求简单。他对权力更是没有欲望。他是江浙人,是国民党要员的老乡,在当时,他只要稍微表现出一点点想当官的意愿,便可以谋得一官半职。凭他的才能,或许在官场上还能够平步青云。然而,他当时却没有这样做。后来在台湾,他曾经多次面临从政当官的机会,也都被一一拒绝了。

他个人对名誉也看得非常淡。成名后,有很多学校都给他寄来"名誉教授"之类的聘书。他都会尽力地退回去,不能退回去的,他也只好一笑了之,信也不回。他对这些头衔根本没有放在心上,也一概不接受聘请。

"扩展欲望,希求永无止境的满足,那么,必定会招来无限的苦果",这句话是南怀瑾对世人的劝诫。然而,在当今这个物欲横流的世界之中,人们的欲望已经膨胀到了空前的地步,人的内心也无时无刻不充斥着忧虑、焦躁、不安和绝望……这诸多的苦果其实都来自于人内心无边的欲望。

一个贫穷的人带着食物与水到沙漠里去寻金子,几天过去了,宝藏没有寻到,身上的食物与水去已经没了。两天过去了,他都没有喝过一滴水,也没吃过任何食物,他没有任何力气了,只有静静地躺在那里等待着死神的降临。

他奄奄一息,在临死前一刻,就向神做了最后的祈祷:"神啊,请你帮帮我这个可怜的人吧!如果我能够得到一点点的水与食物,我宁肯舍弃宝藏!"

刚说完,神果真就出现了,看到他可怜的样子,就满足了他的请求。等他吃饱喝足以后,就想着自己已经经受了如此多的磨难,怎么能够舍弃寻宝的愿望呢,说不定宝藏就在前方不远的地方。于是,他又继续向前面的沙漠深处走去,很幸运,他找到了很多的金子。看着光彩夺目的金子,那个人兴奋十足,十分贪婪地把金子装满了自己的口袋。

然而,他已经没有足够的食物与水源来支撑他走完回家的路了。他还背负着重重的宝藏不停地往前走,随着体力的不断下降,他也不得不扔掉一些宝藏,他边走边扔,以至身上所有的东西扔掉后还能没能回到家。到最终,他又静静地躺在地上,在临死之前,他又开始向神祈求:"神呀,可怜可怜我吧,请尽快赐予我水与食物吧!"

神终于发怒了，他说道："我再赐予你水与食物，你是否又再返回去将扔掉的金子捡回来呢？"

上述故事中的人是愚蠢的，他死到临头，都没有彻底摆脱内心欲望与贪婪的缠绕。因为他心中时时存有贪念，最终不仅没有得到想要的金子，反而将宝贵的生命搭进去了，实在是得不偿失。

著名作家史铁生曾经用"命若游丝"来形容生命的脆弱与短暂，在脆弱与短暂的生命中，有太多值得我们珍惜的东西去把握，而如果我们一味地追求一些外在的东西而失去了生命中更为重要，更有价值的东西，那就是本末倒置了。

人内心的贪欲其实就像一团熊熊燃烧的烈火一样，柴放得越多，火就会烧得越旺盛，你就时刻会有再添柴的冲动。面对尘世的诱惑，我们想拥有的东西太多：自小想考上一所好大学，接着想拥有好的工作，想得到更多的金钱，有个美满幸福的家庭……你内心的欲望会随着一个愿望的实现后而变得变本加厉。慢慢地，你会觉得内心疲惫不堪，生活也会枯燥无味，最终你的整个生命也只能够在痛苦与深渊中挣扎不止。所以，勇于舍弃是一个极为聪明的选择，也是人生的一种收获。

在深山中有一对兄弟，两人自幼就失去了父母，终日以砍柴为生。生活虽然过得艰难，但是兄弟俩却极为开心，从来没有抱怨过什么，每天过得简单而舒心。

天上的神看到了兄弟俩的情况，便十分同情他们，就决心帮助他们。晚上，神托梦给他们，对他们说："你们村东边的河流正中央埋着很多的宝藏，现在河水很浅，你们可以前去打捞，但是到五更前必须要离开，否则，就可能会丧命。"

兄弟俩从睡梦中醒来后，将自己的梦都告诉了对方，二人既兴奋又惊奇，他们赶忙起身到河边各驾一只破旧的渔船，前去打捞。到了河中央，哥哥打捞到了一块金子，装在口袋中，看着快到五更天了，便急着离开了。哥哥催弟弟赶快离开，弟弟却说："你怎么就拿一块金子呢，你先走吧，我过一会儿就离开。"随后，就不停地在那里打捞，装了满满一船。

眼看就到五更天了，弟弟还是不肯罢手。一会儿，河水就慢慢地涨起来。随后，狂风大浪向小船扑来，弟弟拼命地划船，但是由于宝藏太重，根本划不快。最终，弟弟与宝藏都被卷入大风浪中。

哥哥回家后，用捡到的那块金子为本钱，做起了生意。后来他就成为了远近闻名的大富翁，而弟弟却再也没有回来。

泰戈尔说："鸟儿的翅膀一旦系上黄金，就再也无法飞翔了。"妄念是羁绊心灵的枷锁，我们要想获得自由与快乐，就要勇于舍弃。故事中的弟弟因为本身的贪婪，不愿意舍弃，最终丧失了自己的性命，而哥哥却懂得放弃，最终实现了成为富翁的梦想。

舍弃对金钱的贪欲，舍弃对权力的角逐，舍弃对虚名的争夺，舍弃心中所有的难言的负担，舍弃无谓的争吵，舍弃没完没了的解释，你就能够远离烦恼和痛苦，才能使整个身心都得到宁静与愉快。电影《卧虎藏龙》中曾有这样的一句话：当你紧握双手，里面什么也没有，当你打开双手，世界就在你的手中；只有懂得放弃，才能使你在有限的生命里活得充实、饱满而旺盛。生活中，鱼和熊掌不能兼得，只要我们勇于放下欲望和贪念，就能得到更为圆满的精彩的人生景致。

04. 胜人者力，自胜者强

【原文】

水，具有滋养万物生命的德性。它能使万物得它的利益，而不与万物争利。……只要能做到利他的事，就永不推辞地做。但是，它却永远不要占据高位，更不会把持要津。俗话说人往高处爬，水向低处流。它在这个永远不平的物质的人世间，宁愿自居下流，藏污纳垢而包容一切。

【引申】

在这里，南怀瑾先生向我们阐述的是要向水学习这一做人的道理。其实，向水学习这一做人的道理就是告诉要勇于战胜自己，让自己有"采菊东篱下，悠然见南山"的淡泊，有"山临绝顶我为峰"的潇洒，有"梅花傲雪姿更艳"的高洁。古人曾经为水形成的海洋和土形成的高山写过一副对联："水唯能下方成海，山不矜高自及天。"这正是一个修行者战胜自我的真实写照。

曾经有一位武术高手，跟着自己的师父苦练十年，然后下山参加一场国际武术锦标赛，他自以为稳操胜券，一定可以夺得冠军。

十年的功夫果然没有白费，他一路披荆斩棘，很快杀入决赛。但是在最后的决赛中，他遇到了一个实力相当的对手。看得出对方也是经过长时间勤学苦练的高手，于是双方都不敢怠慢，竭尽全力攻击对方。比赛十分激烈，形势也渐渐明朗起来。这位苦练十年的武术高手慢慢意识到，自己根本找不到对方招数中的破绽，而对方的攻击却往往能够突破自己防守中的漏洞。

最终的结果是十年功夫没有让他一举成名，而是败在了另一个高手之下。失败之后的武术高手异常愤怒，因为自己的十年苦练的一身功夫就这样被打败了。他连夜回去找到自己的师父，向师父说明了自己的遭遇，并决心报仇雪恨，希望师父帮他找出对方招式中的破绽。他决心根据这些破绽，苦练出一身足以攻克对方的新招，这样就可以在下次比赛时，打倒对方，夺回冠军的奖杯。

师父看着他一招一式地将比赛的过程重现出来，一直笑而不语。最后，见徒弟比画完了，师父在地上画了一条线，并且告诉徒弟，如果他能在不擦掉这条线的情况下，让这条线变短，那么他就算学会了战胜对手的新招式了。

这位徒弟自然是百思不得其解，首先不知道画一条线和武术的招式有什么关系，其次也实在不知道怎么能让那条已经定格的线变短。他苦苦思索了三天三夜，最后也没有什么办法，就再次向师父请教。

师父见他诚心求教，就领他到原来画线的地方，慢慢地在原先那道线的旁边，又画了一道更长的线。两者比较，原来的那条线，看起来确实显得短了许多。

徒弟还是有所困惑，不知道这和战胜对手的招式有什么关系。于是师父开口道："你下山去与人比武，失败以后就心怀愤怒，希望利用对方的破绽来报仇。可是你却没明白,夺得冠军的关键,不在于攻击对方的破绽,而是努力使自己变强。正如地上的线一样,你只有把自己变长了,相比之下,对方才能变得较短了。如何使自己更强,才是解决问题的根本。"

徒弟听后恍然大悟,留在山上继续苦练,后来成了远近驰名的武术大师,一生再也没有因为技不如人而愤怒过。

不仅比武是这样,生活中的一切事情都是这样。要想让对手的线变短,唯一的办法就是让自己这条线变长。当然,刚开始修炼自己的人难免会犯错,但是犯错并不可怕,关键是知错能改,善于自省,学会把别人的批评当作是一个认识自我、判断自我的过程,而不是觉得是别人在有意针对和刁难自己了。这样做,其实也是一种战胜自己的表现。

亚伯拉罕·林肯是美国历史上一位伟大的总统。身为总统,有着如此高的地位,这位总统却是一个非常谦虚的人。

南北战争期间,爱德华·史丹顿作为北军的作战部长,竟然当着下属和同僚的面骂总统林肯是一个大笨蛋。史丹顿这样做的理由是:他觉得林肯是因为不信任自己的工作,所以才直接干涉了自己的作战部署。当时林肯总统的确签发了一项调动部分军队的命令。

当接到这份命令之后,史丹顿断然拒绝了林肯的这项调整部队的命令,而且大骂林肯愚蠢。结果如何?当林肯知道了史丹顿在背后对他进行指责的事情后,没有显露出一点怒色,而是十分平静地回答:"如果史丹顿说我是一个笨蛋,那我一定就是一个笨蛋,因为他几乎从来没有出过错。我得亲自去看一看。"林肯这番话让史丹顿一时感到特别惭愧,乖乖地命令部队开拔了。

美国的历史上有四十几位总统,而林肯却如此深入人心,很大一部分原因就是他能够战胜自己。他乐于接受别人的批评,而不是恼羞成怒,把气撒在对方身上。这就是智者和凡人的区别:智者战胜自己,凡人总想着战胜别人。战胜别人的人可能是个比较厉害的人,但只要战胜自己的人,才能够成为真正的强者。

第六章

立业先立德，做事先做人

> 曾子说："君子先慎乎德。有德此有人，有人此有土，有土此有财，有财此有用。德者，本也。财者，末也。"这个道理并不好理解，所以南怀瑾先生说："这是要有人生多方面的经验，而且还要配合数十年的做人做事，才渐渐地一层一层深入，才算真懂了。"那么，立业先立德的道理在哪呢？南怀瑾先生说："你想要创业建国，或是你想做任何一件事业，必须要具备先能得到'人和'。你想要人心归向，或是个人想要有朋友相助，必须先要从自己'立德'开始。如果你自己做人，态度、言语、思想等行为，处处'缺德'，一切就免谈了！"由此看来，立业要从立德开始，做事要先把人做好啊！

01. 小事是成就大事的立脚点

【原文】

我讲到一位同学几十年没有站起来，没有立脚点，一个人活了一辈子，你问他的人生观是什么，他没有人生观。一个人应该要知道自己要做个什么样的人。很多人没有人生观，一辈子没有站起来。所以文学上形容这一类人是"沉浮于世间"，水高了就浮上来，水低了就沉下去。一般人就是这样，在人海中沉浮，没有立脚点。

【引申】

在这里，南怀瑾先生其实是告诉我们：人生的跋涉往往是从一点一滴开始的。一个人要想成就大事，首先要能够把小事做好。从小事中我们可以看出一个人的内心，一件小事可以看出一个人的性格和习惯。所以，我们不能忽视生活和工作中的那些小事。《三国演义》中，刘备在临终前留给刘禅一句忠告："勿以善小而不为，勿以恶小而为之！"事情虽小，只要是对人有帮助的事情就没有理由不去好好做，一件微不足道的小事，有时也能让你成就一番伟大的事业。所以，年轻人要记住：小事也要用心去做！

日本狮王公司的员工加藤信三就是一个注重小事的人。有一次，加藤信三起床晚了点，为了不迟到，急急忙忙地刷牙洗脸。没想到刷牙力气过大，导致了牙龈出血。他为此非常恼火，上班的路上仍是非常气愤。

到公司之后，加藤信三为了集中精力的工作，便强迫自己平息心头的怒气。他和几个要好的伙伴提及此事，并相约一同设法解决刷牙容易伤及牙龈的问题。

加藤信三和他的伙伴们想了很多解决刷牙时牙龈出血的办法，比如，刷牙前先用热水把牙刷泡软、多用些牙膏、把牙刷毛改为柔软的软毛、放慢刷牙速度等，但效果都不太理想。为了研究出不伤害牙龈的牙刷，他们在放大镜下进一步仔细检查牙刷毛。这次，加藤信三和伙伴发现一个细节，刷毛顶端并不是圆形的，而是四方形的。他想："把它改成圆形的也许就能减少对牙龈的伤害！"于是他们立刻着手将牙刷的刷毛进行改良。

经过多次实验后，加藤信三正式向公司提出了改变牙刷毛形状的建议。他的建议得到了公司领导的肯定，于是欣然接受了他的建议，把生产的所有的牙刷毛全都改成了圆形。改进后的狮王牌牙刷因为效果显著，销量一路攀升，销售额甚至占到了全国同类产品的40％。加藤信三也由普通职员晋升为课长，最后成为公司的董事长。

在我们看来，刷牙时牙龈受到了牙刷的伤害，顶多会换一把牙刷，很少有人会在这件小事上浪费时间，去想办法去解决这个问题，因此机遇也就悄悄从身边溜走。而加藤信三却在小事中发现了问题，而且对这个小问题进行了仔细的分析，从而使自己和所在的公司都取得了成功。所以，年轻人不要忽略身边的小事，哪怕是一件小事有时也能改变你的人生轨迹。

行为本身并不能说明自身的性质，而是取决于行动时你的精神状态，每一件事对人生都有一定的意义，也许你现在没发现小事对你的影响，但不代表它不存在。泥瓦匠们在砖块和砂浆中能读出诗意，对按部就班的工作从未感到丝毫的厌倦，这是因为他们能在单调的行为中发现动人的细节。因此，如果拿别人的眼光来看待自己的工作，用世俗的标准来衡量自己的存在，那么你的生活就会变得没有任何吸引力和价值可言。

我们对事物的认识是存在局限性的，要想在小事中找到成就大事的立脚点，就必须学会全面观察，只有这样，才能看到事情的本质。有些事情从表象上去看是不能认识到其意义所在的，因此不要小看自己所做的每一件事，即便是一些毫不起眼的小事，也应该全力以赴，尽职尽责地完成。认真负责地完成每一件小事，才能以同样的心态完成那些会影响自己认识的大事。通过小事一步一个脚印地攀登人生的高峰，才能使自己变得更优秀，才能更好地打理自己的人生。

02. 自助者天助，自强者刚强

【原文】

孔子在《易经》的系辞中说："天行健，君子以自强不息。"意思是说："天体不断在动，永远在动，天体假如有一秒钟不动，不必要用原子弹，整个的宇宙都要毁灭掉。第二句话'君子以自强不息'，是说做人要效法宇宙的精神，自强不息。一切靠自己的努力，要自强，依靠别人没有用，一切要自己不断努力，假使有一秒钟不求进步，就已经是落后了。"

【引申】

这是南怀瑾大师对《易经》开头那句话的解释。从话中，可以看出，一个人只有抛开幻想，才能解救自己。人生路没有尽头，路的旁边还是路。只有做一个自强不息的人，勇于探索和实践生命中的一切，你才有机会去获得成功。所以，我们不需要羡慕那些含着金钥匙出生的富二代，哪怕自己是身无分文、出身平庸的丑小鸭。我们虽然选择不了出身，却可以选择自强不息的心态。更何况，命运的安排也许别具深意，又怎么知道人生的艰辛不是命运对自己的恩赐呢？

一位在东欧生活的老人来到美国，当他走进曼哈顿的一间餐馆时，却遇到了与自己国家不同的情况。当他坐在餐桌旁等着侍者拿餐盘来为他点菜时，等了很久，也没有人来为他服务。直到他看到有一个女士端着满满的一盘食物过来坐在他的对面，他的心里更加疑惑了。

老人问自己对面的女士，这个餐厅怎么没有侍者？女人告诉他："这是一家自助餐馆。你可以到那边去排队，从头开始你选择你喜欢吃的菜，然后到另一头去排队，他们会告诉你该付多少钱。"说着，女人指着餐厅的前台，那里果然有许多食物排成长长的一行。

老人按照女人的指示，饱餐了一顿。当他回到家里时，对自己的孩子说："从此我知道了在美国做事的法则：在这里，人生就是一顿自助餐。只要你愿意付费，你想要什么都可以。但如果你只是一味地等着别人把它拿给你，你将永远也成功不了。你必须站起身来，自己去拿。"

其实，不只是在美国，在世界的每一个角落，人生都是一顿自助餐。自助，就意味着每个年轻人都要靠自己去主动出击，寻找机会。同时还要自己顶住命运的压力，直到自己将所有的困难都转化为辉煌的成功。

几乎在世界的每个角落，都有一个老人的笑脸。他花白的胡须，戴着黑色的眼镜，笑容可掬。这个和蔼可亲的老人就是著名快餐连锁店"肯德基"的招牌和标志——哈兰·山德士上校。

1890年9月9日，哈兰·山德士出生于美国印第安那州亨利维尔附近一个农庄。在年父亲去世之后，山德士开始帮助自己的母亲照顾弟妹，分担着家庭重任。7岁那年，他竟然学会做20个菜，成了远近闻名的烹饪能手。

直到40岁的时候，山德士才开始自己的创业之路。他来到肯塔基州，开了一家可宾加油站。来往加油的客人很多，而且这些长途跋涉的人常常是一副饥肠辘辘的样子。山德士想，为什么我不顺便做点方便食品，来满足这些人的要求呢？于是，山德士推出了肯德基炸鸡的雏形，由于味道鲜美、口味独特，受到了热烈欢迎。

很快，炸鸡的名声超出了加油站，很多人专门驾车几十公里来这里不是为了加油，而是为了一尝山德士的手艺。于是山德士就在马路对面开了一家山德士专营餐厅。他潜心研究炸鸡的特殊配料，使炸成的鸡表皮形成一层薄薄的、几乎未烘透的壳，鸡肉滑嫩而鲜美。至今，这种炸鸡配方还在使用，但调料已增至40种，而这就是肯德基最重要的秘密武器。

1935年，由于山德士的炸鸡闻名遐迩，肯塔基州州长鲁比·拉丰向他颁发了肯塔基州上校官阶，人们开始叫他"亲爱的山德士上校"，直到现在。同时，随着客人越来越多，山德士发现自己店里的人手明显不够，炸鸡的供应明显无法满足客人的需求。就在这时，压力锅出现在了美国人的生活中。山德士觉得，压力锅可以大大缩短烹制时间，又不会把食物烧糊，这对于他的炸鸡而言是再好不过的事情了。

1939年，山德士买了一个压力锅，他做了各项有关烹煮时间、压力和加油的实验后，终于发现一种独特的炸鸡方法。这个在压力下所炸出来的鸡是他所尝过的最美味的炸鸡，至今肯德基炸鸡仍沿用这项妙方。可是"二战"的爆发改变了这个世界上的很多事情，也使已经66岁的山德士上校变成了一文不名的穷人。为摆脱困境，他突然想起曾经把炸鸡做法卖给犹他州的一个饭店老板，他们每卖1只鸡，付给山德士5美分。

66岁高龄的山德士上校开始了自己的第二次创业。他带着一只压力锅，一个50磅的佐料桶，开着他的老福特上路了。身穿白色西装，打着黑色蝴蝶结，一身绅士打扮的白发上校停在每一家饭店的门口，从肯塔基州到俄亥俄州，兜售炸鸡秘方，给老板和店员表演炸鸡，然后把特许经营权卖给他们。但是整整两年过去了，没有人愿意相信他，他被拒绝了1009次。终于在1952年，当山德士上校第1010次走进一个饭店时，得到了一句"好吧"的回答。盐湖城第一家被授权经营的肯德基餐厅建立了，这便是世界上餐饮加盟特许经营的开始。也是哈兰·山德士上校第二次迎来了自己的人生辉煌，创建了现在这个世界500强企业：肯德基。

年过花甲的哈兰·山德士上校在人生的自助餐面前没有等待,而是坚持排队,知道用自己的努力换来了人生的大餐。作为风华正茂的年轻人,我们有什么理由放弃自己的梦想呢?懒惰地等待,只会让我们的满腹才华永无出头之日,积极勇敢地迎接人生的挑战,却能给我们赢得一场大展身手的机会。希望每一个准备远航的人都能够牢记:才华固然重要,但是,才华不等于成功。成功还需要自己去打拼、去争取、去营造。

03. 为别人着想,就是为自己着想

【原文】

人如果能去掉了悭贪嫉妒,它的反面是什么?只有帮助人,只有为别人着想,只有培养人,都希望别人好,一切荣耀都归于老兄你,那才是做到了不嫉妒。人若不嫉妒,那就真正地做到了内心的和谐。

【引申】

在这里,南怀瑾认为,人内心要去掉嫉妒之心,保持内心和谐,要多为别人着想。很多时候,帮助别人,多为别人着想,其实是在为自己着想。

著名的文学家爱默生说:"人生最美丽的补偿之一,就是人们真诚地帮助他人之后,同时也帮助了自己。"就是说,我们在为别人提供帮助的时候,其实就是在帮助我们自己。

俗话说:"赠人玫瑰,手留余香。"是说,我们在给予别人的时候,自己也会有收获。其实,我们在帮助别人的时候,就是在舍弃自己的东西,那么,既然有舍弃,就一定会有收获。我们每个人都并非独立地存在于这个世界上的,每个人都会遇到困难,遇到自己所解决不了的问题,这个时候,我们一定是需要向他人求助的,如果我们能够得到别人的帮助,那么,对自己来说一定会心存感激,在他日一定也会主动帮助别人。

所以,生活中,我们一定要学会帮助他人做一些力所能及的事情。

杰尔克是纽约一家大型广告公司的秘书,上司让他写一篇有关收购另

一家杂志社的可行性报告，此事事关机密，因此，能帮助他的人就很少。

经过仔细地了解，杰尔克发现公司上下只有一个人可以帮助他，这个人就是在那家杂志社工作几十年的现在的同事艾伦。

那天，当杰尔克走进艾伦的办公室时，艾伦正在接听一个电话，呈现出十分为难的表情，显然是遇到了麻烦。于是，就对着电话说："亲爱的，这些天实在没有什么好的邮票带给你了，过一些日子我再带给你好不好？"放下电话之后，艾伦解释说："我正在为我那个爱集邮的儿子收集邮票。"

当杰尔克在说明自己的意图之后，就开始向艾伦了解有关杂志社的问题，但是，艾伦的回答却始终是含糊不清、模棱两可。杰尔克看出对方是不想说心里话，于是，很是无奈，最终无功而返。

杰尔克见对方为儿子集邮的事情发愁，想到自己有一个朋友在航空公司工作，他也许能帮助艾伦集邮。杰尔克就打电话给在航空公司工作的朋友，帮忙收集了一些世界各地的邮票。拿到邮票后，他立即找到艾伦，把邮票给了他。艾伦看到邮票一个劲地说道："我的乔治一定会很喜欢的。"

随后，艾伦将自己知道的资料全部给说了出来。不但如此，还打电话联系到以前的同事，又仔细地了解了那家杂志社的基本情况，同时将数据、报告等等一些详细的内容都毫无保留地转告给了杰尔克，帮助他出色地完成了上司交给他的任务。

在生活中，每个人的内心都有获得他人帮助的渴望，当你将一份无私的关怀送到他人的面前的时候，在给对方带来幸福感的同时，也会让你自己体验到莫大的快乐和成就感。

有句话说："爱是一盏灯，照明别人，也在温暖自己。"所以，在生活中，如果我们能够常怀助人之心，多帮助别人，那么，你获得的不仅仅是快乐，可能还会是更大的惊喜。

04. 低头的是"稻子"，昂头的是"稗子"

【原文】

有很多傲慢的人，你研究一下他们的心理，他们下意识里一定有自卑感的。

所以我们常说，一个非常傲慢的人，就是因为他自卑感太重。因为傲慢是对自卑的防御，生怕别人看不起自己，所以要端起那个架子来。没有自卑感的人很自然，你看得起我，还是看不起我，我就是我，我就是这个样子，是很自然的。人到了这个境界，是真的认识了自我。所以人顶天立地，古往今来，无非一个我。

知晓道的妙用在于谦冲不已，犹如来自山长水远处的流泉，涓涓汩汩而流注不休，终而会聚成无底的深渊，不拒倾注，永远没有满盈而无止境。从个人的修养来讲，修道的基本，首先要能冲虚谦下，无论是炼气或养神，都要如此，都要冲虚自然，永远不盈不满，来而不拒，去而不留，除故纳新，流存无碍而不住。

【引申】

这段话其实告诉我们，那些有内涵、有内在的人，往往是谦虚的，没有自卑感的。而那些内心空空的无内涵者，往往都是自卑的、高傲的。正应了那句"低头的都是满满实实的'稻子'，而昂头的多是腹中空空的'稗子'"。

有这样一则故事：

孔子带着学生到鲁桓公的祠庙里参观的时候，看到了一个可用来装水的器皿，形体倾斜地放在祠庙里。在那时候把这种倾斜的器皿叫作欹器。

孔子便向守庙的人问道："请告诉我，这是什么器皿呢？"守庙的人告诉他："这是欹器，是放在座位右边，用来警诫自己，如'座右铭'一样用来伴坐的器皿。"孔子说："我听说这种用来装水的伴坐的器皿，在没有装水或装水少时就会歪倒；水装得适中，不多不少的时候就会是端正的；

里面的水装得过多或装满了，它也会倾倒。"说着，孔子回过头来对他的学生们说："你们往里面倒水试试看吧！"学生们听后舀来了水，一个个慢慢地向这个可用来装水的器皿里灌水。果然，当水装得适中的时候，这个器皿就端端正正地在那里。不一会儿，水灌满了，它就翻倒了，里面的水流了出来。再过了一会儿，器皿里的水流尽了，就倾斜了，又像原来一样歪斜在那里。

这时候，孔子便长长地叹了一口气说道："唉！世上哪里会有太满而不倾覆翻倒的事物啊！"

这篇故事的寓意是借用欹器装满水就倾覆翻倒的现象来说明骄傲自满的害处，往往向它的对立面——空虚转化。从而告诉人们要谦虚谨慎，不要骄傲自满，凡骄傲自满的人，没有不失败的。

谦受益，满招损，这是古人告诉我们的，"虚心竹有下垂叶，傲性梅无仰面花"。这是大自然告我们的，人要有谦卑的胸怀，千万不可目中无人、自大无礼，那是不讨人喜欢的。

拿破仑登上皇位之后，有一次到外地旅行，经过一个小镇，就在一家旅馆住下来。休息了一会儿，换上一身便服，到街上去散步，由于他的衣服很朴实，完全显不出皇帝的身份，所以走到街上，没有人特别注意他。

没想到在街上走了很久，拿破仑竟然迷路了，他站在十字路口东张西望，不知道哪一条是回旅馆的路，刚好有一个军官模样的人站在一所房子门口抽烟。拿破仑就走过去向他问路，很客气地对他说："朋友，请问哪条路是通到镇上旅馆的？"

那个人嘴里叼着烟斗，爱答不理地看看拿破仑，随便伸手一指，意思是叫他走右边的那一条路。虽然那个人态度十分傲慢，拿破仑还是心平气和地说："谢谢您，请您再告诉我，旅馆离这里有多远？"那个人很不耐烦地回答说："一英里！"说完就转过头去，不想再理他了。

拿破仑谢了谢他，走了几步，忽然又走回来，对那个人说："对不起，请问您在军队是什么等级？"那个人烟斗里的火光闪了一下，很神气地说："猜猜看！" "是中尉吧？" 那个人嘴角吐出白烟，很得意地说："再往上猜!"拿破仑说:"上尉?""还得往上呢!""少校?"那个人说:"不错,让你猜着了!"拿破仑就向那位少校鞠躬,表示敬意。

正当拿破仑转身要走,这位少校马上反问他:"你也是军人吧?是什么阶级,快告诉我!"拿破仑眨眨眼睛:"你也猜猜吧!""中尉?""往上猜!""上尉?""再往上猜!""难道你也是少校吗?"拿破仑说:"还要往上猜。"

少校拿下嘴里的烟斗说:"难道长官是上校吗?"

拿破仑微笑说:"还要再往上猜。"

少校马上立正说:"阁下一定是将军喽!"

拿破仑笑着说:"还要再往上哦!"

少校立刻弯腰敬礼说:"您就是当今的皇帝陛下吗?"

拿破仑说:"猜对了!"少校声音发颤,很惶恐地说:"陛下,请赦免我的罪过吧!"拿破仑大笑说:"我的好少校,你并没有犯什么罪呀!我有什么权力责罚你呢?不过我想劝你一句话,以后对待人,不要太傲慢,还是谦和一点好。"

有句俗语说得好:"整瓶油,摇不响;半瓶醋,响叮当!"越是傲慢之人,他们的个人修养就越是不足,因为他们不懂得"人外有人,天外有天",他们那些微不足道的知识、技艺,怎么可以和别人相比呢?圣贤孔子,他认为自己难窥堂奥,尚四处虚心求教,问礼老聃、访乐苌弘;高僧印祖,修行何其高妙,仍常以"惭愧"自居,时时不忘"看一切人皆是菩萨,唯我一人实是凡夫,想想自己,尚在匍匐求知,一切懵懵懂懂,岂可贡高我慢,轻视他人"。

《老子》中说:"不自伐,故有功;不自矜,故长。"不骄傲自大,才能有所成功、成就;反之,骄傲自大,则不可能有所成功、成就。这就是说,谦虚是成功、成就的前提。当一个人没有功劳、成就,没有可以骄傲的资本时,做到谦虚是很容易的;一旦有了功劳、成就,仍可以不居功自傲,很谦虚,这样的人就太少了。一时谦虚容易,而自始至终谦虚,就不容易了。历史上有很多这样的例子,像韩信、魏延、年羹尧之类,居功自傲，居功邀名，结果落得个身败名裂的下场。只有君子才能够做到"劳谦"并且"有终"，因此说"吉"。只有这样才能够真正地使人折服，正如《象》说："劳谦君子，万民服也。"

自古以来，成功永远属于那些谦虚向上的人，他们成绩的取得往往可以带来双倍的价值，从而得到物质文明和精神文明的双丰收。

"聪明？天才？思维怪异？不，我理解中盖茨的特质是谦虚。"李开复说，"一个谦虚的天才，很难得。"

在李开复的记忆里，盖茨是个很喜欢竞争的人，"他享受辩论，就想听到不同观点，又总是想赢"。可是好胜心和好奇心，并没有影响盖茨最终成为一个谦虚的人，"我记得在微软的一次内部会议上，一位技术助理跟盖茨发生争论，助理说：'盖茨你错了！'盖茨说：'我没错。'在'错了和没错'的几轮僵持之后，助理列出了翔实的证据，于是盖茨恍然大悟，立刻回答：'你对了，我错了。'"

傲慢之人，总是一副高不可攀的样子，总是以为样样都比别人强，看不起别人，总喜欢颐指气使，对别人呼来喝去，言谈间总是有意夸耀自己的本事，挖苦别人，短时间，或许众人尚能容忍，不与之计较，但长久下来，傲慢就如一把利刃，会严重伤害彼此的情谊，伤痕累累的怨愤，迟早会断送了友谊。所以，劝世人放下傲慢的伪装，别再做绣花枕头了。老老实实地虚心求知、谦虚待人，去一分傲慢，便是多一分进步的机会，这才是最踏实的作风！

在那些复杂危险的环境中生存，应该保持谦虚；在和风细雨的环境中生存，也应该保持谦虚。空闲的时候莫生气，也别挖空心思地算计别人，看看蓝天白云，看看庭前花开花落，想想天外的天，看看山外的世界，至少还能愉悦自己的心情。

05. 智者爱"曲线",愚者爱"直线"

【原文】

老子把我们老祖宗传统文化的原则抓住,指出做人处世与自利利人之道——"曲则全"。

【引申】

南怀瑾大师很是推崇老子的"曲线"哲学。为此,他在生活中,为人处世也极为讲求"曲线"法则。在南怀瑾看来,为人处世,善于运用巧妙的曲线,只此一转,便事事大吉了。比如说小孩玩火,大人直接责骂干涉,小孩就会跑,起不到实际的教育效果。但如果将教育方法转个弯,拿个玩具给他,哄哄他,以后便不会再玩火了。这就是"曲则全"的处事艺术。

其实,老子这个"曲"字的原则,也是从《易经》这里得来的,孔子也发现了这个道理。现代科学也证明,到了太空中,轨道也是打圆圈的,所以万物的成长,都是需要走曲线的。人懂了这个道理,就知道人生不应该太直了,要转个弯才成。现在,美也讲求曲线,万事万物,都不能离开这个原则。真正的智者都爱运用"曲线"的处事艺术,而愚者才会爱"直线",为人做事都直截了当,不懂委婉,最终伤人害己。

南怀瑾有个朋友叫侯承业,平时说话直言快语,常因直接批评别人而得罪对方。

有一次,当办公室没有其他人的时候,南怀瑾就请他进来,随即写了句话给他:"扬善于公堂,规过于私室。"接着说道:"你同你的妻子富士最大的不同点就是,富士每做一件事情的出发点都是为别人好,去帮助别人,就是批评或指责别人,别人还会心存感激。而你呢,虽然你与她的目标是一样的,也做了好事情,但出发点却不同,你是认为别人做不好,所以你一定要做好,你是不服气,所以你做起来是十分辛苦。你可谓是儒家的'中流砥柱'。而富士是遵循道家所谓的'顺其自然',也就是顺其势,知其力,再用其势。这样不仅获得了别人的感激,也达到了自己的目标。"

侯承业听了这几句话,十分受用。他认为南怀瑾指出了自己一生最大的毛病,是十分中肯的,所以,他就很愉快地接受了他的批评。

在上述故事中,南怀瑾先生实际上是用了"婉转批评"的"曲线"法则。他选择在办公室无人的时候与侯承业面谈,并在谈话中,将他与其妻子在批评别人的时候不同出发点以及主要的处事方式进行了比较,十分含蓄地指出了他因直言而得罪他人的缺点,看似没有一句批评之语,态度中肯,句句入耳,因此侯承业才能够愉快地接受。南怀瑾先生只是稍微转了一个弯,就达到让别人改正错误的目的,真可谓"以曲求全"、"以曲求直"。

在几何学中,两点之间最短的距离是直线,但是在人和人的交往中,最短的距离却是曲线。老子说"曲则全",老子这是在告诉我们不要一直走直路,走弯路才能顾全大局。处理事情也是一样,拐个弯儿事情可能也就迎刃而解了。从自然界来看,我们所处的宇宙是曲线的,是圆的;大江大河要汇入大海,走过的路也是弯的;植物生长也不全是笔直地长高,尤其是藤蔓植物;人造卫星上天轨道也是一个圆形,不是直线。其实"直"也就是把一个圆切断拉开形成的,不过是曲线的一种特殊形式。南怀瑾先生说:为人处世,善于运用巧妙的曲线,只此一转,便事事大吉了。其实,这句话要告诉我们的就是一种为人处世的艺术,就是说凡事要讲求婉转的美。

一位计算机博士在美国找工作,他奔波数日仍然没有一家公司愿意录用他。在万般无奈之下,他只好来到一家职业介绍所,以最低的身份做了登记。很快接到职业介绍所的通知,有一家公司录用了他,职位是程序输入员。这项工作对一位计算机专业毕业的博士来说实在是太简单了,但是他却答应了下来,而且特别珍惜这份来之不易的工作。他干得很投入,也很认真。不久之后,这家公司的老板发现这个小伙子和其他的程序输入员不一样,因为他能看出别的程序输入员察觉不到的问题,是一个很有能力的人。此时,他亮出了自己的学士证书,老板给他换了一个相应的职位。

又过了一段时间以后，老板发现这个小伙子能提出许多比一般大学生高明很多的独到的见解和建议。此时，他亮出了硕士证书。老板又给他换了一个相应的职位。半年之后，老板发觉他能解决实际工作中遇到的所有技术难题，于是邀他晚上去家中喝酒。在老板再三盘问下，他承认自己其实是一名计算机专业的博士。因为四处奔波一无所获，才隐瞒了自己的博士学位。等到第二天上班，博士证书还没有出示，老板就已经宣布他担任公司副总裁了。

人生在世，善于运用这些曲线，正是为了我们可以不折不屈。其实，弯曲是一种生存的智慧，弯曲也是一种处世的心态。

人生一路沟沟坎坎，曲曲折折，不知道什么时候我们就会背负巨大的压力，所以我们就要学会"弯曲"的心态，学会任凭三尺大雪压不垮一寸灵松的弯曲智慧。当松树的枝条承受的雪的重量很大的时候，它们就会弯曲，把自己身上的重量卸掉一部分，而松枝却能完好无损。人们在背负巨大压力的时候，就要像松枝那样，卸掉一部分的重量，以保护自己不受伤害。人们在矮檐下，低一低头是为了以后更好地昂首挺胸；人们在困难面前退后一步，是为了在跨越困难时积攒更多的力量。

第七章

将人生的磨难看成是一笔财富

人生活在这个世界上,总会遇到这样或那样的烦心事,这些事也总是在不断地折磨着人的心,使人不得安稳。但是,像南怀瑾那样真正的智者,是会将之看淡的。他们在遇到困难时,会调整自己的心态:身处困境,心则会在顺境。同时,他们也会将这些磨难看成使生命变得更坚强的体验,顽石只有经过打磨才能成为玉石,人生也只有经过磨难,才能成就辉煌。我们正是在与这些困境的不断抗争中,才体会到了生命的厚度,才使生命更显丰富和精彩。所以,从一定意义上说,我们还要感谢生命中的这些不幸与磨难,也正是它们,才使我们的生命变得更为坚强,人生才更为有意义。

我们可以试想:在人生的岔道口,你若选择了一条平坦的大道,你可能会过一种舒适而享乐的生活,这样使会你失去一个历练自己的机会;如果你选择了一条坎坷的小路,你的青春也许会充满痛苦,但人生成功的大门也许就会从此被你打开。

01. 身处困境,心则在顺境

【原文】

人生命运都掌握在我们自己手里,任何一种外力都是靠不住的。自己的心态就是自己真正的主人,这正如一位伟人说:要么你去驾驭生命,要么是生命驾驭你。你的心态决定谁是坐骑,谁是骑师。

【引申】

南怀瑾的这句话给我们的启示是,人在面对困境时,心态是极为重要的。一个人能否成事,关键要看其心态了。成功人士与失败者之间的差别是:前者无论遇到什么挫折、不幸,始终能用最积极的思考、最乐观的精神和最丰富的经验支配和控制自己的人生。后者则刚好相反,他们的人生是受过去的种种失败与疑虑引导和支配的,他们把自己的未来交给了过去。

李·艾柯卡曾是美国福特汽车公司的总经理,后来又成了克莱斯勒汽车公司的总经理。作为一个聪明人,他的座右铭是:"奋力向前,即使时运不济,也永不绝望,哪怕天崩地裂。"他于1985年发表的自传,印数达150万册,成为当年非小说类书籍中最畅销的书。艾柯卡不仅有成功的欢乐,也有遭遇挫折的懊丧。他的一生,用他自己的话来说,叫作"苦乐参半"。1946年8月,21岁的艾柯卡到福特汽车公司当一名见习工程师,但他对和机器做伴、做技术工作不感兴趣,他喜欢和人打交道,想搞经销。

艾柯卡靠自己的奋斗,由一名普通的推销员,终于当上了福特公司的总经理。但是,1978年7月15日,他被大老板亨利·福特开除了。在福特工作一帆风顺32年、当了8年的总经理、从来没有在别的地方工作过的艾柯卡,突然间失业了。昨天他还是英雄,今天人人都远远避开他,以前公司里的所有朋友都抛弃了他,这对他来说是生命中受到的最大的打击。"艰苦的日子一旦来临,除了做个深呼吸、咬紧牙关尽其所能外,实在别无选择。"无奈之下,艾柯卡遂应聘到当时已经濒临破产的克莱斯勒汽车公司出任总经理。

艾柯卡,这位在世界第二大汽车公司当了8年总经理的事业上的强者,凭着他的胆识、智慧和魄力,对企业进行了大刀阔斧的整顿、改革。他舌战国会议员,向政府求援,取得了巨额贷款,重振企业雄风。1983年8月15日,艾柯卡把面额高达8亿多美元的支票,交到银行代表手里。至此,克莱斯勒还清了所有债务。这一天,距亨利·福特开除他的时间刚好5年多一点。

如果艾柯卡不敢接受新的挑战，没有坚强的毅力，在巨大的打击面前一蹶不振、偃旗息鼓，那么他和一个普通的失业者有什么区别呢？正是他那种不屈服于命运的挑战精神，使艾柯卡成为世人所敬仰的英雄，这种精神也让他走出了事业的低谷。

在人生的航程中，必须做这样的抉择：是任凭别人摆布，还是坚定地自强不息，是总要别人推着走，还是自己主宰命运、自己控制情感？心态决定一个人的视野、事业和成就。

在南非某贫穷的乡村里，住着兄弟两人。他们受不了穷困的环境，便决定离开家乡，到外面去谋发展。弟弟去了菲律宾，大哥好像幸运些，到了富庶的旧金山。

40年后，兄弟俩又幸运地聚在一起。今日的他们，都有了不小的成就。做哥哥的，拥有两间洗衣店、两间餐馆和一间杂货铺，而且子孙满堂，有些承继了他的衣钵，有些则成了计算机、工程师等科技专业杰出的人才。弟弟呢？早已成为了一位享誉世界的银行家，拥有东南亚相当数量的山林、橡胶园和银行。

兄弟相聚，不免谈谈分别以来的遭遇。哥哥说，我们黑人到白人的社会，既然没有什么特别的才干，唯有用一双手煮饭给白人吃，为他们洗衣服。总之，白人不肯做的工作，我们黑人统统包下来了，生活是没有问题的，但事业却不敢奢望了。例如我的子孙，书虽然读得不少，但却不敢有什么妄想，只有安分守己地去担当一些中层的技术性工作来谋生。至于要进入上层的白人社会，却是很难办到。

看见弟弟这样成功，做哥哥的，不免羡慕弟弟的幸运。弟弟却说："幸运是没有的。初来菲律宾的时候，我也只是担任些低贱的工作，但发现当地的人有些是比较懒惰的，于是便接下他们放弃的事业，慢慢地不断收购和扩张，生意便逐渐做大了。"

经过几十年的努力，兄弟俩终于都成功了，但为什么他们两人在事业上的成就，却有如此的差别呢？这个真实的故事告诉我们：影响我们人生的绝不仅仅是环境，心态也控制着个人的行动和思想，在通向成功的路上，各种障碍并不可怕，因为办法总会有的，可怕的是自己心里的羁绊。负面的信息对一个人的暗示作用是可怕的，它能摧毁一个人的激情并使他止步不前。兄弟二人的差别在于哥哥与弟弟对世界的不同反应，一个只相信双手可改变现实，一个相信命运靠自己创造。弟弟心中有着更大的奢望，所以他要靠自己的努力去实现自己的梦想。

解放自己的内心，命运靠自己创造。当遭受挫折的时候，不要把焦点放在无法挽回的部分，而要把焦点放在"生活里还有那些值得感谢"、"还能为自己做些什么"的部分。当自己呈现负面或消极的情绪的时候，要确保自己的意念完全投注在解决问题的办法上，而非问题上；学着即使在与不幸拼搏的时刻，还能够积极向上、活在此刻。其实，生活就是这样，有酸甜苦辣，不一样的是人的心态。生活的面目本来就是如此，我们与其在埋怨中度过，不如转变一下态度，告诉自己，生活本来就是让人热爱的。埋怨只能证明无奈，生活不相信懦弱。即使身处泥泞，也要有个好心态，也要往远处的山上看，看那满山花开的美艳。

有一位朋友，因为幼年时患了一场大病，命虽保住了，但下肢却瘫痪了。他的父亲是邮局干部，在他中学毕业后设法在邮局给他安排了一份可以坐着不动的工作，工资及各种福利待遇都与常人无异。在这个岗位上，他干了三年。按说，一个重残的人，能有一份这样安稳有保障的工作，应该感到十分满足了。他的许多身体健康的同学，都还在为谋一份职业而四处奔波求人呢。但他却辞职了，因为他在人们的眼光中，不但看到了同情，更看到了怜悯还有不屑。他的自尊心在这种目光中一次次被刺伤，所以，面对父亲的耳光和母亲的哀求都没能阻止他。

辞职后，他开了一间小书店，但不到半年便因城市改造房屋拆迁而不得不关门大吉。后来，他又与人合办了一家小印刷厂，也仅仅维持了一年多，因合伙人背信弃义而倒闭。两次经商，都没成功，而且还债台高筑，这时他的父母和朋友们又来劝他说："你一个残疾人，就别胡折腾了，多少好手好脚的人都碰得头破血流呢，何况你！"父亲劝他还是老老实实回邮局上班算了，但他还是没有回头，而是又选择了开饭店。这次他吸取了前两次的教训，一年下来，小饭店竟赢利两万多元，于是他又开了两家连锁店。

10年之后，他的连锁饭店不但在他居住的城市生根开花，而且还不断在周边的大小城市开张。他自然也就成了事业有成的老板，而且娶了漂亮能干的姑娘。当有人问他成功的经验时，他说了很多，但他说最重要的，就是千万不要同情自己。别人同情你不要紧，若自己同情自己，就会成为懦夫，而没有勇气去奋斗，一辈子只能在别人的同情中生活。

生活有时候会显出它不公平的一面，使我们经历磨难，屡遭挫折。可是当我们想想这世间的美好，就会发现生活本来就是让人热爱的。那些磨难与挫折，不过是生活中一点或酸或辣的调味品而已。因此我们应该看得远一点，所有困难都是暂时的，如果把目光集中在这个地方，生活就会变得一团糟。把自己的眼光放得更远一点，更高一点，做一个生活的强者。

生活中总会有挫折，有失败，有艰难，有险阻，有不顺心，有不如意。很多人把大把的时间放在了对生活的抱怨上。换个角度想，无论是快乐还是痛苦，其实都是生活的一部分，虽然我们无法选择，但至少可以学着微笑着去接受。身处泥泞，遥看满山花开，未尝不是人生的一大境界。

从前，有一个年轻人，总是埋怨自己时运不济，发不了财，于是终日愁眉不展。这一天，走过来一个须发皆白的老人，问："年轻人，你为什么不快乐？"年轻人沮丧地说："我不明白，为什么我总是这么穷。""穷？你很富有嘛！"老人由衷地说。"这从何说起？"年轻人问。老人反问道："假如现在斩掉你一个手指头，给你1000元，你干不干？""不干。"年轻人回答。"假如斩掉你一只手，给你1万元，你干不干？"老人再问。"不干。""假如使你双眼都瞎掉，给你10万元，你干不干？""不干。""假如让你马上变成80岁的老人，给你100万，你干不干？""不干。""假如让你马上死掉，给你1000万，你干不干？""不干。""这就对了，你已经拥有超过1000万的财富，为什么还哀叹自己贫穷呢？"老人笑盈盈地问道。青年愕然无言，突然间什么都明白了。

我们应该做命运的主人，而不应由命运来摆布自己。尽管我们可能是身处逆境，但是换个角度来看问题，我们会发现其实事情没有我们想象的那么糟糕。许多人的生活就像秋风卷起的落叶，漫无目标地飘落，不知最后落在何处。在人生的路上，难免会遇到各种困难，但这并不可怕。只要你的内心足够强大，就永远不会被打垮。

02. "忍"是一种能力，也是一种修为

【原文】

我恭劝大家，学佛修道要严于律己，恕以责人，对自己要求严格。

其实道德是要恕以责人，别人有错要包容，尽量宽恕别人，原谅别人。

首先我们来了解佛学忍辱的意思，看到一个"辱"字，我们会想到受人侮辱叫作辱，譬如别人骂你啦，打你啦，各种不如意的刺激，算是辱，这是从文字上的了解。在佛法上讲，一切不如意就是辱，受一切痛苦就是辱。

【引申】

关于为人做事，南怀瑾一向是以"严"字律己，以"宽"字待人的。他的这句话，除了让我们懂得宽容别人之外，更重要的就是让人学会忍受痛苦。对个人来说，"忍"是一种能力，也是一种修为。

人生不如意事常有八九。可想而知，每个人每天要碰上很多不如意的事。遇到那些不如意的事该怎么办呢？有的人会去找那个给自己造成麻烦的人，有的人则会以牙还牙，还有的人则会选择忍耐，或者说是克制自己的情绪。

克制或者忍耐别人并不是一种无能的表现，恰恰相反，在遇到不如意事的时候，克制一下能够让人更加沉稳和理智，有时候甚至会散发出巨大的精神魅力来。

在美国新奥尔良的中心广场上，矗立着一座美丽的大理石雕像，雕像上写着这样几个字："玛格丽特雕像，新奥尔良。"

它的来历是这样的：在黄热病疯狂蔓延时，玛格丽特的父母被疾病夺去了生命，她成了一个孤儿。她非常贫穷，而且没有文化，除了会写自己的名字外，几乎什么也不会写。她在年龄不大时就嫁了人，但不久她的丈夫就死去了，紧接着她唯一的孩子也死去了。

后来，她去了女子孤儿收容所，在那里，她每天从早到晚地忙碌不停，将整个生命都投入到了照料这些孤儿的工作中。玛格丽特非常努力地工作着，她已经把这些孤儿当成了自己的亲生孩子，她将节省下来的每一分钱都用来帮助这些孤儿。

她的努力后来得到了回报——她离开人世后，为表达对一个无私的、美丽的人的感激之情，这座城市就为这位孤儿的朋友和保护者建造了一座美丽的纪念雕像。

查尔斯·金斯利说："让每个人都全身心地投入到应该做的事情中去，而不是别的。不久，他的脑门就将印上某种标记，那也有可能是一种殉道者的印记，以显示他所有勇敢坚毅的品质，也将显示其难能可贵的自我克制，显示其伟大的理想或无尽的悲痛。"玛格丽特的人生遭遇是如此地不幸，但她并没有消沉度日，她坚强地站了起来，以她坚强的毅力克制着由于苦难和不幸带来的情绪冲击。她完全做到了，她无怨无悔地奉献了她的一生。她克制住了自己诸多的不如意，得到了一个全新的人生。

克制也是一种生存的智慧。俗语说"忍一忍，百气消"、"和气能生财"，说得有理。当面对别人的误解、谣言甚至是恶意的中伤时，不善于克制，会使误会加深，造成人际关系紧张，举步维艰；学会克制则能避免冤冤相报，能使大事化小，小事化无。克制使阴谋破灭，使误解冰消雪融。如果暴跳如雷，那就正中他人下怀。不仅解决不了问题，甚至还会有"此地无银三百两"之嫌。

一天，父亲让儿子上街去购买酒菜，准备宴请从远方到访的客人，没想到儿子出门许久都没回来，父亲等得不耐烦了，于是自己就上街去看个究竟。

父亲快到街上的便桥时，发现儿子在桥头和另一个人正面对面地僵持着站在那儿，父亲就上前询问："你买了酒菜怎么不马上回家呢？"儿子回答说："老爸你来得正好，我从桥这边过去，这个人坚持不让我过去，我现在也不让他过来，所以我们两个人就对上了。看看究竟谁让谁！"

父亲听了儿子的一席话，上前声援道："孩子，好样的，你先把酒菜拿回去给客人享用，这儿让爸爸来跟他比一比，看看究竟谁让谁！"

在社会上，无论做事也好，说话也好，好多人都不愿意给别人一点空间，不肯给别人一点余地。就像这对父子一样，往往只为了"争一口气"，非要大费周章，坚持己见，互不让步，本来没有什么大不了的琐事，结果小事变大事，甚至搞得两败俱伤，这是何苦呢？

人在世间若是不能忍受一点闲气，不肯让人一步，给人方便，到最后吃亏的往往是自己，还会使自己到处碰壁，到处遭逢阻碍。不肯给人方便的人，结果就是自己也得不到方便。如果一个人平常为别人在事情上留有余地，在语言上让人一句，肯让人一步，也许收获就能更大。所以，我们提倡"独木桥上，让对面的人先过"，与人方便，自己方便，其实这是在给自己让路。

忍耐并不是完全甘受侮辱。南怀瑾先生说："忍辱"就是忍耐人生中的一切不如意。人生中的不如意有很多，比如烦恼、痛苦、挫折、委屈等。

南怀瑾年轻时，拜禅宗大师袁焕仙先生为师，学习禅学。

他学打坐之初，有点熬不住，因为盘着腿很是难受。袁先生就告诉他："忍耐一点。多熬一下，多受一分罪，多消一分业力。"既然可以消业，他便熬下去了。下坐以后，再盘腿就吃不消了，可是他好胜，怕难为情，就硬熬着。

后来为了"降服"这两条腿，他把自己关在藏经阁楼上练打坐。这是练腿，更是炼心。他心里求菩萨帮忙，盘起腿来硬熬，这样大概熬了五六天，可谓痛苦难耐。不过，他还是不服输，心想：连一双腿都降服不了，还能降服心？于是忍耐住腿痛，仍然坚持练习打坐。几天之后，两条腿贴得平平的，这回腿软了下来，就舒服多了。

还有一个"唾面自干"的典故也讲了忍耐的道理。

唐朝人娄师德性格稳重,很有度量。他弟弟当上代州刺史,临行向他告别,并征询他的建议。娄师德对弟弟说:"我现在辅助丞相,你现在又承皇上厚爱,得以任州官,我们真是受皇上的宠幸太多了。而这正是别人所嫉恨的,你如何对待这些妒忌以求自免家祸呢?"弟弟说:"自今以后,若有人朝我脸上吐唾沫,我自己擦去唾沫,绝不叫你为我担忧。"娄师德说:"这正是我所担忧的地方。别人向你吐唾沫,是对你恼怒,如果你将唾沫擦去,那岂不是违反了吐唾沫人的意愿吗?别人会因此而增加他的愤怒。不要擦去唾沫,让它自己干了,应当笑着去接受它。"

生活中总有诸多的失意、落寞,看不惯的人和事实在太多太多,遭人误解,被人诽谤,甚至被别人戏耍一两回也是常有之事,因此,那种动不动就骂人,或以拳脚相向,或以牙还牙,或自暴自弃的冲动,实在不是明智之举。做人就应当学会心存坦然、宽容,意寄旷达、宁静,情系深沉、真挚。这是做人的一种境界。

人要经得起各种烦扰才能有所成就。比如,作为艺术家,如果作品做坏了,就从头再来,这样才会做出完美的作品;作为商人,如果做生意失败了,更应该重新来过,这样才能有机会东山再起;作为老师,指导不同的学生学习相同的问题,一直重复,必须得耐得住性子,才能成就学生的学业,同时也不会丢了自己师长的本分……经不起各种烦琐,经不起外境的干扰,只知道整日深陷在各种烦恼中,那么就永远也无法逃脱困境。

忍耐还要能忍得住性子。性格急躁的人往往因为自己言行粗暴而得罪人,这实在是性格上的大缺陷,会给自己的前途发展造成种种障碍。所以脾气大的人,应该努力培养平和冷静的心态,从根本上改掉急躁的毛病,这是标本兼治的最好方法。但是如果短时间内做不到,可以选择适当的发泄方式,比如将火气发泄在不会给自己带来危害的东西上,这样就不会与别人发生冲突,避免遭人怨恨。

人要能受得了委屈,人生在世会有诸多不如意,面对种种不如意的事,人们常常觉得心里受尽了委屈,常常一个劲地生闷气,可是,生气并不能解决问题。生气不但不能成事，反而常常坏事。所以，当你生气的时候，首先要忍之于口，不要轻易骂人；然后再忍之于面，不要表现出愤怒的样子；最后再忍之于心，心不气了，也就没有事了。

人要耐得住挫折。当你遭受挫折，或被人打击、批评、陷害时，也要学会忍耐。"忍字头上一把刀"，可见"忍"所需要的功夫极深。一个人，如果没有忍耐的功夫，一点小挫折、一点小磨难都受不了，那么无论做什么事，都不能达到目标。

忍耐是人生的一堂必修课。无论何时，无论何地，我们都会遭遇它。忍耐的过程是漫长的，忍耐的感受是痛苦的，所以忍耐本身也是一件艰难的事情。不善忍耐者，遇到不顺时，就会拍案而起，拂袖而去，虽然痛快，却失去了机会。善于忍耐者，将挫折视为宝贵的经验，等待时机成熟再成就正果。所以要想成功，就要忍耐那些不如意。

03. "顽石"只有打磨后，才能变成"美玉"

【原文】

《诗经》有语："如切如磋，如琢如磨。"这诗是讲做玉石的方法，如花莲的玉石，最初是桌面大的一块石头，买来以后，先将它剖开，里面也许能有几百个戒指面，也许只有十个八个也说不定。做玉器的第一步，用锯子弄开石头叫剖，也就是切；找到了玉，又用锉子把石头的部分锉去，就是第二步手术叫磋；玉磋出来了以后，再慢慢地把它雕琢，琢成戒指形、鸡心形、手镯形等一定的形式、器物，就是琢；然后又加上磨光，使这玉发出美丽夺目的光彩来，就是磨。切、磋、琢、磨，就是譬喻教育。一个人天生下来，要接受教育，要慢慢从人生的经验中，体会出来，学问进一步，功夫就越细，越到了后来，学问就越难。

【引申】

在这里，南怀瑾其实是告诉我们，无论人生也好，做学问也罢，都需要切磋琢磨，方能成"玉"。做人也是如此，一个成功的人必然也是要经过打磨的。这里说的打磨并不仅仅是指身体上的，也是指心理上的。玉石不经打磨成不了美玉，人不经过一些困难、挫折的打磨也成不了才。看看那些成功的案例你就可以看出，每个成功的人都是被雕琢过的。经历的打磨越多，获得的成就也就越大。

无论是什么样的人都需要经历磨难，都需要打磨才能取得成就。即便是从小天资聪明的人，也需要磨炼，要不然长大之后也只能是一个庸才而已。

《伤仲永》一文中，仲永5岁时，便能指物作诗，被邻里乡亲视为神童。不断受到邀请，甚至还有人花钱请他题诗。他的父亲看到有利可图，每天拉着他四处拜访同县的人，不让他学习。这样年复一年，最后仲永的才能完全泯灭，成为一个普通人。

像仲永这样即便是天生聪明、才智过人的人，没有后天的努力，到最后也会成为平凡人；原本平凡甚至愚笨的人，只要能不断磨砺自己、刻苦努力追求进步，最后也能成为让别人羡慕的了不起的人才。

一个天资聪颖的小男孩，从小到大一直很出色，后来以高分考上了一所名校，他对自己的前途充满了信心。在别人看来，这个孩子也一定能成就一番大事。大学毕业后，他被分到一家不太景气的企业，待遇不好，他上了两年班就辞职创业，开了一家商店，但是由于经验不足，又加上资金周转的问题，经营一直不顺，最后他放弃了经商。

虽然他经商不顺，但随后上帝还是眷顾了他，一家知名企业招聘管理人员时，由于他有活跃的思维、丰富的经历，再加上朋友的引荐，他在众多应聘者当中脱颖而出。企业工作清闲，待遇很好，收入高，也没有什么压力，在这样轻松的工作环境中，他感到十分惬意。日复一日，他每日都心安理得地过着轻松自在的生活，工作上没有什么创新。一年以后，以前的同学见到他，都说他有些变了。

光阴似箭，十年过去，当同学再聚会时，大家见到了他，都很吃惊。他和以前相比简直就像换了一个人，不仅没有精神，而且说话办事暮气沉沉，慢慢吞吞，过去那种充满活力、朝气蓬勃的精气神消失殆尽。过去了这么多年，他还是一个普通的职员，而他不少同学经过艰苦的打拼都取得了不小的成就。

一个没有经历人生磨炼的人，他的人生走起来可能四平八稳，但是他由于没有了上进心，因此错失生活中很多的精彩。这样的人，注定只会平庸。在安逸的环境里失去自我，最终一事无成，使自己的人生暗淡无光。

生活里充满智慧与学问，只有用心去领悟，才能体验到自在的真谛。生活，它就像一本大书，只有用心去读，才能品味到生活中处处有学问，处处有真理。只有感悟了生活中的真理，眼光才能看得更远，深知生活中的诀窍，才能活得自在、洒脱、游刃有余。

做人如同打磨玉石一样，无论表面怎样，经过琢磨，都会呈现出美丽的纹理。人生是要经过磨炼的，不经过反复磨炼，就会使自己永远停留在原始的状态。无论在怎样的环境里都要精心琢磨，否则就不可能改变自己的人生，创造自己的价值。从生活中历练，正如同在雕砚时磨砺，外表敦厚、内心耿介的君子，经过心志与机体的劳苦之后，方能承担大任。修炼与磨砺都是正身的过程，戒与慎则是正身的方法。"一苦一乐相磨炼，炼极而成福者，其福始久；一疑一信相参勘，勘极而成知者，其知始真。"

04. 艰难是优秀人士的"助推器"

【原文】

个人也好，社会也好，团体也好，国家也好，是"生于忧患，而死于安乐"啊！一个人要活着，想创业成功，在痛苦中会成长，得意了就死亡了。

【引申】

南怀瑾的这句话其实是告诉我们，人只有在挫折、磨难中才能成长，痛苦是个人变优秀的"助推器"。

其实，大凡成功的人士都经历过失败，都经历过困难。天下的事情，当好事来的时候，都有困难。不经过困难而成功的，绝对不是好事；轻易得到的，很快就会失去。也就是说，真正成功的事业，没有不经过艰难困苦的。其实不仅仅人是这样，动物世界也是这样的。

一位好心的老人，在草地上发现了一个蛹，他把蛹带回家。过了几天，蛹壳上出现了一道小裂缝，里面的蝴蝶挣扎了好几个小时，身体似乎被卡住了，一直出不来。老人看着于心不忍，于是，为了帮助蝴蝶脱茧而出，他拿剪刀把蛹壳剪开。可是，这只蝴蝶的身躯臃肿，翅膀干瘪，根本就飞不起来，不久就死去了。

蝴蝶失去了成长的必然过程，所以蝴蝶最后死去了。蝴蝶的成长必须在蛹中经过痛苦的挣扎，直到它的双翅强壮了，才会破蛹而出。一旦缺少了这个过程，蝴蝶的翅膀没有经历那个挤出洞窟的过程，就无法获得力量，也就飞不起来了。

每个想成功的人都是这样，不经历困难，不经历挫折，就不会成长，没有磨炼的人必然平平庸庸，很难脱颖而出。孟子说："天将降大任于斯人也，必先苦其心志，劳其筋骨……"吃苦贵在先，是人生的一种本钱、一份财富。在艰难困苦中磨炼出来的人，往往才具有担大任的能力，有成大业的本钱。

威廉·亨利布拉格，是1915年获得诺贝尔物理学奖的，青年时代，他在皇家学院求学。这里读书的人大多是富有人家的子弟，可亨利布拉格衣衫褴褛，拖着一双比他的脚大得多的破旧大皮鞋。富家子弟栽赃，说他这双破皮鞋是偷来的。一天老学监把他召到办公室，两眼死盯着他那双破皮鞋。亨利布拉格明白是怎么回事，他拿出一张小纸片交给学监。这是他父亲写给他的一封信，上面有这样几句话："儿呀，真抱歉，但愿再过一两年，我的那双破皮鞋你穿在脚上不再嫌大。如果你一旦有了成就，我就引以为荣。因为我的儿子正是穿着我的破皮鞋努力奋斗成功的。"老学监看完之后，也被深深地感动了。

我们所经历的苦难，其实是一种财富，是我们攀登成功大厦的垫脚石。越是成就大的人，他遇到的苦难、经历的失败也就越多。但也正是由于这些失败，让他积累了经验，让他磨砺了意志，而失败和困难赠送给他的这些东西，正是一个成功的人要具备的品格。

吴士宏从一个"毫无生气甚至满足不了温饱的职业护士"，先后当上IBM华南区的总经理，微软中国总经理，TCL集团常务董事、副总裁，靠的就是不断超越自己、不自满于过去的进取精神。

满脸带笑、外表温文尔雅的吴士宏曾经是北京一家医院的普通护士。用吴士宏自己的话说，那时的她一无所有，自卑地活着。她自学高考英语专科，在她还差一年毕业时，她看到报纸上IBM公司在招聘，于是她通过外企服务公司准备应聘该公司，在此之前，外企服务公司向IBM推荐过好多人都没有被聘用，吴士宏虽然没有高学历，也没有外企工作的资历，但她有一个信念，那就是"绝不允许别人把我拦在任何门外"，结果她被聘用了。

她回忆说，1985年，她为了离开原来的职业，凭着一台收音机，花了一年半时间学完了许国璋英语三年的课程。正好此时IBM公司招聘员工，于是吴士宏来到了五星级标准的长城饭店，鼓足勇气，走进了世界最大的信息产业公司——IBM公司的北京办事处。

虽然IBM公司的面试十分严格，但吴士宏都顺利通过了。到了面试即将结束的时候，主考官问她会不会打字，她条件反射地说："会！""那么你一分钟能打多少？""您的要求是多少？"

主考官说了一个标准，她环视四周，发现考场里没有一台打字机，吴士宏马上承诺说可以。果然，主考官说下次录取时再加试打字。

实际上吴士宏从未摸过打字机。面试结束，吴士宏飞也似的跑回去，向亲友借了170元买了一台打字机，没日没夜地敲打了一星期，双手疲乏得连吃饭都拿不住筷子，竟奇迹般地敲出了专业打字员的水平。以后好几个月她才还清了这笔对她来说不小的债务，而IBM公司一直没有考她的打字功夫。

吴士宏就这样成了这家世界著名企业的一名最普通的员工。

吴士宏顺利迈入了IBM公司的大门，靠的就是这种不断超越自我的意识。进入IBM公司的吴士宏不甘心只做一名普通的员工，因此，她每天比别人多花 6 个小时用于工作和学习。于是，在同一批聘用者中，吴士宏第一个做了业务代表。接着，同样的付出又使她成为第一批的本土经理，然后又成为第一批去美国本部作战略研究的人。最后，吴士宏又第一个成为 IBM 华南区的总经理。这就是多付出的回报。

1998 年 2 月 18 日，吴士宏被任命为微软（中国）有限公司总经理，全权负责包括中国香港在内的微软中国区业务。据说为争取她加盟微软，国际猎头公司和微软公司做了长达半年之久的艰苦努力。

在中国信息产业界，吴士宏创下了几项第一：她是第一个成为跨国信息产业公司中国区总经理的内地人；她是唯一一个在如此高位上的女性；她是唯一一个只有初中文凭和成人高考英语大专文凭的总经理。在中国经理人中，吴士宏被尊为"打工皇后"。

从一名普通的护士到一名跨国公司的总经理——事实上，她的每一步都是自己对过去的超越。"逝者如斯夫！不舍昼夜。"同样的时间和生命，有人用来缅怀过去，有人用来享受现在，有人却用来书写明日的辉煌。

大家都知道：老年遭受艰难困苦是不幸的。但是很少会有人明白少年未经历困苦也是不幸的。对孩子来说，经受困难、经受失败、经受困苦是他们的必修课。不经历困难的孩子就像那个被人捅开蚕蛹的蝴蝶一样，根本无法自己飞翔。经历困难是孩子成长的一个过程，经历过困难的孩子日后才能成为社会的有用人才。

德国从幼儿园开始，就注意培养孩子的"吃苦"意识，这首先体现在培养孩子生活自理能力方面。幼儿园从 3 岁开始，就要训练孩子学会端碗、自己吃饭，学会在保育员的指导下穿衣、脱裤、系鞋带；到了 6 岁，就必须养成独立饮食、刷牙、洗脸的习惯。

在德国，中小学校每年都要举办"孤岛学校"或"森林学校"活动，就是让孩子们在既无电源又无淡水的荒凉小岛上，扎营搭篷，寻找水源，捡拾柴草，采集野果、野味……然后自己生火烧饭。德国重视对下一代进行精神教育的一种做法就是让孩子"吃苦"。

相似的例子也有不少，美国有一个腰缠万贯的大企业家的"千金"，白天上课，晚上外出打工，以赚取学费。但这个企业家却平静地说："我这样做只是为了让孩子从小知道生活的艰辛，让她经受一点艰苦生活的磨炼。她长大后才能知道怎样把握自己，怎样才能在社会上站住脚。"

一个人不管做什么事业，欲享福而事业成功，这是不可能的。如果想有所建树，那是永远不能安宁的。人都想功名富贵，想成功，又想留万世之名，又最好不要劳累，这是办不到的。人的一生谁都难以躲过吃苦，如果该吃苦的时候不吃苦，那么到了不该吃苦的时候就一定会吃苦。

困难并不可怕，不要去躲避它，不要总想着过顺风顺水的生活。优越是滋生失败的温床，艰难才是成功的助推器。

Part 5

季羡林

——一丝不苟，认真生活的大师

  季羡林，中国著名的文学家、语言学家、教育家和活动家、翻译家、散文家，精通 12 国语言，曾历任中国科学院哲学社会科学部委员、北京大学副校长，是中国当之无愧的国学大师之一。

  在一个世纪里，他走过了风雨飘摇、硝烟四起的动乱年代；经历了声势浩大、狂热混乱的动荡时期；也经历了改革开放、中国迅速起飞的好时候。季羡林从一个穷苦农村里的苦孩子，成长成为人人敬仰的大师，这一生可以用"精彩纷呈，大起大落"来形容。在他这精彩的一生中，其对生活、人生、做人、处事、读书、治学、成功、奋斗、交友、修身、养性等方面的见解，对我们现代人有着极深的指导作用和启示作用，尤其是他的做人、修身、立身法则，都值得我们现当代人去学习。

第八章

做人的法则：懂得施予，以"仁"为本

> 常言道："做事先做人"，如何做人，是我们每个人需要用一生去探索的问题。有人曾说过这样一句话："做人要有'人味'，也就是要以仁爱之心待人。无论达官贵人还是平民百姓，都要做一个有人情味的人，这个'人味'也是我们人生中不可或缺的宝贵精神品质。"这里是告诉我们，做人要常怀仁爱之心，以仁爱之心对待他人，对待世间的一切，这是获得快乐与幸福的一种重要途径。

01. 心存"仁"念，富有人情味

【原文】

无论对方是达官贵人，还是贩夫走卒，他们都应当享有作为人应得的尊重。

【引申】

尊重人其实也是以仁爱之心对待他人的一种体现，是一种"人味"。"人味"并非是鬼才能闻到的，人也能从言行中感受到人味儿。尤其是年纪大了之后，回想起岁月的点点滴滴，有逆风也有顺风，感触也会比年轻人深得多。这份"人味"仍能保持着恒温，足见季老是有真性情的人。

人味，往小里说是为人处世，往大里说就是咱们常说的"仁"。在儒家思想中，"仁"是被反复提到的一个字。在《论语》里，"仁"是指"能行五者于天下，为仁矣"。这五者为"恭、宽、信、敏、惠。恭则不侮，宽则得众,信则人任焉,敏则有功,惠则足以使人"。恭、宽、信、敏、惠,即庄矜、宽厚、信义、勤敏、慈惠,这五条加起来即是"仁"。孔子认为只有庄重的人才不会受人侮辱,宽厚的人才能受人爱戴拥护,讲信义的人才能得到别人的任用,勤奋机敏的人办事才会有成效,能给别人以恩惠的人才能指挥别人。

儒家除了由儒入法的荀子之外,几乎都是提倡性本善的。"仁"最根本的出发点还是在"仁者爱人",强调调动人本身就拥有的恻隐之心,尊老爱幼,扶危济困,就像下面这个故事中的屈原一样:

诗人屈原在幼年时期就有仁爱之心。当时正逢连年饥荒,屈原家乡的百姓们吃不饱、穿不暖,时有沿街乞讨、啃树皮、食埃土者。幼小的屈原见之不禁伤心落泪。

一天,屈原家门前的大石头缝里突然流出了雪白的大米。百姓们见状,纷纷拿来碗、瓢、布袋接米,将米背回了家。

不久,屈原的父亲便发现家中粮仓里的大米越来越少,很奇怪。

有一天夜里,他发现屈原正从粮仓里往外背米,便将屈原叫住,一问才知道原来是屈原把家里的米灌进了石缝里。

乡亲们知道了真相都很感动,纷纷夸赞屈原。

父亲没有责备屈原,只是对他说:"咱家的米救不了多少穷人。如果你长大后做官,把我们国家管理好,天下的穷人不就有饭吃了吗?"

自此,屈原勤奋治学。楚王得知他很有才能,便召他为官,让他管理国家大事。他为国为民尽心尽力,为后世之人所称颂。

屈原所做的一切正是出于心中的"仁念"。其性情中的仁爱成就了他的千古美名。季老也写过这样一段话:"我是一个没有出息的人。我的感情太多,总是供过于求,经常为一些小动物、小花草惹起万斛闲愁……我注定是一个渺小的人,也甘于如此。我甘于为一些小猫、小狗、小花、小草流泪叹气。"季老也是心存"仁念"的,万物均有灵性,而这一切,唯有真性情的人才能看出。

爱人者人恒爱之。人与人之间的交往都是相互的。宋代著名理学大师朱熹的《朱子语类·大学三》中有云："俗语所谓将心比心，如此则各得其平矣。"将心比心就是让人多怀仁爱之心，在做事时多考虑一下别人的感受。这一点很像现代人常说的换位思考。《万善集》中有云："物我一体，将心比心。"这是点明了将心比心的缘由——正因为世间万物皆出一端，才更应该爱己及人。一个微笑可以传播给无数个人；反之则很有可能会把一个坏脾气传播给无数个人。这一念之差带给社会的影响是天差地别的。无怪乎刘备在给后主的遗言中如此说："勿以恶小而为之，勿以善小而不为。"

有这样一个故事：

一位住在山中茅屋修行的禅师，有一天趁夜色到林中散步，在皎洁的月光下，突然开悟。他喜悦地走回住处，眼见自己的茅屋遭小偷光顾。找不到任何财物的小偷要离开的时候在门口遇见了禅师。原来，禅师怕惊动小偷，一直站在门口等待。他知道小偷一定找不到任何值钱的东西，早就把自己的外衣脱掉拿在手上。

小偷遇见禅师，正感到惊愕的时候，听到禅师说："你走老远的山路来探望我，总不能让你空手而归呀！夜凉了，你带着这件衣服走吧！"说着，禅师就把衣服披在小偷身上。小偷不知所措，低着头溜走了。

禅师看着小偷的背影穿过明亮的月光消失在山林之中，不禁感慨地说："可怜的人呀！但愿我能送一轮明月给他。"

禅师目送小偷走了以后，回到茅屋赤身打坐。他看着窗外的明月，进入空境。

第二天，他在禅室里睁开眼睛，看到他披在小偷身上的外衣被整齐地叠好，放在门口。禅师非常高兴，喃喃地说："我终于送了他一轮明月！"

禅师没有制伏小偷，也没有报官，甚至没有说教，只是以一颗包容万物的心谅解了小偷。可以说禅师是种下了一颗善念的种子。这颗种子会生根发芽，进而开花结果，将"仁"传播开去。

善是人生中的至宝。所谓"积善成德，而神明自得"。谁都难免会走背运，这时候正是需要一只温暖的手的时候。谁伸出了一只手，就会在自己摔倒的时候也被一只温暖的手拉起。你付出了多少，就会收获多少。

据说，唐代高僧南泉在大觉寺开坛说法时，信徒甚多，很多人慕名而来。其中有一个商人还想为大觉寺捐款，修缮扩大法堂。

南泉禅师收下了商人送来的钱财，可商人却因南泉禅师没有对此向他表示感谢而心中不满，缠着南泉禅师，一直提醒他这件事。

而南泉禅师却对他说："你捐钱是出于自己的善心，也是为了增加自己的功德。如此一来，你还计较我说不说谢吗？"南泉禅师停下，看了看商人，接着说，"仁德之举不是买卖。如果连这样的事情你都要计较，我就跟你说一句谢谢，然后你带着这句谢谢和你的钱回去吧。此后你也就和佛祖两清了。"

商人愣愣地站在原地，望着禅师远去的背影，自惭形秽。

做人到底拥有多少成功和快乐，这要取决于我们到底付出了多少爱，又有多少人在爱着我们。做人最博大的自由是爱；做人最富有的财产也是爱。爱的成就无限宽广，因为它能到达一切才智难以到达的心灵彼岸。

仁爱是一种活动的情感，不是静止的物体。仁爱是我们生活中一种很特殊的经验，要想拥有它，最佳办法是把它施舍给别人。诚如法国哲学家居友所说："我们每个人都有很多的同情、很多的爱心，比维持我们生存所需要的多得多。我们应该把它施舍给别人，这就是生命在开花。"

02. 恻隐之心，仁之端也

【原文】

慈善是良好道德的发扬，又是道德积累的开端。孟子说："恻隐之心，仁之端也。"一个社会的良好的道德风尚，一个人良好的道德修养，不是从天上掉下来的，要宣传教育，要舆论引导，更要实践、参与。慈善是具有广泛群众性的道德实践。慈善可以是很高的层次，无私奉献，也可以有利己的目的，比如图个好名声，或者避税，或者领导号召不得不响应；为慈善付出的可以很大也可以很少，可以是金钱也可以是时间、精神，层次

很多,幅度很大。不管在什么条件下,出于什么动机,只要他参与了,他就开始了他的道德积累。

【引申】

季羡林认为,要提高整个社会的道德水平,得从全民参与的慈善事业出发,这样才能慢慢地在社会上树立起善的道德。长期以来,他对公益事业是非常热心的。在研究学术之余,季羡林经常给自己家乡的小学捐钱捐书。

多年前,季羡林便向北大捐赠了一批艺术珍宝。其中仅仅是古文字画就有四百多幅,都来自于季羡林本人的珍藏。这些收藏当中甚至有苏东坡的《御书颂》,其价值过亿。季羡林捐出的还有古砚、印章、善本等。2007年,季羡林将个人积蓄25万元,捐赠到中国青少年发展基金会,并委托该基金会将这笔资金捐赠到有需要的学校。经过一番细致的考察,季羡林的这笔善款被捐赠到临清市康庄镇希望小学。不仅如此,2008年6月,为庆贺北大110周年校庆,季羡林将积攒多年的百万元稿费捐赠北大,设立"北京大学季羡林奖助学金",用以奖励优秀学生和帮助贫困学生。2008年5月12日,汶川大地震后发生后的第一时间,他便向灾区捐赠20万元。

与人为善是中华民族的传统美德。在我国很早就有"积善成德,而神明自得"的说法。更为人所熟悉的一句话是三国时期刘备给刘禅的遗言"勿以恶小而为之,勿以善小而不为"。善是人生的一抹亮色。有了善,生活才会充满光亮,人才会活得更加开朗。

有一个单身女子刚搬了家,发现隔壁住了一户并不富有的人家——一个寡妇与两个小孩子。有一天晚上,那一带忽然停了电,那个女子只好自己点起了蜡烛。没一会儿,她忽然听到有人敲门。原来是隔壁邻居的小孩子,他紧张地问:"阿姨,请问你家有蜡烛吗?"女子心想:"他们家竟穷到连蜡烛都没有吗?千万别借他们,免得被他们依赖了!"于是,她对孩子吼了一声说:"没有!"

正当她准备关上门时,那小孩露出关爱的笑容说:"我就知道你家一定没有!"说完,他竟从怀里拿出两根蜡烛,边递过来边说:"妈妈跟我说你一个人住可能没有蜡烛,所以让我带两根来送你。"这一刻,女子的心里既自责又感动。她热泪盈眶,将那小孩子紧紧地拥在怀里。

在待人接物的时候一定得注意心存善念,而非心存恶意,认为谁都想从你那里获得点什么,处处提防对方。要知道施比爱更有福。

善事多做,要求我们只要力所能及,就要去做。儒家有谓"达则兼济天下,穷则独善其身",说的就是这个意思。人生有走阳关道的时候,也有走独木桥的时候。没有能力的时候要心存善念,行力所能及的小善;如果飞黄腾达了,更要多做善事。你帮助了一个人就是种下了一颗善的种子。这颗种子会开花结果,这个人也会去帮助其他的人。

他人行善,要懂得赞美和感激,不要以为赞美别人的善举是没有意义的事情,其实赞美也是一种善举。试想,如果所有的人都做善事,互相赞美,那必然形成一个和谐的社会;若做善事反而被人处处刁难,冷语相加,谁还会去做善事。

就像季羡林说的:"只要他参与,就有了良好的开端。"慈善本来就不看身份,也不看财富。谁都可以为慈善事业尽一分力量。有善心的人,会关心他人,会同情弱者,会伸出自己的双手帮助那些需要帮助的人。这样虽然不能改变整个社会,但是可以施加好的影响,而且令自己的心灵变得更加透彻、美丽,这就是最大的恩惠。

03. 莫将"闲事"挂心头,保持一颗平常心

【原文】

人生活在这个世界上,有多种角色需要扮演。无论是哪一种角色,对于一个修养很高的人来讲都是要做好"人"。人,只有一种身份,那就是作为人的存在,并且终生都在做"人"。这一种身份要求我们对待任何人都应该一样,无论对方是达官贵人还是贩夫走卒,他们都应当享有作为人应得的尊重。

【引申】

季羡林自谓他是爱各种花花草草和小动物的,尤其爱猫。他说爱猫对他这种人来说是一件大事,因为小猫能带给他从别的地方得不到的快乐。他看见那些没有心机的猫不说谎、不推诿、抢吃抢喝的时候就会感到一种回归本真的畅快。这种感受是很难得的。这一种真实、坦然的快乐,本是生活中最基础、最平实的存在,但如今已然被人们淡忘了。

人的一生中,总是少不了分分合合、聚聚散散,不是时时、处处、事事都能达到尽善尽美。保持一颗平常的心,我们就能淡然地面对金钱与权势,泰然地面对成功与失败,坦然地面对风光与平凡,畅然地面对现实与理想,悠然地享受生活给予我们的那份最平实的快乐。所以说,最简单的平常心就在自己身上,关注自己的生活,关注自己的心灵,外物与我无碍。

云门文偃禅师出家十余年一直没能参悟佛法,后来他看自己在寺院中不能有所进展,就决定到外面云游四方。

在云游中,他听说睦州禅师佛法高深,悟道多年,就慕名而去。

睦州禅师见到云门文偃禅师来了,马上关上了房门。云门文偃禅师虽然感到奇怪,但还是敲门通报了自己的来意,请求睦州禅师开门指点。

睦州禅师听完云门禅师的话,终于把门打开了,但他一把抓过云门文偃禅师,对他说:"怎么回事,快点说!"

云门文偃禅师一时反应不过来,还没来得及说什么,就被睦州禅师推了出去,然后睦州禅师又把房门关上了。

云门文偃禅师只好再次敲门,但睦州禅师始终没有应答。

云门文偃禅师没能受到睦州禅师的指点,并不甘心,宁愿留宿在寺院之外的荒郊野地中等待时机。

第二天一早,云门文偃禅师又来敲睦州禅师的门。这一次,当睦州禅师刚刚将门开了一个小缝,云门文偃禅师就迅速向里面挤。睦州禅师见状就将门往外推。在这一挤一推之间,云门禅师的一只脚被掩在了里面。云门文偃禅师顿时痛得叫出声来。在这掩脚痛呼的瞬间,云门禅师开悟了。

季羡林在《二月兰》中曾写下了下面的文字：

苏东坡的词说："人有悲欢离合，月有阴晴圆缺，此事古难全。"但是花们好像是没有什么悲欢离合。应该开时，它们就开；该消失时，它们就消失。它们是"纵浪大化中"，一切顺其自然，自己无所谓悲与喜。我的二月兰就是这个样子。

但是什么都不想，就如同植物一般的生活不能算是平常心。平常心是一个必须得下苦功夫跟自己的心灵角力才能得到的。

一个小沙弥问一位得道高僧："师傅，你悟道修行、修身养性有什么秘诀吗？"

高僧答道："有。"

"那么你的秘诀是什么呢？"小沙弥继续问道。

高僧答："我感觉饿的时候就吃饭，感觉疲倦的时候就睡觉。"

小沙弥不解："可是，这算什么与众不同的秘诀呢？每个人都是这样的。"

高僧答："当然不一样！他们吃饭时总是想着别的事情，不专心吃饭；他们睡觉时也总是做梦，睡不安稳。而我吃饭就是吃饭，什么也不想；我睡觉的时候从来不做梦，所以睡得安稳。这就是我与众不同的地方。"

高僧继续说道："世人很难做到一心一用。他们在利害得失中穿梭，无法用一颗平常心对待世间浮华的宠辱，产生了'种种思量'和'千般妄想'。他们在生命的表层停滞不前，这是他们生命中最大的障碍。他们因此而迷失了自己，丧失了'平常心'。要知道，只有将心灵融入世界，用心去感受生命，才能找到生命的真谛。"

无杂念才是平常心。能不为外物所牵挂，就到了空的境界，如果又能够顺应万物之时，就又从空的境界中跳出，这就是所谓的得道。佛家有谓"初时看山是山，看水是水；而后看山不是山，看水不是水；最后看山仍是山，看水仍是水"，跟平常心的道理大抵是相通的。

古人说："安静则治，暴疾则乱。"如果心里先慌了，那么行动必然要乱。只有冷静沉着，才有可能思考出对策，转危为安。我们的心灵本来很清静安定，只因为被外界物相迷惑困扰，如同明镜蒙尘，就活得愚昧迷失了。平常心带给人最清澈的心灵。这份清澈会激发出人的大智慧，从而发挥出超越自己的实力。

1965年，围棋大师吴清源的唯一弟子林海峰取得了名人挑战权，并且坐上了名人宝座。23岁就成为"名人"，这不但在当时是破天荒的大事，而且一直到今天也依然是一个没有被打破的纪录。在林海峰夺得名人头衔这一漫长的挑战过程中，吴清源的一次指点起了巨大的作用。

名人战的第一局在东京福田家举行。林海峰虽养精蓄锐，全力以赴，还是败下阵来。这时，林海峰的心情既焦灼又沮丧。焦灼是因为"名人"宝座对于他来说好像近在眼前，然而却又远在天边；沮丧是因为第一局失利更打击了他的信心。因此，在去冲绳岛进行第二局挑战之前，他又到老师家去求老师指点一条明路。

吴老师听林海峰说明来意之后，微笑着说："我想到你会来看我。你此番迎战坂田，我教给你三个字——'平常心'。"

林海峰却不明白这句话与棋道有什么关系。吴老师接着向他解释说："你不可太过于患得患失，心情要放松。你今天不过二十二三岁的年纪，就有了这样的成就。老天对你已经很厚待了。你还急什么呢？不要怕输棋。只要懂得从失败中吸取教训，那么，输棋对你也是有好处的。今天失败一次，明天便多一分取胜把握。何必怕失败呢！和坂田九段这样的一代高手弈棋，赢棋、输棋对你都有好处。只看你是否懂得珍惜这个机缘。希望你保持平常心，不要患得患失，把头都搞昏了。"

吴老师的话像是给林海峰当头泼了一盆凉爽的清水，令他的脑海中灵光闪闪，让他能智虑澄澈地迎接下一场比赛。一直到今天，林海峰再没有为输棋赢棋而患得患失、心烦意乱。

此乃平常心之作用。这个世界上，如果有人能不为感情所左右，不为名利所牵绊，以平常心去接受世界上的不如意，能够从平淡的生活中感受到美丽，那么他一定能够成功。但是要注意的是，平常心不是随波逐流，更不是懦弱逃避的代名词。平常心要以勇气作为后盾，以知识作为开路利器。平常心不是"看破红尘",而是积极地生活。从生活到交际,从平民到伟人,平常心都能起到无穷的作用。一颗平常心可以使人超脱,让人向善,使人知其可为而为之,知其不可为即不为。为人处世保持平常心,就能达到一种和谐、美好的境界。

04. 怀旧并不是沉溺于过去

【原文】

人类有一个缺点或优点,常常觉得过去的好、旧的好、古代好,觉得当时的天比现在要明朗,太阳比现在要光辉,花草树木比现在要翠绿。总之,一切比现在都要好,于是就怀念过去,就"发思古幽情",这就是怀旧。

【引申】

这是一个向前看的时代。短短的几百年时间,我们跑出的路是我们老祖宗几千年跑的路的好几倍。我们的未来更是光辉灿烂。所有人都在向着前方拼命地赶路。这种时候,怎么会有人往回看呢?不过,季羡林对此有不同的看法。季羡林自称是个怀旧的人,专门把自己所做的怀念旧人的文章结集成书,书名叫《怀旧集》。他这么描述怀旧:

怀旧就是有"人味"的一种表现,而有"人味"是有很高的报酬的:怀旧能净化人的灵魂。亲故老友逝去了,或者离开自己远了。但是,他们身上那一些优良的品质,离开自己越远,时间越久,越能闪出异样的光芒。它仿佛成为一面镜子,在照亮着自己,在砥砺着自己。怀念这样的旧人,在惆怅中感到幸福,在苦涩中感到甜美。这不是很高的报酬吗?对逝去者的怀念,更能激发起我们"后死者"的责任感。先死者固然能让我们哀伤,后死者更值得同情。他们身上的、心灵上的担子更沉重。死者已矣,他们不知不觉了,后死者却还活着,他们能知能觉。先死者的遗志要我们去实现,他们没有完成的工作要我们去做。即使有时候难免有点想懈怠一下、休息一下,但一想到先人的声音笑貌,立即会振奋起来。这样的

怀旧,报酬难道还不够高吗?

季羡林的这种怀旧不是沉溺于过去无法自拔,而是将那些优秀的旧人旧事重新拾起,感动自己,启迪灵魂。不忘旧人旧事的人是有人情味的。因为有人情,活着才有滋味。这也是他鼓励大家怀旧的原因。有些人的怀旧只是头脑一热与朋友炫耀时的谈资,这样的怀旧让人感到虚伪,而且泛着一种浓重的铜臭味儿。而有些人的怀旧是一种溶于血液中的情感。这种情感在很多时候都萦绕在世人身边:在纪念为了真理而殉难的英雄们时,它会出现;在饱受磨难却依旧勇敢与命运抗争的人身上,它也会出现;在那些年轻男女超越了世俗功利而追寻自己心中那一声声的呼唤时,它依旧会出现。有些时候,我们应该把向前冲的速度放慢一些。就如一句印第安语言所说的"走慢点,你还得等等你的灵魂"。

很多人都有一个习惯——随手关上身后的门。但有一位老者,总是将门掩上一半。一天,一位晚辈前去拜访,进门之后看到老者将本来已经关闭的屋门又轻轻打开了一半。

"您是觉得房间内空气不够通畅吗?也许我可以帮您检查一下房间内的通风。"年轻人谦卑有礼地问道。

"不,房间内通风很好,但是留一半门对我来说是很有必要的。"老者微笑着说。

"我不明白,您可以再详细地跟我解释一下吗?"年轻人困惑不解。

"我的前半生都在关我身后的门。每进入一个新的生命阶段,就会把身后的门关上,这样就将过去的一切都关在了门外,好让自己一直朝前看。可是当我年老之后,我突然发现,我将很多的回忆都挡在了生命之门的外面。不管是美好的成就,还是不太美妙的回忆,我全部遗失了。"老者略带伤感地说道,"所以,年轻人,不要把你身后所有的门都关上,请给记忆留一扇门。某一天,你会发现你真的很需要它们。"

年轻人脸上的好奇已经转变为肃穆。他恭恭敬敬地垂手站在门侧,盯着那扇半掩的门,若有所思。

这一扇记忆的门就是人们对过去的感情。我们在与人交往的时候,不妨也留意一下,有的人生是没有这一扇门的。试想一个抱着"有事有人,无事无人"的态度的人,把朋友当作受伤后的拐杖,复原后就扔掉,肯定会被众人抛弃,没有人会愿意再帮助他。一个没有人情味的人,一个不懂得念旧情的人,如何值得我们去交付真心,甚至托付终身呢?

有个很常用的成语叫作"破镜重圆",此语常用来形容不幸失散或决裂的夫妻重新团圆或重归于好。这个成语来源于南朝乐昌公主与驸马徐德言的故事。

乐昌公主是一个很不一般的公主。她自幼长在皇室,有着端庄秀丽的外貌,却没有金枝玉叶的娇蛮任性。她的性情温和而贤淑,才华也很不凡。说她特别,这还只是其一,最重要的是,她不按常理的选婿方式。一般的公主如果到了谈婚论嫁的年龄,自然会由皇上配给当朝的权贵人士。而乐昌公主对这样的选婿方式却不屑一顾,反而自己做主挑上了江南才子徐德言,最终嫁给了自己选择的夫婿。

徐德言也没有让乐昌公主失望。成为驸马后,他的文学造诣与政治才能都颇得皇上与朝臣的赞赏。乐昌公主与徐德言夫妇志趣相投,常在一起品茗论事。两人相濡以沫,这在当时是被广为称颂的一对贤伉俪。

"人无千日好,花无百样红"。这样轻松惬意的夫妻生活没过多久,陈朝就被隋文帝杨坚攻破。乐昌公主和徐德言一时间都成了亡国罪臣。眼看着两人即将分离,乐昌公主将一块铜镜分成了两块,一块交给了徐德言,一块自己保存,含泪与徐德言约定:此后的每年正月十五,在街头叫卖这半块铜镜,直到两人再次相见,让这两块破镜重圆。徐德言亦热泪盈眶地答应。

此去长安路途遥遥,且不谈乐昌公主到了长安后命运如何,单说徐德言一个文弱书生又是亡国罪臣,如何能到千里之外的长安,又如何在茫茫人海中只身寻访那手持半块铜镜之人呢?然而,无论是乐昌公主还是徐德言,他们都将这个诺言牢牢地记在了心里。

乐昌公主到了长安后被送给了隋朝丞相杨素作妾。杨素对这个才貌双全的亡国公主很宠爱,但乐昌公主面对杨素的讨好和奢华的生活却心如止水。只是在夜深人静之时，梦回前朝，想起自己以前与驸马徐德言郎情妾意的日子，她难免会泪如雨下，然后就是期盼着正月十五早日到来。

白驹过隙，日月如梭"身在曹营心在汉"的乐昌公主总算等到了新的一年。正月十五那天，长安城内熙熙攘攘，乐昌公主自己不能出府，就让贴身仆人带着自己的那半块铜镜到街上去叫卖。然而，乐昌公主失望了。仆人回报，没有遇到手持半块铜镜之人。就这样，在心潮涌动中，两年过去了。乐昌公主依然没能等到她的良人。

第三年的正月十五，乐昌公主照惯例还是让那个仆人拿着半块铜镜去街上叫卖。这一次，仆人带回了一个令乐昌公主激动不已的消息：市集上有一个书生打扮的青年也拿着半块铜镜叫卖。奇怪的是，他却分文不要，只求能够找到铜镜的另一半。老仆人将铜镜拿去与青年的铜镜一拼，果然将铜镜合二为一。书生还将自己在城中的地址留给了仆人。

老仆人掏出写着地址的纸条，看到上面除了地址还有一首诗：

镜与人俱去，镜归人未归；

无复嫦娥影，空留明月辉。

看着那熟悉却又恍如隔世的娟秀字迹，乐昌公主不禁泪流满面……

后来，此事被杨素得知。虽有着浓浓醋意，但他知道留不住乐昌公主的心，于是决定成全这一对历经磨难的苦命鸳鸯。

终于，破镜等来了重圆之日。在看尽了人世浮华的乐昌公主夫妇心中，这得来不易的重逢就像重生一般。所有的繁华纷乱都已经无法打动他们的心。拒绝了杨素的挽留之后，他们返回了江南，开始了平静的隐居生活。然而他们破镜重圆的故事早已在大江南北传播开来。不久，他们的居所聚集了不少慕名而来的人。迫不得已，他们放弃了这所房子，买了一艘船，此后，他们以船为家，四海漂泊，过起了真正的与世无争的生活。

如果没有乐昌公主在富贵面前不忘旧情，没有徐德言谨记诺言千里寻妻，也就没有了破镜重圆的美谈。他们二人都是世间难得的懂得怀旧的人。

偶尔的怀旧，既是对自我的回顾与检验，也是一种别样的人生滋味。

在季羡林心中，怀旧的人是有情感的，是不忘情的。它蕴涵的最本质的精髓是人情味儿。对于每个在社会中奔波而心无归宿的人来说，人情味都是极为重要的。它牵系着你的过去，影响着你的未来，更缠绕着你的现在。所以，不妨给自己的记忆留一扇门，给昨日的情谊留一扇门，也就是给自己的人生多留一扇门。

第九章

修身的法则：洞彻人生，通达乐活

古人认为，君子与小人的不同，其根源就在于人心的不同。因而，人性之善的根本就在于"自养身心"。那么，人应该如何保持本心呢？对此，季羡林十分推崇孟子的修身法则，即为"养心莫善于寡欲。其为人也寡欲，虽有不存焉者，寡矣；其为人也多欲，虽有存焉者，寡矣"。在季老看来，修养善心的方法，没有比减少欲望更好的了。当然要减少欲望，就要懂得洞彻人生，要有通达乐活的人生观，这是季老所推崇的修身方法，是值得我们当代人实践和推行的。

01. 人若无欲品自高

【原文】

到了今天，名利对我都没有什么用处了。我之所以仍然爬（格子），是出于惯性。其他冠冕堂皇的话，我说不出。"爬格不知老已至，名利于我如浮云"，或可能道出我现在的心情。

【引申】

何为欲望？欲望有实在的，也有虚妄的；可以是身外的，也可以是身内的。万物生灵皆有欲望，人也如此。可以这么说，欲望是一个人的弱点，而这个弱点就如阿喀琉斯之踵一样是不可能消除的。所以古人才会说"人若无欲品自高"而非"人无欲品自高"。因为无欲之人恐怕在浩瀚的历史烟云中也找不出几个。庄子有言："至人无己，神人无功，圣人无名。"

中国古典名著《红楼梦》里有一首千古绝唱:"世人都晓神仙好,唯有功名忘不了!古今将相在何方?荒冢一堆草没了!世人都晓神仙好,只有金银忘不了!终朝只恨聚无多,及到多时眼闭了。"

从前,有两个人非常要好,他们决定一起到遥远的城市创业。两人背上行囊,风尘仆仆地上路,发誓无所成就绝不返家。

二人走了两个多星期之后,遇见一位白发年长的圣者。这位圣者看到二人如此坚定,就十分感动地告诉他们:"从这里距离你们要去的城市还有十天的路程。但是很遗憾,我在这十字路口就要和你们分手了。在分手前,我要送给你们每人一件礼物。什么礼物呢?就是你们当中一个人先许愿,他的愿望一定会马上实现;而第二个人,就可以得到那个愿望的两倍!"

此时,其中一人心里想:"这太棒了。我已经知道我想要许什么愿,但我不要先讲。因为如果我先许愿,我就吃亏了,他就可以有双倍的礼物。不行!"而另外一人也自忖:"我怎么可以先讲,让我的朋友获得两倍的礼物呢?"于是。两人就开始客气起来。"你先讲嘛!""你比较年长,你先许愿吧!""不,应该你先许愿!"两人彼此推来推去,客套地推辞一番后,就开始不耐烦起来,气氛也变了。"你干嘛?你先讲啊!""为什么我先讲?我才不要呢!"

两人推到最后,其中一人生气了,大声说道:"喂,你真是个不识相、不知好歹的人,你再不许愿的话,我就把你的狗腿打断,把你掐死!"

另外那个人一听,没有想到他的朋友竟然恐吓自己,心想:"你这么无情无义,我也不必对你太有情有义!我没办法得到的东西,你也休想得到!"于是,他干脆把心一横,狠心地说道:"好,我先许愿!我希望我的一只眼睛瞎掉!"

这个人的一只眼睛马上瞎掉了,而与他同行的好朋友立刻瞎了两只眼睛!

两个可悲的人被欲望征服了,最后落了个很惨的下场。欲望是狡猾的,他并不会一次就把所有的后果展现给你。你所看见的只是冰山一角上闪现着的光华，而追上去的人则会为之所伤，将长眠在冰冷的海底。《菜根谭》一书中写道："欲路上事，毋乐其便而姑为染指，一染指便深入万仞；理路上事，毋惮其难而稍为退步，一退步便远隔千山。"意思是说，欲望方面的事情，绝对不要贪图轻易可得的便宜，不合理地占为己有，一旦贪图享乐就会坠入万丈深渊。

收束住自己的欲望得从小处做起，就如刘备所提倡的"勿以善小而不为，勿以恶小而为之"。

古时候，郑国有个宰相很爱吃鱼。于是，有人给他送鱼。但他都不接受。有人问他："你那么爱吃鱼，为什么不接受呢？"他回答说："正因为我爱吃鱼，所以不接受。如接受别人送的鱼，就会因此而失去俸禄，就没有鱼吃了。我不接受馈赠而保住俸禄，就终身有鱼吃了。"

这正是"从小处着手，为长远立身"的体现。实质而归的名，自己应得的利，我们都可以大胆地去获取和追求；但对于自己还达不到的名和不属于自己的利，我们应该对自己大喝一声"住手"。因为过于热衷名利的人往往没有好下场，甚至还会落个"人为财死，鸟为食亡"的悲惨结局。在名利面前保持清醒的头脑，不取不实之名和不义之财，虽然看似失去了利益，其实得到的远比失去的更多。

麦克的父亲罗曼先生是一家证券交易所的普通职员。他的工资不太多，而且一半要用于医药费，另一半有时要用来接济比他们还穷的亲戚。日子过得非常拮据。在这座小城里，唯一没有汽车的人家就是麦克家了。

在他们的城市庆祝城市节那天，一辆崭新的别克牌汽车吸引了全城人的目光。这辆车将作为奖品在大街上那家最大的百货商店的橱窗里展出，定在当晚以抽奖的方式馈赠给得奖者。谁也想不到这个在城里唯一没有汽车的人家会得到幸运女神的眷顾。好几次，麦克想上车同父亲分享幸福的时刻，都被父亲赶开了。最后，父亲竟然吼道："让我清静一下！"麦克对此大惑不解。回家后，他委屈地告诉了母亲。母亲对父亲十分了解，她温和地说："你误会你父亲了。他此刻正在考虑一个道德问题，但是我想他很快就会找到适当的答案的，我们根本就不应该得到这辆汽车。"

母亲指了指桌上台灯下放着的两张彩票存根。迈克看到，存根的号码分别是"38"、"39"。中彩号码是"38"。母亲对他解释说，在买彩票的时候，交易所的老板让他们代买一张。中奖的是老板的号码。父亲进门后径直去了最里面的房间。麦克听到他给老板打电话。翌日下午，老板的两个司机上门，送给麦克的父亲一盒雪茄，然后开走了别克汽车。

人人都有欲望，都有奢求，都想过美满幸福的生活，都希望丰衣足食，但是，如果把这种欲望变成不正当的欲求，变成无止境的贪婪，那我们就无形中成了欲求的奴隶。在欲望的支配下，我们不得不为了权力、地位、金钱而不惜一切代价。庄子说，人生如"白驹过隙"，生命在拥有和失去之间很快就流逝了。你的心灵空间需要自己去经营。如果你在自己的心中装满势利、欲望、各种算计，你的心灵哪里还有空间去承载别的呢？当然，在现实生活中，很多人未必做得到完全"无欲无求"。有求与无求本是不可分割的统一体，这个统一体就叫做人。能否正确对待有求与无求，反映了一个人思想品德、人格情操的高尚或低下。品德高尚的人，名利上无所求，事业上却风生水起；品德低下的人，看重的是名利地位，追求的是个人利益，一旦满足不了个人私欲，工作上就怨天尤人，不思进取。让我们来看一个品格高尚的人的故事。

无论在世界科学史上，还是诺贝尔奖历史上，玛丽·居里都是一个不朽的名字。这位伟大的女科学家发现了钋和镭两种新元素，成为放射性化学和物理的奠基人。她在8年内连摘诺贝尔物理、化学桂冠，是世界上第一个两获诺贝尔奖的人。其家庭也是迄今为止获诺贝尔奖最多的家庭。玛丽之后，她的女儿和女婿又获得一项诺贝尔奖。

1903年12月，居里夫妇获得诺贝尔物理学奖。外国科研机构的邀请电、各地发来的贺信像雪片般飞来，摄影师赶来拍照，记者前来采访，拜访者络绎不绝，还有应接不暇的招待会、宴会。居里夫妇被周围的喧闹弄得头晕目眩，他们清楚地感到生活完全被敬意和荣誉破坏了。

为了回避好奇的人们，他们深居简出，家门只对几个朋友开放。两人仍旧在破旧的木板房里做实验。一向清贫的居里夫人对巨额奖金并不稀罕，大量奖金被她赠送给大学生、贫困的朋友、实验室助手、教过她的教师、资助过她的亲属。至于荣誉，玛丽更是平淡对待。

对于获得的众多奖牌和荣誉，她也并不在意。一次，她的小女儿正在玩英国皇家学会刚刚颁给她的一枚金质奖章。一位访客看了惊讶地叫起来："这么贵重的奖章，您怎么随便给孩子玩呢？"居里夫人笑了笑说："我是故意给她玩的。我想让孩子从小就知道，荣誉就像玩具，只能玩玩而已。"

居里夫人把他们夫妇共同研究的成果、价值100万法郎的镭无偿捐给一个研究治癌的实验室，并向世界公开提炼镭的方法。他们本可以一夜间成为百万富翁，但他们商定，不要发明带来的一切物质利益。他们辛勤劳动是为了让人类获得幸福。对这位科学伟人，爱因斯坦评价说："在我认识的所有名人里，居里夫人是唯一不为盛名所颠倒的人……是一尊不被荣誉腐蚀的塑像，矗立在时间的广场上，昭示着公心。"

就如居里夫人一样，人的修养和品格决定了他的自控能力。对世事"有所为，有所不为"，坚守原则才能做到品行高洁。所谓坚守即为控制欲望，程度不同，人便有高尚世俗之分，为与不为，人就有好与坏之别。人有目标，有追求，这说明人有欲望，而且是善欲；为追求和目标不轻言放弃，亦不会不择手段，这是人在遏制欲望。让我们从自己的心灵开始做起，做一个无欲无求品自高的人。

02. 淡然看待生死

【原文】

我早就认识到，永远变动，永不停息，是宇宙的根本规律，要求不变是荒唐的。万物方生方死，是至理名言。而同时，我还做不到这般完全豁达，心里总是会有矛盾，他一方面眷恋人生，一方面又觉得人生太辛苦了，想要好好地休息。……我时不时地总会遇到一些令人不愉快的事情，让自己的心情半天难以平静。即使在春风得意中，我也有自己的苦恼。

【引申】

人生中有许多这样的矛盾和苦恼，人人都想拥有超脱豁达的人生，但是这又是谈何容易。

人生本简单的，把握住现在拥有的，就可以拥有最大的快乐与满足。季老曾经翻译过这样一则佛家故事：

一天，一位大师将弟子们叫到自己的面前，问道："你们说说，你们每天托钵乞食，究竟是为了什么？"

弟子们则是不假思索地回答道："是为了滋养身体，保全生命。"

"那么，肉体的生命到底能维持多久呢？"大师接着问。

"平均算起来，有情众生的生命大概有几十年的时间。"一个弟子回答说。

"看来，你还并没有弄明白生命的真谛到底是什么。"大师摇头叹气地说道。

另一个弟子则想了想说道："人的生命在春夏秋冬之间，春夏萌发，秋冬凋零。"

大师还是摇摇头道："还不够，你能觉察到生命的短暂，但也只是看到生命的表象而已。"

"师父，我明白了，人的生命就在于这饮食之间，所以每天才要托钵乞食呀！"又一个弟子欣喜地答道。

"这也不对，人生在世，有很多事情要做，人活着不只是为了乞食而已！"大师纠正他道。

弟子们面面相觑，皆是一脸的茫然，这时候，一个烧火的弟子抬头说道："依我看，人的生命恐怕是一呼一吸之间吧！"

大师听到便微笑着点头。

正所谓"一花一世界，一叶一菩提"。生命的奥妙，不过就在一朵寻常的花叶间，存在于一呼一吸之间，看似微妙，却像流水般易逝。故事中诸弟子的回答反映了不同的人生状态，人有贪念也有惰性，绝大部分人并未真正懂得人生的意义，人们拼命追求，想要实现幸福最大化，却未从根本上弄清楚自己想要的幸福到底是什么，由此，追求也变成了挣扎。佛家说人生有八苦：生、老、病、死、求不得、恨别离、怨憎憎（即怨仇憎恶）和五阴盛（即前生老病死等众苦聚集起来的苦），这些犹如牢牢套在头上的紧箍咒，谁又能说自己能够逃脱呢？没有烦恼则不是人生，这些都是很正常的现象，生有时，只有明了这个最大的根本，在这生死之间珍惜拥有，才能够达到顺其自然的生命状态。

在思索生死问题的过程中，人会变得日渐深刻。生亦何欢，死亦何苦，那些苦苦追寻长生之道的人，不过没有参悟生死的大端，未能实现自我生命的超脱罢了。

佛家的宗衍禅师说道："人之生灭，如水一滴，沤生沤灭，复归于水。"也就是在告诉世人，不要过于注重生和死这两个形式，真正要注意的是这之间的过程，生不贪求，死不畏惧，过好生命中的每一天才是一种睿智，这也是对人生无常中有常的把握，如果连生死都能够参悟，那么对于人生的八苦又有什么好恐惧的呢？

在对待生死的问题上，季羡林十分认同佛家的观点。他认为，死是生的一部分，人从出生到长大成熟再到死亡，人生只有经历了死亡才算是完满，这是一个自然的过程，恐惧、害怕都没有必要的。如果能够在现世中做到洒脱自在、生死齐一，也就接近了逍遥状态，也是自然的生命之道。

当超越生死的时候，自然会对凡俗的一切看得淡一些，对于眼前想不通的事抱有一颗平常心。如此一来，生命就会多一分从容和淡定，生活也会少一些计较和繁琐。

03. 洞明世事，反求诸躬

【原文】

任何一个人，包括我自己在内，以及任何一个生物，从本能上来看，总是趋吉避凶的。因此，我没怪罪任何人，包括打过我的人。我没有对任何人打击报复，并不是由于我度量特别大，能容天下难容之事，而是由于我洞明世事，又反求诸躬。假如我处在别人的地位上，我的行动不见得会比别人好。

【引申】

季羡林自谓是个"洞明世事，反求诸躬"的人。这句话的意思是：对于人世间的各种事情，都看得透彻明白。要求别人做到的事情，会反过来要求自己先做到，并且能够进行自我检束。而且能够做到不纠缠于个人的恩恩怨怨，从大局出发，公正地看待自己与别人之间的矛盾，做到经常检查、约束自我，并宽容地对待他人，真心原谅他人的过错。

要做到真心原谅他人，谈何容易。有的时候，即使从理智上我们告诉自己应该去原谅别人，忘记曾经的不快，但是从情感上却做不到。受到的伤害仿佛烙印在记忆之中，时时显现出来，激起内心压抑着的愤恨。要真正地从内心去原谅一个伤害自己的人，仅仅一句简单的"我原谅他"并不够。但我们可以借用季羡林的"洞明世事，反求诸躬"的方法，从人之常情的角度，理解别人为什么会有伤害自己的行为，并对这种行为产生的根源进行客观的分析，再进行换位思考，看看如果自己处于别人的位置，能不能做得比别人更好。这样一来，或许能从内心真正理解别人，并最终放下心结，原谅别人。

能够原谅他人、放下心中的担子是一种高贵的品德和修养，更是一种人生的智慧。因为不肯原谅别人是对别人的折磨，也是对自己心灵的压迫。反之，宽容对别人是一种恩赐，也是对自己的一种解脱。真正聪明的人是不会用别人的错误来惩罚自己的，让自己活在对别人憎恨的黑夜中。他们会从别人的错误中告诫自己不要犯同样的错误。

有一天，老师叫班上每个同学带个大袋子到学校，她还叫大家到杂货店去买一袋马铃薯。第二天上课时，老师叫大家给自己不愿意原谅的人选一个马铃薯，将这人的名字以及犯错的日期都写在上面，再把马铃薯丢到袋子里。这是我们这一周的作业。

第一天还蛮好玩的。快放学时，我的袋子里已经有了9个马铃薯。珍说我新理的头发很丑，芭比打了我的头，吉米虽然知道我必须提高平均分数却不肯让我抄他的作业……每件事都让我欣然地丢个马铃薯到袋子里，还发誓绝不原谅这些对不起我的人。下课时，老师说在这一整周里，我们不论到哪儿都得带着这个袋子。我们扛着袋子到学校、回家，甚至和朋友外出也不例外。好啦！一周后，那袋马铃薯就变成了相当沉重的负荷。我已经装了差不多50个马铃薯在里面，真把我压垮了。我等不及了，盼望这项作业快结束。

第二天老师问："你们知道自己不肯原谅别人的结果了吗？会有重量压在肩膀上，你不肯原谅的人愈多，这个担子就愈重，对这个重担要怎么办呢？"老师停了几分钟让我们先想一想，然后她自己只回答两个字："放下。"

放下就行了。一句看似简单的话，却多么富有哲理。也许人生的智慧总是藏在最简单的话语中。当我们一天天成长，经历的事情越来越多，我们也让自己的心中装下了太多的恩恩怨怨，不能释怀，使我们在人生之路上走得越来越沉重。如果你的心中也装了这样一袋沉重的"土豆"，那么现在正是时候让自己学会宽容，学会放下了。

第十章

立身的法则：不降其志，不辱其身

> "欲立事者必先立人。"人这一辈子都在做一件事，就是做自己。在社会中你可能被分配到无数的角色，但所有角色的扮演者都是你自己。作为长者，季羡林儒雅敦厚、温和慈祥；作为学者，季羡林严谨求实，富有良知；作为中国人，季羡林热爱故土，死而后已。而这一切的根本就在于修身养性，做好自己。

01. 认认真真过人生

【原文】

人生是什么？细细地琢磨，觉得人生的具体体现也许就是每个人的观念，由观念而有行为，观念和行为便组成了一个一个的人生。而这个观念和行为在人的一生当中，有些是你所坚定信仰的；有些是模糊的，模糊的东西，随着你的阅历的不断增多，慢慢地也会变得清晰起来。这也是认认真真过人生的一种乐趣。

【引申】

季羡林是个对生活极其认真的人，早在20世纪30年代，当他还在清华读书的时候，他就是唯一一个4年里一直坚持学习德语的学生。当时他知道清华是大学中"出国风"最热的学校，年轻的他也一样充满着激情与美好的憧憬，梦想着有一天能够出国看看。尽管他知道自己的家境不好，想要出国几乎是不可能的，但是仍然还是抱着试试的心态选择了清华，他说:"当时'留学热'不亚于今天,我也未能免俗。"

入学后,经过长时间的考虑,季羡林决定入西洋文学系,这样,距离他的梦想才会更近一些,而他选修的外语正是德语。大学4年的时光在无波无澜中度过,转眼间到了毕业的时间,他回到济南高中任教,出国留学的希望变得十分渺茫,但是他仍旧没有完全放弃,而是把它转成了心中的一个梦想。幸运的是,没过多久,机会就来了,清华大学与德国学术交换处签订了一个交换留学生的合同,要招募留学生!当他听到这个消息后,马上就报了名,居然没有考试就被录取了,因为他大学4年的德语成绩得了8个优,如此优异的成绩不用再考试了。

从中,我们可以看出,不论我们处于什么样的境遇下,都要用心尽力去做好每一件事情,不给自己留有遗憾,只有这样,机会才会眷顾你。

在任何时候,只有你认真地去生活,生活才会同样认真地对待你。俞平伯曾在一篇文章中用了其夫人的一句话:"从今以后,我们要认认真真地过日子。"他对此没有进行过多的解释,但是很显然,他这是有感而发,能够将如此平淡的一句话郑重其事地引用在文章中,一定有着极深的人生感悟。后来,这句话被季羡林看到,并对此做了如下的解释:"言外之意就是嫌眼前的日子过得不够仔细,所谓仔细应该是:多一些典雅,少一些粗暴;多一些温柔,少一些莽撞;总之,多一些人性,少一些兽性。如此而已。"

季羡林的人生态度十分的积极和认真,他善于发现生活中的美;他爱荷花,便在朗润园的池塘里种上了荷花,不怕辛苦和麻烦地每天都要去看几次,终于长出叶子来,他连日的辛苦总算是没有白费。几年以后,这里的荷花越长越繁茂,已经把不算小的池塘填满,每到夏天,这里就异常地热闹,而这些荷花也被人称为"季荷"。另外,他自小就喜欢小动物,于是就在家里养猫,并将猫当成自己的家人,与它们同睡同吃,猫生病了他也吃不下,猫死了,他心里也异常地难过。他就是这样一个人,能够仔细认真地对待身边的一切事物,不仅让这些事物变得好,也给自己的生活增添了新的色彩和乐趣。

由此可见，生活需要被我们认真对待，当你能够乐观积极地对待生活时，你就会发现，生活中是处处充满了情趣与乐趣。

在一座寺院里，有一个高僧叫良宽禅师，毕生都在修行参禅，从未懈怠过。他年老时，有一天，就从家乡传来一个不好的消息，有人告诉他说，他的外甥不务正业，每天吃喝玩乐，马上就要倾家荡产了。家里人都没办法，希望禅师舅舅能帮助他的外甥，劝他改过自新。

良宽禅师于是就不辞辛劳地走了3天的路程，回到了家乡。良宽禅师终于见到了自己的外甥，这位外甥也极为热情，就留舅舅在家过夜。

良宽禅师在床上禅坐了一夜，第二天早晨离开的时候，就对外甥说道："我想我真是老了，两手直发抖，你能不能帮我把鞋带系上？"

外甥高兴地帮了禅师，还说给舅舅系鞋带也是分内的事情。良宽禅师慈祥地说道："你看，人老的时候，就一天比一天衰弱。我看你本质是上个好孩子，你要趁年轻的时候学会做人，要把事业基础打好，不然到年老的时候，就会为自己碌碌无为的一生而后悔。"

禅师说完，转头就回去了，对于外甥的任何不好的行为只字未提，众人都觉得很奇怪，认为禅师对此也没有什么好的办法。但是，自从禅师走后，他的外甥再也没有去花天酒地，而是从此专心开始做自己的事业了。

禅师虽然未说破什么，但是却暗含着对外甥的期待，希望年轻人能够珍惜时间，对自己的将来负责，把自己的生活安排好，而不是整日浑浑噩噩，终日生活在迷惘之中。

人生在世不过几十年，以碌碌无为的心态对待生活，只会让自己的生命失去永久的价值，让灵魂空虚不已，让生活失去色彩。

有一个小和尚，在寺庙中整天念经，经常感到心烦。

在一天夜里，他做了一个奇怪的梦，梦见自己去阎罗殿的路上，看到一座金碧辉煌的宫殿，同时，宫殿的主人看到他后，就请他留下来居住。

小和尚说："我每天都忙于念经和学习佛法，现在每天只想吃，想睡，我非常讨厌看书。"

宫殿主人答道："如果是这样的话，那么世界上再也没有比这里更适合你居住的了。我这儿有丰富而美味的食物，你想吃什么就吃什么，不会有人来打扰你，而且，保证也没有经书给你看，你也不用去刻意领悟佛法！"

听罢此话，小和尚就高高兴兴地住了下来。

在开始的一段日子中，小和尚每天除了吃，就是睡觉，感到异常地快乐。渐渐地，他觉得有点寂寞和空虚，于是就去见宫殿的主人，就抱怨道："这种每天吃吃睡睡的日子过久了也没有多大意思，我对这种生活已经提不起一点兴趣了。你能不能给我找几本经书看看，或者时不时地给我讲几个佛祖的故事听呢？"

宫殿的主人答道："对不起，我们这里从来不曾有过这样的事，你还是待在这里面好好地享受吧！"

又过了几个月，小和尚感到内心空虚极了，就又去找宫殿的主人："这种日子我实在是过不下去了。如果你再不给我经书念，听不到佛法，我宁愿去下地狱！"

宫殿的主人轻蔑地向他笑了笑："你以为这里是天堂吗？这里可是真正的地狱呀！"

人活着就需要思考，需要劳动，如果你整天生活在安逸之中，衣食无忧的，表面上看似享受，其实无异于活在地狱中。长时间将自己浸泡在安逸之中，人也就成了行尸走肉。

一个人最可怕的行为，就是丧失了对生活的追求，这样只会让你越来越堕落，不懂得珍惜你已经得到的东西，也不会对周围的事物心存感激，更不容易得到满足感；而通过切实的努力获得生活上的收获，就会让你体会到生活的快乐，珍惜自己所拥有的，对周围的事物心存感激！因此，无论你是腰缠万贯的富豪，还是一贫如洗的穷苦人，永远要记住，只有树立自己的理想，做出真正的成绩，才能切实地体会到生命的本质。我们可以在经济上贫困，但绝对不能让自己的精神上也打折。所以，我们要时刻反省自己当下是否处于碌碌无为的状态之中，是否在认真地过生活，尽早让自己从迷惘的状态之中觉醒,就像季羡林一样,认认真真地去对待生活中的每一个物、每一件事,如此才能让自己感受到生活的真正色彩!

02. 不降其志,不辱其身

【原文】

自盘古开天地,三皇五帝到于今,没有哪一个正人君子给自己的小人敌人脸上抹黑,造作流言飞语,把他们"搞臭",以取得自己的胜利。这些卑鄙的勾当是小人的专利,是小人的特长。

【引申】

对于好人的标准,季羡林有个很有趣的好人之谓:"一个人除了为自己着想外,能为别人着想的水平达到百分之六十,他就算是一个好人。"仔细想一想,这个标准恐怕不能算低吧。如果人人都能为别人着想百分之六十,为自己着想百分之四十,天下岂不早已太平,国家岂不早就成了"君子国",国人岂不早已成了桃花源中人?

君子和小人,是我国传统文化中的独特文化现象,一直以来,为我们所津津乐道,而君子与小人最大的分别就在于"不降其志,不辱其身"。

"不降其志,不辱其身",语出《论语·微子》。季老于此也有很多感悟,认为君子无论处于什么环境中都应当志存高远,如此才能在生前无愧于心,在死后英名永传。但在当下有不少人为了得一时之安稳,图一时之享乐,降志辱身,自损尊严。不管在什么样的情况下,这都是可鄙的小人行径。

宋代的文天祥就是"不降其志,不辱其身"的楷模。他的《正气歌》千百年来激励了无数的爱国青年,并陪伴着他们一路披荆斩棘,建功立业,光复中华。而季老也说,文天祥并非只有这一条舍生取义的艰难小路可走,如果他肯抛弃自己的志向与气节,他完全可以身居高位,享尽荣华富贵。然而如果真是如此,他也就不会是季老所钦佩的英雄了。

谈"不降其志,不辱其身",并非是要所有人都像文天祥那样,舍生取义,做一个流芳千古的大英雄。其实,"不降其志,不辱其身",不仅在民族大义面前才有传诵推广的价值,在更多的时候,它是人们品行气节的一种表现。

中国历史上曾有过一个后梁政权。后梁的太祖朱温生性残暴嗜杀,狡诈多疑。他出身草莽,身上带有很浓重的流寇习气,经常不问缘由便杀死部下,还贪恋美酒女色,他是个荒淫的帝王。

朱温登基后曾在后宫中举办了一场庆功宴,邀请的都是朱姓宗族。在宴席上,朱温完全没有皇帝的威仪,喝酒吃肉之余,还满口粗话,公然聚赌。

别人不敢忤逆他,都满嘴奉承地陪他饮酒作乐。正当朱温玩得兴起之时,突然闪过一个人,将赌博用的骰碗夺了过去,一把扔在了地上。

朱温恼怒不已,抬头一看,这个胆大包天的人不是别人,正是自己的亲大哥朱全昱。

朱全昱面色铁青地怒斥道:"朱三(朱温是家中的第三子),你这个流氓无赖。你不顾主上重托,反而恩将仇报,篡夺帝位,误国误民,你不会有好下场的。"说完,他就愤而离席。

第二天,朱全昱不顾已经到手的荣华富贵,只身返回了老家,从此过起了乡野生活。

"一人得道,鸡犬升天"的故事,从古至今不断上演,不知有多少人每时每刻都在盼望着不劳而获。而朱全昱却始终洁身自好,淡泊名利,面对腐朽的尊荣,不与之苟合,这就是真君子。他虽然在历史上并没有什么大作为,但作为一个顶天立地的人,他"不降其志,不辱其身",故而能够无愧于心,潇洒度日。

而与朱温的大哥朱全昱相反,朱温的宠臣敬翔虽然在历史上留下了一些政绩,但他却丢弃了做人最基本的尊严,即使享受着一人之下、万人之上的尊荣,依旧难逃成为一个悲剧人物的命运。

那些小人的眼睛总是牢牢地盯着别人的利益,随时准备多捞一些,为此甚至不惜付出一切代价,动用各种手段来算计别人。有时候甚至连你都不知道是怎么回事就被他算计了,真是令人防不胜防。而轮到他自己的利益的时候,小人会使出一切手段保护利益不受损失,哪怕抛弃自己的理想,背离自己的原则。不过,小人又哪来的理想和原则可言呢?他们能做的只是常人所不欲做的卑鄙勾当而已。

战国时期,楚昭王即位,任命囊瓦为相国,令其与鄢将师、费无忌、宛三位大臣同执国政。

这一年,宛出征吴国,大获全胜,缴获兵甲无数。楚昭王大喜,将所获兵甲赐给他一半,而且每事和他商量,他所受的宠幸无人可比。

费无忌对宛心生妒忌,就和鄢将师一起设计陷害他。有一天,费无忌对囊瓦说:"宛有意请客,托我来转报,不知相国肯光临否?"

囊瓦说:"既然相请,哪有不赴宴之理?"

费无忌又去对宛说:"相国有意在贵府饮酒,大家快乐一下,不知你肯做东道主否?"

宛不知是计,马上说:"相国看得起我,荣幸之至!好吧,明天我当设宴恭候!"

费无忌又问:"相国来了,你准备送他什么礼物?"

"不知相国喜欢什么?"

"他身为相国,女子财帛是不稀罕的。据我所知,他最喜欢坚甲利兵。他很羡慕你分得的战利品,来你家赴宴,无非是想参观一下罢了!"

宛随即叫人拿出战利品来。费无忌帮忙挑选出100件最坚固的甲胄和最锋利的武器,又告诉宛说:"你把这些放在门边。相国来的时候,必问及此事。这时你就乘机献给他。如果是别的东西,他恐怕是不会接受的。"

宛信以为真,遂将兵器和被俘吴兵安排在门内,并用布帐掩蔽起来。

次日,宛大摆筵席,托费无忌去请囊瓦。囊瓦正准备启程时,费无忌说:"宛近来态度傲慢,此次设宴,不知是何居心。待我先去探听一下,相国再去。这样比较安全些,好不好?"

囊瓦同意了。

费无忌在街上胡乱转了一圈，跟跟跄跄地跑了回去，假装气急败坏地说："几乎误事！我已经探听明白了。宛这次请客，不怀好意，想置相国于死地。我见他门内暗藏甲兵，杀气腾腾。相国千万不能去。"

囊瓦不信，说："我和宛平日并无过节儿，他断不会这样。"

费无忌又乘机煽风点火，渐渐把囊瓦的思绪打乱了。但囊瓦还是不大相信，又派心腹去宛家里打探个明白。那心腹回来报告说，门内果然伏有甲胄和兵器。囊瓦听后大发雷霆，马上派人去请鄢将师，商量如何处理这件事。鄢将师早已与费无忌串通好，就添油加醋地说宛早就想造反、谋夺国政。

囊瓦终于相信了，大怒道："我非宰了他不可！"他当即奏请楚王，派兵包围了宛的家。宛这才知道中了费无忌的奸计，却欲诉无门，于是长叹一声，拔剑自刎。

孔子说："君子成人之美，不成人之恶，小人反是。"是的，君子都是一些看见别人欢笑他开心，看见别人落泪他难过的人。他们本着一颗好心，总希望别人事业顺利、生活和美。而小人眼中却看不得别人过得比自己好，对于利益总是斤斤计较，而且拿捏得极准。打倒小人很难，因为君子不屑于用小人的手段来对付小人，如此做的话就失去了自己的立场，反而宣告了一场更彻底的失败。小人则无孔不入，很难防范。但是，他们最大的伎俩就是颠倒是非、混淆黑白、挑拨离间。如果记住"来说是非者，必是是非人"这句话，中计的可能性就会大大降低了。

"不降其志，不辱其身"，已经流传有数千年，它的深刻内涵至今仍有着极强的引导作用。与其降志辱身向小人靠拢，不如卸下功名利禄，让世间多几个君子，少几个为富不仁、为官不正的庸人。

03. 老骥伏枥，志在千里

【原文】

我生平优点不多，但自谓爱国不敢后人，即使把我烧成了灰，每一粒灰也还是爱国的。

【引申】

对于老年人的精神状态，季羡林应该说是最有发言权的一个人了。他活到98岁高龄，寿终正寝，在他晚年的每一天里，都几乎要工作七八个小时，如果哪天没有写字就会觉得这一天缺点儿什么似的，他说自己人生的学术冲刺阶段是从80岁开始的。他在八十多岁时，曾经说过："我始终主张，老年人应该为青年人活着，而不是相反……吾辈老年人的天职是尽上自己仅存的精力，帮助他们前进……我现在身体顽健，家庭和睦，在社会上广有朋友，每天照样读书、写作、会客、开会不辍。我并没有什么不如意的事情，也没有感到寂寞。"

在他晚年的时候，如果有人请他对青年提出些意见或建议，他都十分积极地配合，一心想着如何把自己的人生经验以最适合的方式传授给他们，希望他们能够从中有所收获。在他看来，人生是一个循环往复的过程，总有人在岁月的流逝中日渐老去，并有新人逐渐崛起，但是并不意味着老人从此就可以"功成而身退"，变得一无是处了。他认为，老人首先要有积极的人生态度，如果没有到达人生的终结，谁都不能止步不前。因此他提醒青年人说道："人们进入老境，也是逐渐感觉到的。能够感觉到老，其妙无穷。人们渐渐地觉得老了，从积极方面来讲，把想做的事情做完、做好，免得无常一到，后悔莫及；从消极方面来讲，一想到自己的年龄，那些血气方刚时干的勾当就不应该去硬干。个别喜欢争名于朝、争利于市的人，或许也能够收敛一点。老之为用大矣哉！"

老年，意味着不再拥有大把年华可以随意挥霍，却拥有年轻人所无法企及的丰富的人生经验；老年，也许不能再继续做些轰轰烈烈的大事情，却可以指点青年后辈成就这些大事情，并在这个过程中少走弯路。进入老年，要有"老骥伏枥，志在千里"的精神状态，应该保持冲淡平和心态，以更加自信和饱满的状态丰富晚年的生活。老骥伏枥并不是说在年轻的时候就可以混沌度日、虚度年华，等到晚年才懂得珍惜时间。它应该是一种一以贯之的坚持与奉献精神，季羡林针对自己的情况就说过："我现在已经到了望九之年，耳虽不太聪，但毕竟还是'难得糊涂'，仍能写能读，焚膏继晷，兀兀穷年，仿佛有什么力量在背后鞭策着自己，欲罢不能。"

对待人生要时常保有一份积极的热情，人生需要不服老和不放弃的心态，没有到最后一刻，就不要轻言放弃。姜子牙晚年拜相，李广晚年仍然披挂上阵，出征匈奴。面对生老病死，他们都以不忧不惧的坚定意志应对不可预知的未来，心态和状态都是后人的表率。

春秋时期，楚国有个叫百里奚的人，他是秦穆公时期的贤臣和当时著名的政治家。他的生活经历非常传奇，年轻的时候贫困潦倒，在被晋国俘虏之前，曾在妻子的支持和鼓励下游历各国以求仕。百里奚经过了很长一段时间的颠沛流离，仕途屡经坎坷，终于在好友的举荐下做了虞国大夫。但虞国国君却是胸无大志、目光极为短浅的人，在遇到重大事情的时候贪图小便宜，而且不听百里奚的劝告。当时晋国想去征讨自己的邻国虢国，需要向虞国借路通过，百里奚劝国君不要答应晋国的请求，可是国君并没有把百里奚的话放在心上，最终还是借路给了晋国，结果直接导致了虞国的灭亡，而百里奚也被当作奴隶流放到秦国。

百里奚感到十分羞耻，自己满腹经纶却沦落到给人家做奴隶的地步，因此，在去秦国的途中，他选择了逃跑，历尽艰辛回到了楚国。秦穆公是个爱才的明君，他听说百里奚是个贤智之人，便亲自将他接到了秦国，并向他问政，态度十分谦虚诚恳。两人一谈就是3天，在政治上，二人有着极为惊人的默契，他们的观点常常十分相合。惜才爱才的穆公因此拜他为上大夫，这时的百里奚已经是七十多岁高龄老人了。

早年的游历经历使他对各国的风土人情、地理形势和社会现状都甚为了解，这些经历为他辅佐秦穆公，为秦国统一大业做出正确的决策建议准备了必要的条件。由于有了百里奚的辅佐，秦国才逐渐走向强大，并最终兼并了六国。

可见，只要有自信心与真才实学，无论何时何地都可以得到机会成就一番事业，是金子早晚会发光的。只要有积极的心态，人生就无所谓老与不老，用陶渊明的话不就是"应尽便须尽，无复独多虑"吗？年老，绝不意味着奋斗的终结。季老对于这一点深有感触，他说："我觉得，中国人民在过去几千年的历史上成就了许多美德，其中一条便是'鞠躬尽瘁，死而后已'。"不仅是年老时要保持这份心态，无论处在何种年龄阶段，都应该有这种冲劲和动力。人生只有在不断努力和坚持求索中才能充满生机和活力。

生活中，每个人都需要有理想和抱负，但是这理想和抱负不必太大，只要能够尽情发挥出自己的才能即可，如果一味地追求大而不切合实际的目标，而自身却并没有承担这份责任的能力，则会陷入压力和苦恼之中，以至于对自身的能力产生怀疑，最终耽误的还是自己。人要有切合实际的目标，这样才能充分享受到成功的快乐。

Part 6

梁启超

——襟怀坦荡的百科全书式巨人

梁启超，中国近代思想家、教育家、文学家、史学家，戊戌变法的领袖、先驱。他是被世人公认的清末民初最优秀的国学大师之一，被誉为中国历史上一位百科全书式人物，在文学、哲学、史学、经学、法学、伦理学等众多领域均有建树。他认为做人和做学问同等重要，毕生都在为振兴国家而奔忙，把追求真理和用心做人奉为主要的治学宝典，其核心思想对近代历史影响深远，在当代仍具有重要的启迪作用。

第十一章

做事先做人，修身先修心

做人是做事的基础，只有为人正派、做事踏实，才能成为社会所需的专业人才。俗话说："有德有才能成事，有德无才能误事，有才无德能坏事。"有些年轻人虽然空有抱负，但是只知道埋头做事，并不在乎怎样做人，结果误入歧途，一失足成千古恨。梁启超提出的一系列有关做人做事的思想，至今仍能带给我们很多启示。他主张做人要光明磊落、顶天立地，信必行、行必果，不迷信权威、追求真理，同时要修身养性，克服外界的诱惑，使自己的性情、品德日臻完美，然后和谐地融入社会。

在当代社会，有些人被虚荣心和功利心所迷惑，一心只想飞黄腾达，把做人的基本原则全部抛诸脑后，这类人在成就自己时却给社会带来的无穷的危害。梁启超的很多箴言至今听来依旧那么振聋发聩，作为 21 世纪的现代人，我们应该加强道德品行的修养，做事之前先学会做人，注重修身养性，一切从修心开始，致力于把自己塑造成一个正直、果敢、胸怀坦荡的人。

01. 君子坦荡荡，心广天地宽

【原文】

心安理得，海阔天空。

【引申】

提起梁启超，人们首先想到的是维新变法，他曾经和康有为走在时代的最前沿，难得的是在风云变幻的复杂环境中，他依然恪守着自己的本色，淡泊名利，两袖清风，追求高洁的品格，以改变国家民族命运为己任，屡屡遭到残酷的打击而热情不减。他胸怀坦荡、志存高远，其名言"心安理得，海阔天空"，这句话是对他的精神境界的最佳诠释，真正了解他的人都会为他的真实和纯粹而感动，无论他做出过怎样的抉择，都与个人的私利无关，因为问心无愧，所以才能拥有海阔天空的豁达。

他曾是康有为的得意门生，也是其忠实拥护者，可是最终因为观念不同而分道扬镳了；他和孙中山曾经是合作伙伴，可是两人也有过言语对立；他曾对袁世凯抱有幻想，在袁世凯实行倒行逆施后，他毅然以笔作枪，对袁世凯进行口诛笔伐……对于自己的行为，他坦然写道："这绝不是什么意气之争，或争权夺利的问题，而是我的中心思想和一贯主张决定的。我的中心思想是什么呢？就是爱国。我的一贯主张是什么呢？就是救国。知我罪我，让天下后世评说。我梁启超就是这样一个人而已。"

可以说，梁启超一生都在为国家的前途而奋斗，他不计私利，不在乎个人荣辱，不为功名利禄所诱，即使和康有为、孙中山有过纷争也都是君子之争，对于逆历史潮流而动的袁世凯，他丝毫不客气，毅然决然地与之抗争到底，拒绝被收买和利用。

梁启超得知袁世凯有称帝的野心时，愤怒地写下了《异哉所谓国体问题者》一文，痛斥袁世凯的卑劣行径，文章被各大报刊争相转载，引起了轩然大波。其实，在这篇言辞辛辣的文章发表前，狡猾的袁世凯就已经听到了风声，为了左右报刊的舆论，他意图用重金收买梁启超。在梁启超父亲寿辰前夕，袁世凯派人送来一张 20 万元的银票作为寿礼，条件是梁启超不得发表任何反袁的文章。梁启超不为钱财所动，毫不犹豫地将巨额银票退回，断然拒绝了袁世凯的要求。

袁世凯并没有死心，又派人劝说梁启超，来者用威胁的口吻说："梁先生在海外流亡十几年，想必是吃尽了苦头，现在何必再自寻苦吃呢？"梁启超不动声色地回答说："我这个人疲于奔命的逃亡经验已经很充足了，我宁愿选择逃亡，也不愿意在污浊空气中生存。"

梁启超对袁世凯的断然回绝，充分体现出了一个人光明磊落、正直无私的高尚品格，他正义凛然，真正做到了"富贵不能淫，贫贱不能移，威武不能屈"，印证了自己提出的"心安理得，海阔天空"的格言。

从古至今，哲人和圣贤在很多问题上都有不同的见解，可是在人格品质的观念上竟然有着惊人的共识，孔子说："君子坦荡荡，小人长戚戚"，周敦颐以莲喻人，认为"出淤泥而不染，濯清涟而不妖"就是高尚品格的表现，而梁启超认为"心安理得"是做人的根本，对自己的所作所为感到问心无愧，心里坦然，心胸才能像海洋那样宽广、天空那样辽阔。终其一生，他都在践行这一理念。

在现实生活中，人们在面对巨大利益的诱惑时，往往会迷失自己的本性，人品受到玷污，心灵被欲望扭曲，为了争权夺利，触犯道德和法律，做出一些为世人所不齿的事来，这就是人格变异导致的结果。对于一个人而言，志存高远、拥有鸿鹄之志固然重要，但一个人的品格比成就更为重要，人追求自我实现的过程不仅是自我完善的过程，更是人格不断升华的过程，名利双收成就的只是自己，为了成全自己不讲原则，甚至逾越道德的边界，就会做出有违常理的可怕的事情来，唯有加强自身的道德修养，做一个心胸开阔、正直坦荡的人才能成为对世界有所贡献的人，进而成为真正有价值的人。

梁启超把做人看得高于一切，他认为人的品德重于泰山，而功名利禄却轻于鸿毛，所以在错综复杂的环境中，他坚守住了自己的本性，保持了可贵的品质，成为了受世人尊敬的伟大思想家和大学问家。作为现代人，我们也应该重视自身的道德修养，在拼搏奋斗、实现自我价值的过程中，坚守住自己的底线，绝不能做任何有愧于人、有愧于心的事，只有这样，我们才能拥有无悔的人生，眼前的天地才能变得更加辽阔。

02. 言行一致才能取信于人

【原文】

心口如一,犹不失为光明磊落丈夫之行也。

【引申】

现代教育偏重于知识的灌输和积累,而梁启超对子女教育的重点则放在立志和做人上。梁启超不仅教导子女要重视文化知识的汲取,还着重强调要做一个光明磊落的人,他时常教育子女要抵御外界形形色色的诱惑,不能丧失做人的根本。

梁启超对子女教育非常成功,这得益于自己的率先垂范,他从来不是说一套做一套,而是身体力行地践行自己的言论,始终表里如一,为子女起到了良好的榜样作用。他曾在信中告诫子女说:"切勿见猎心喜,吾家殆终不能享无汗之金钱也。"他收入的主要来源是稿费,靠笔耕不辍来维持生计,曾有不少人想要花重金收买他,他都毫不犹豫地回绝了,并对子女说:"凭吾之力,必可令家中无忧饥寒。吾若稍自贬损,月入万金不难,然吾不欲尔。"梁启超的"不欲"成就了其超凡脱俗的伟大人格,他的一言一行对子女产生了极其深远的影响,故其膝下子女个个成才,各有所长,且品行甚高。

梁启超平时注重磨炼自己的意志,绝不允许自己被欲望所驱使,他言必行、行必果,从不妄言,始终心口一致,要求别人的事自己首先做到。当然,他并非是个不食人间烟火的超人,面对诱惑时他同样有过普通人的煎熬,可是凭借着对自己高标准的要求,他战胜了诱惑,而不是被欲望所吞没。

梁启超投身于维新变法的运动中时,正值风华正茂,在他28岁时应康有为之召前往美国檀香山商议国事,邂逅了秀丽端庄的何惠珍。当时何惠珍担任梁启超的翻译,在演讲活动中,两个人配合得珠联璧合。活动过后,何惠珍对这个才华横溢的热血青年产生了爱慕之情,大胆地向梁启超表白了，她说："今生今世，我之心惟有先生……"

面对何惠珍的深情告白，梁启超并非没有一点感动，可是最终他还是一口回绝了她，理由很简单，他已经有家室了。何惠珍很钦佩梁启超对妻子的忠贞，在遭受明确的拒绝后，非但不感到失望，反而坚定了要和梁启超共结连理的决心。她动员父亲为梁启超参与的维新运动积极筹款，在席间又提出自己甘愿下嫁梁启超为妾，请梁启超再三斟酌考虑。

晚上，回到寓所后，梁启超的心境完全被扰乱了，何惠珍美丽、聪慧，又毕业于美国名牌大学，这样出色的女子自然是追求者众多，而她偏偏对他一往情深，这怎能不令人感动？而且在事业上，何惠珍确实能助他一臂之力，可是转念一想，他和妻子多年来一直相濡以沫，两人感情甚笃，他又怎能忍心让妻子伤心？思索再三之后，他连夜给妻子写了一封信："余归寓后，愈益思念惠珍，由敬重之心，生出爱恋之念来，几乎不能自持……不知惠仙闻此事将笑我乎，抑或恼我乎？"

梁启超原本以为妻子见到这封信，一定会醋意大发，气恼不堪。没想到妻子很快就给他复信了，还引用了《关雎》的诗句："窈窕淑女，君子好逑……"，表明愿意成全丈夫和何惠珍的美事。面对妻子的深明大义，梁启超感到无比羞愧，回复给何惠珍一首诗："一夫一妻世界会，我与浏阳实创之（"浏阳"指谭嗣同）。尊重公权割私爱，须将身做后人师。"聪慧的何惠珍立即明白了他的意思，伤心地离开了。

事后，梁启超叹息道："惠珍是一位多才多情的好女子，可惜……"但他不曾为自己的选择后悔过，梁实秋在评价梁启超时说，梁先生学问是第一，道德人品是第一，他是名副其实的大师。

孔子说："人而无信，不知其可也。大车无輗，小车无軏，其何以行之哉？"意思是一个人不讲究信用，不知道他是怎么处事的，这就像大车没有輗（大车车辕与横木连接点），小车没有軏（小车车辕与横木连接点），在这种情况下，车怎么能行走呢？"诚"是做人的基础，"诚"的关键不在于外界的评价，而在乎在身，只有对自己诚实，心口如一、表里如一，才能做到以诚待人，才能以自己的行为来影响别人。

我们都熟悉曾子杀猪的故事，自己言而无信，是没有资格去教育别人的。只有自己做到诚实无欺，才能通过言传身教的方式对他人产生正面的影响。梁启超对子女和学生在做人方面都有很高的要求，而他本人在做人方面几乎是无可指摘的，所以他的话才值得信服。在现代社会中，如果我们想要改变别人的思想和行为，首先自己必须是一个心口一致的人，如果自身行为不端，只是口头提倡和标榜某些文明理念，当然不能让别人心悦诚服。甘地提出"欲变世界，先变其身"，讲的就是这个道理。

03. 忠于事实，忠于真理

【原文】

吾不能与吾师共为国家罪人也。

【引申】

梁启超毕生追求真理，在寻求公义、求真求实的道路上，没有一丝一毫的妥协，他不迷信权威，不惧任何势力，不为任何因素所惑，其态度和古希腊哲学家亚里士多德如出一辙，面对恩师的阻挠，他始终义无反顾地坚持正确的主张，最终导致了与康有为的决裂。

世人在回顾中国历史时，往往把梁启超和康有为紧密联系在一起，将二人并称为"康梁"。梁启超确实是康有为最出众的门生和最得力的助手，他协助康有为校勘了《新学伪经考》，参与撰写了《孔子改制考》，还分担起草了《公车上书》，参与组织了强学会，拟写了大量激情澎湃的好文章，成为康有为最坚实的后盾。

两个人曾惺惺相惜，亦师亦友，结下了深厚的友谊，然而在面对张勋复辟的态度上出现了重要分歧，梁启超坚决反对复辟逆流，康有为却积极支持张勋，二人终因意见不合而站在了对立面上。梁启超不仅起草了讨逆宣言，还以个人名义发表了反对复辟的通电，并言辞犀利地斥责康有为的错误行为，有人担心这样会破坏二人的师生情谊，梁启超却掷地有声地说："吾不能与吾师共为国家罪人也。"

梁启超和康有为在国事问题上立场是完全不同的,两人泾渭分明,互不相让,然而这并不意味着梁启超就真把康有为当成自己的敌人,在真理面前,他坚决站在正义的一方,甚至不惜得罪恩师,可是在康有为面前,他也尽了弟子的本分,对康有为始终怀有深厚的感情,没有什么比"吾爱吾师,吾更爱真理"这句话更能准确形容出梁启超的真性情了。

张勋复辟失败以后,康有为对梁启超怨气极大,痛骂他是"梁贼启超",并指责他恩将仇报,作诗曰:"鸱枭食母獍食父,刑天舞戚虎守关。逢蒙弯弓专射羿,坐看日落泪潸潸。"(逢蒙向后羿学习箭术,最后却害死了后羿),此言意在指作为学生的梁启超有负于自己。

梁启超和康有为公开激辩后,友情几乎毁于一旦,多亏刘海粟等人从中调和,二人关系才有所缓和。1922年,康有为夫人逝世,梁启超亲自前往吊唁。1927年,康有为过70大寿,梁启超托人送来寿联和寿文,在寿联里,梁启超含蓄地把康有为比做孔子,表达了对老师的尊敬之情,在寿文里,梁启超回顾了师生之间的真挚情谊,并感谢老师对自己的谆谆教诲。康有为在青岛病逝后,梁启超非常伤感,他联合康有为门下的弟子,在北京设灵公祭,心情沉痛地宣读悼文。在那篇感情深挚的悼文里,梁启超高度评价了康有为早年对国家所做出的贡献,但是也委婉地指出了其在复辟帝制上的错误做法。可以说梁启超对康有为的看法是很客观的,他没有因为师徒情谊而改变自己的立场,但是又做得非常有人情味,在老师逝世以后,既肯定了他的功绩,也含蓄地点明了他所犯下的错误,并没有完全否定康有为其人。

人们向来对权威怀有畏惧心理,认为权威的东西就一定是神圣不可侵犯的,甚至一度为了维护权威而放弃对真理的探求。可是进步的潮流是不可阻挡的,一面又一面权威的旗帜倒下了,而实践成为了检验真理的唯一标准。在历史的长河中,不少有识之士为了捍卫真理而做出了巨大的牺牲,历史的车轮因此获得了前进的动力,促使我们的社会变得更加文明和美好。

古往今来,人类一直没有放弃过对真理的探求,孔子说"杀身以成仁"，意思是为了成全仁德，可以牺牲个人的生命。孟子也主张舍生取义，梁启超则以实际行动证明了真理至上的做人理念，关于对正义和真理的追求是没有时代边界的。当今社会，我们仍然需要对真理保持持续的热情，同时对权威保持清醒的认识，在大是大非的问题上，不妥协不退让，坚决捍卫正确的理念，只有这样，我们的社会才能不断向前发展，人类文明才有希望达到更高阶段。

第十二章

知者不惑，仁者不忧，勇者不惧

> 梁启超非常推崇孔子提出的"知者不惑，仁者不忧，勇者不惧"的理念，他沿承了孔子的基本理论，同时又结合当时的时代背景，提出了自己的新观点。在清华大学的演讲中，梁启超对孔子的"知者不惑，仁者不忧，勇者不惧"做了精辟的论述，勉励学生不要只满足于知识的汲取，还要具备"仁、智、勇"三种美德，他把传统的"仁"的思想拓展到健全人格的塑造上，把"知"的要求拓展到了择业、就业上，把"勇"的内容拓展到了意志力的层面上，他阐述的大仁大智大勇更加契合现代人的需求。而今，我们无论是在学习、工作和生活中，都会遇梁启超所说的忧虑和困惑，而他早已为我们提供了完美的解决方案。了解梁启超对仁、智、勇的新解，我们便能拨开云雾见明月，找到我们想要的答案。

01. 成仁者不心忧

【原文】

"仁"之一字，儒家人生观的全体大用都包在里头。"仁"到底是什么？很难用言语说明，勉强下个解释，可以说是："普遍人格之实现。"

【引申】

1922年，梁启超在面对清华大学的莘莘学子时，发表了自己对做人做学问的看法。他说求学问的目的是为了学做人，而要成为一个完全的人，必须兼具三种美德，即智、仁、勇，实现孔子说提倡的"知者不惑，仁者不忧，勇者不惧"。"仁"是儒家的核心思想，也是梁启超极为推崇的哲学理念，他认为，"仁"即是人格完成的意思，意味着普遍人格的实现。这个过程不是靠单个的个体来完成的，而是通过人与人之间的关系表现出来的。仁者之所以能做到不忧，是因为这类人跳出了狭隘的个人意识，对宇宙和人类社会有了更深入和广博的认识，知道宇宙和人生的不圆满，从而看淡了个人的成败得失，领悟到"天地与我并生，而万物与我为一"的道理，达到"生而不有，为而不恃""既以为人己愈有，既以与人己愈多"的境界，不把学问和劳动当成达成个人目的的手段，自然也就能做到无忧了。

纵观梁启超的一生，他的仕途之路并不平顺，然而坎坷的人生经历并没有泯灭他的意志，反而使他变得更顽强、更睿智了，这是为什么呢？追溯其根源，自然与他完善的人格有关。他是一个学问集大成者，经济学、法学、政治学、文史学、哲学，无所不通，可是这并不是他真正受人崇敬的原因，世人仰慕他是因为钦佩其伟大的人格。

作为一个学生，他尊师重道，尽管和老师康有为意见不合，在老师过世后，仍愿意居孝子之位，向客人一一答礼，并对老师的一生做出了高度的评价，并没有因为宣扬自己的正义性，对老师进行丝毫的诋毁；作为一名老师，他对学生徐志摩和陆小曼的婚姻虽然有自己的看法，仍愿意充当证婚人，即使严厉批评了徐志摩，还是对其寄予了期望，希望他不要再离婚结婚了，盼望陆小曼能节制持家，免得徐志摩受累；作为一个父亲，他以身作则，注重对子女健全人格的塑造，把他们培养成了德才兼备的栋梁之材；作为一个丈夫，他对妻子情深意重，不离不弃，给予了一个女人所需要的尊重、体贴、爱和关怀；作为一个病人，在接受医院治疗时，因为误诊被错割了右肾，他并没有追究任何人的责任，并发表言论说希望国人不要因为这次医疗事故而对现代医学产生排斥心理，其豁达的程度古今又有几个人可与之相比？

古语云："淡泊以明志，宁静以致远。"实现人格的完善，看淡名利，以一颗平常心来面对自己和他人，不以物喜，不以己悲，才能做到宠辱不惊，扮演好人生的不同角色，达到仁者无忧的至高境界。在当代社会，有些人忧心忡忡，患得患失，只在乎个人利益的达成，几乎没有其他的追求，这类人注定不能成为真正的仁者，因为他们的心里只有自己，人生观和价值观都是扭曲的。事业失利并不可怕，可怕的是做人失败，意识不到个人对社会的责任，也意识不到个人对家庭的责任，这样的人是有人格缺陷的，他们不能给任何人带来益处，更不能对社会有所贡献，其自私自利的本性使他们注定成为世人所不齿的孤独者。

论成就和功绩，或许梁启超并不是最光辉耀眼的一位，但是论人格和人品，梁启超绝对是中国历史上不可忽视的一位，他的为人和处事理念对于当代社会仍具有进步和积极的意义，孔子说"仁者爱人"、"仁者无忧"，梁启超则说"仁"是做学问和做人的基础，只有拥有了健全和完善的人格，才能使自己内心更加坦然，不为成败得失而痛苦，不被名缰利锁所累，对待个人前途的实现秉承"得之我幸，不得安然"的态度，同时以一颗宽厚和善良的心对待他人，实现自我人格的升华，只有做到这点，方能做到真正意义上的无忧。

所谓"境由心生"，一个人有什么样的心态就会有什么样的感受，他内心的活动是由其人生观、价值观决定的，而每个人人生观和价值观的产生和自身人格的养成又是息息相关的，从这个角度来讲，人格决定人的喜怒哀乐，决定他积极或消极的感受。如果我们想成为一个不被世事所扰、不因忧虑所苦的人，首先要抛弃狭隘和自私自利的本性，把自己塑造成一个懂得关爱他人的人，成为一个关心人类命运的仁者。

02. 智慧是解惑的钥匙

【原文】

怎么样才能不惑呢？最要紧是养成我们的判断力。想要养成判断力，第一步，最少须有相当的常识，进一步，对于自己要做的事须有专门知识,再进一步,还要有遇事能断的智慧。

【引申】

梁启超对于儒家"知者不惑"的理解是,首先要拥有必要的常识,对自己所从事的事有更准确的认识,其次要有判断力和决断力。在清华学府演讲时,他举例说,如果一个人没有基本的常识,就会闹出很多笑话,比如听到雷声大作,就误以为是雷公发怒,遇到难题,更会大惑不解,所以说具备必要的知识是解除疑惑的基础。作为一个社会人,每个人都要选择一门职业,而想要胜任一门职业,必须掌握专门的知识。务农必须知道该怎样改良土壤和种子以及如何防御水旱病虫;做财政专家或者教育家,也需要积累相应的知识和经验,方能做到心中不惑。

梁启超认为只有学识和常识是不够的,因为在社会实践中所碰到的问题是复杂多变的,生搬硬套、刻板地运用知识根本不能解决实际问题,只有活学活用,具备根本的判断力,理清头绪,让浑浊的大脑变得清明,才能获得真正的智慧,做到"知者不惑"。

关于对待职业的态度,梁启超在《敬业与乐业》一文中有过进一步的阐述,他觉得一个人若想解除人生的困惑,需要对自己所从事的职业树立正确的意识。无论在何种岗位上,敬业是第一位的,从事一份工作,必须忠于职守,专心致志地完成自己的本职工作,并且对自己的职业怀有敬畏之心。职业本身没有高下贵贱之分,它们都是人类的劳动,人们各司其职,其性质本身都是可敬的,总统有总统的职业,车夫有车夫的职责,每种职业都是神圣的,所以无论从事哪种劳动都是一种美德,没有哪种劳动是可鄙的。木匠做成一张好桌子和叱咤风云的政治家建成一个好的国家价值是等同的。

庄子说"用志不分,乃凝于神。"孔子说:"素其位而行,不愿乎其外。"梁启超赞同他们的观点,并强调工作应该不畏辛苦,乐在其中,从劳苦中发掘快乐,真正做到乐业,不要挑三拣四、拈轻怕重,成为无事可做的无业游民。梁启超认为任何一种职业都有趣味性,在奋斗、竞争和自我实现过程中就能找到工作的乐趣。他强调人生不惑需要满足两个条件,

一是要有敬业精神,即对工作有责任心,二是要乐业,即从工作中发掘趣味性。只要做到这两点,就能找到工作的意义和人生的追求,不会再感到困惑和茫然。

综合上述观点,梁启超对于"知者不惑"的诠释包括以下几个方面:一,必须掌握和职业相适应的专业知识;二,不拘泥以现有的知识,能够根据具体情况灵活处理问题,具备基本的判断力和决断力;三,尊重和热爱自己从事的职业,不以世俗的眼光把职业划分成三六九等;四,懂得从辛苦的工作中发掘乐趣,不把工作看成苦役。

所谓的"知者不惑",是建立在智慧的基础上的,其中包括学识、随机应变的能力以及正确的职业观,从这一层面上说,智慧就是解惑的钥匙。梁启超对于职业的看法在现在看来仍然不过时,在现代社会,年轻人在选择职业和投身工作时经常感到困惑的原因,多半是因为和梁启超提出的观念背道而驰,一个人知识储备不足,自然难以胜任自己的岗位,心中感到惶惑乃是必然的事;一个人做事太过死板教条,是很难顺利解决实际工作中出现的问题的,必然产生困惑的情绪;一个人从内心深处看不起自己所从事的职业,就不可能从工作中找到奋斗的意义;一个人讨厌工作,好逸恶劳,就不能把本职工作做好,也不能在工作中找到充实感和快乐的体验。可以说,梁启超一针见血地指出了人为什么而困惑以及如何摆脱困惑的方法。

在梁启超看来,只要是全心全意地为社会尽了一份绵薄之力,无论从事任何职业都是有价值的,没有必要因为自己的工作不够光鲜而苦恼,掌握必要的知识和技能,充分发挥自己在某一领域的作用,达到孔子所说的"发愤忘食,乐以忘忧"的境界就是幸福的。梁启超的观念无疑是正确的,也是实用的,工作的本质是劳动,劳动本身就是有意义的,它不仅是实现个人利益和目标的手段,也是社会分工的一种体现,只要这种劳动对社会的发展有益处,它就是有价值的。

03. 意志刚强的人无所畏惧

【原文】

意志磨炼得到家，自然是看着自己应做的事，一点不迟疑，扛起来便做，"虽千万人吾往矣"。这样才算顶天立地做一世人，绝不会有藏头躲尾左支右绌的丑态。这便是教育的目的，要教人做到"勇者不惧"。

【引申】

"勇者不惧"是梁启超极为推崇的国学理念，他认为意志力的强弱是决定不惧或退缩的关键，要让自己具有无坚不摧的意志力，需要做到三件事：第一件事就是要心地光明，正如孟子所说："浩然之气，至大至刚。行有不慊于心，则馁矣。"平生不做亏心事，正气凛然，就没有什么好畏惧的；第二件事就是要有勇气公开自己的行为，不欺瞒不藏匿，能够坦然站在阳光下面对世人；第三件事就是要做自己的主宰，不要受制于人。

梁启超说，一个人的意志由强变弱是极容易的，而有弱变强则是非常困难的，所以要时时刻刻磨炼自己的意志，做一个顶天立地的勇者，不要缩手缩脚、藏头躲尾。人的意志如果已经磨炼到了一定的程度，就会毫不迟疑地去做自己应该做的事，即使受到百般阻挠、千万人的质疑和反对，依然会勇往直前，这就是勇者不惧。

梁启超生活在新旧思想激烈碰撞的年代，他本人在求索救国救民的道路上，思想和行为屡屡发生改变，有人说他是善变的，而且对其颇有微词，对于自己的屡变，梁启超却十分坦然，因为他的宗旨和理想追求不曾改变过，所变的仅仅是实现的方法和途径而已。所以即使受到严厉的批评和反对，他也能泰然处之，真正做到了勇者无惧。他在家书中写道，无论别人怎么看待他，也无论他遭遇什么，他都会继续坚持自己认为对的事情，不会有半点迟疑和动摇。

梁启超很欣赏孔子所说的"勇者不惧"的理念，并以此自勉，把大仁大智大勇当成自己做人的追求，他一生多变，有人指责他反复无常，可是他为人光明磊落，从不见风使舵，爱国之心不改，敢于进取冒险。1916年，梁启超只身面见广东都督龙济光，奉劝他反袁护国，这无疑是一次冒险之举，因为梁启超的好友就曾因为劝说无效而被龙济光的部下所杀。梁启超为了改变国家命运，努力克制住了心头的悲愤，不惜铤而走险。

两个人交谈了十几个钟头，龙济光起初装做很客气，可是其部下个个全副武装，酒过三巡后，龙济光露出了凶相，梁启超知道自己已经沦为他人刀俎上的鱼肉，眼见劝说无望，激动地大声说道："我单人独马，手无寸铁，跑到你千军万马里头，我本来不打算带命回去。我一来为中华民国前途求你们帮忙，二来也因为我是广东人，不愿意广东糜烂，所以我拼着一条命来换取广州城里几十万人的安宁，来争全国四万人的人格。既已到了这里，自然是随你们的便，要怎样就怎样！"梁启超演说了一个多钟头，声音洪亮，义正词严，边说边用力拍桌子，此举震惊四座，最终龙济光被他无畏的勇气和慷慨激昂的言论征服了，同意了他的主张。

梁启超虽是一介文人，然而他拥有超凡的勇气和无畏的精神，在别人质疑他的时候，他依然坚信自己的主张，因为内心纯净坦荡，做人光明正大，他心中没有畏惧，即使身陷险境，他仍能侃侃而谈，直到彻底说服对方。真正的勇者必然是意志力坚定的，经得起赞美，也经得起批评诋毁，做人坦荡，敢于表露真实的自我，不伪装也不粉饰自己，能矢志不渝地坚持自己的理想，一往无前地朝着正确的道路前进。

所谓"人间正道是沧桑"，社会进步的过程往往是艰难曲折的，人类实现自身理想的过程也是如此，一个人所付出的努力未必会获得所有人的赞同，可是只要自己始终心怀信念，那么就会获得非凡的勇气和用之不竭的正能量，义无反顾地踏上布满荆棘的征途。有时恐惧并非来自外界，而是来自于自己的内心，一个人如果内心澄明如湖水，对自己没有丝毫的怀疑，拥有铁的意志和惊人的胆识，就不可能被黑暗征服，也不会被任何人打败。勇气和意志是磨砺出来的，而拥有它们的人都具备某些相同的特征，那便是无比强大的内心和健全独立的人格。

第十三章

用品质雕塑人格，用人格成就自我

> 具有强烈的责任感，自信但不骄傲，勤奋上进，拥有顽强的意志力，都是难得的优秀品质，兼具这些良好品质的人必定拥有健全的人格，并能凭借着这些优势成就自我、得偿所愿。梁启超认为人生最大的苦处和乐处都在于责任，为国家、社会、家庭、自己负责，是做人的根本。一个人要想有所造就，必须具有坚忍不拔的意志力和勤奋工作的精神，同时对自己要有正确的评估和判断，不受外界评价的干扰，只有这样，才能把自己锻造成为更优秀的人。
>
> 现代社会，人们过分注重专业技能的掌握和知识的储备，而忽略了对责任感、自信、勤奋、意志力等方面品质的培养，这在一定程度上限制了自己的个人发展。如果我们能及时警醒，重新重视这些优良品质的塑造，就能在不断健全健康人格的过程中，达到自我超越和实现自我价值的目的。

01. 人生即责任，担责即福祉

【原文】

人生须知负责任的苦处，才能知道有尽责的乐趣。

【引申】

梁启超在《最苦与最乐》一文中说，人生最大的痛苦不是贫穷，不是失意，也不是生老病死，而是身上肩负着一种未来的责任。任何一个人对社会、对国家、对家庭、对自己都是有责任的。有责任感的人如果未尽到自己的职责，就会受到良心的谴责，这种痛苦比贫困、疾病、衰老和死亡更甚，所以人生最大的苦处莫过于身负重责。人生最大的乐事就是履行自己的责任，因为尽到自己的本分，便可心安理得、海阔天空，从痛苦中得到快乐。只有知道肩负责任的苦处，才能体悟到尽到责任的乐处。快乐的权杖操控在自己手里，时时尽责便能时时快乐，排斥责任就会自寻苦恼。孔子说的"无入而不自得"讲的就是这个道理。

孟子说"君子有终身之忧"，一个人越有智慧，能力越大，责任就越大，那类人必定是忧国忧民、悲天悯人的，所以终生都要肩负重责，注定要承受承担责任的压力和苦痛，但是却也能从中找到无比的快乐。梁启超认为责任是不可卸下的，也是躲不掉的，人要成长，就要学会承担责任，感受其中的苦与乐，而回避责任则是自投苦海。

在中国内忧外患的历史时期，作为思想进步的先进知识分子，梁启超深知自己对于国家民族的责任。他先是参与戊戌变法，试图通过变革来挽救国家。戊戌变法失败后，他继续投身到救国救民的各种运动中，坚决反对袁世凯称帝和张勋复辟，晚年他致力于文化教育事业，长期在南开、清华等学府授课讲学，作为一个学贯中西的大学者，他不仅重视学生的智育教育，还非常重视德育教育，力图为国家培养德才兼备的高素质人才。

对于家庭，梁启超同样很好地履行了自己的责任。他是家中的长子，对父亲敬爱有加，在父亲大寿时，特地返乡为其举办了轰动乡里的寿宴。抗日战争期间，出于父亲安危的着想，他将其转移到香港避难，自己为了国事积极奔走，辗转于越南、广西、广东、上海等地，每到一处都会给父亲写信。梁启超对妻子的感情极为深厚，两人一直相敬如宾、恩爱有加，妻子去世后，他亲自设计了墓室，誓言要与其生同衾、死同穴。作为父亲，梁启超从不摆家长的架子，而是更乐于和子女做朋友，循循善诱地教给他们为学做人之道，他的父爱是深沉的，对子女的关爱是全方位的，不仅关心他们的生活和学业，还非常注重对他们的人格培养，梁家满门才俊，一门出了三个院士，这和梁启超的教育方式是分不开的。

古语云："天下兴亡匹夫有责。"作为一个社会人，没有人可以置身于责任之外。国家的兴盛、民族的崛起有赖于每位公民肩负起自己的责任，一个人力量越大，责任就愈重，但是这不意味着力量相对弱小的普通人不需负任何责任，所谓"聚沙成塔、集腋成裘"，微小的力量聚集起来也能产生巨大的能量，世上任何一项宏伟的工程都是千千万万的普通人共同创造的，所以即使身为平凡的劳动者也要在自己的岗位上发出一份光和热，尽到最起码的责任。

人除了要对国家和社会尽到责任外，还要对家庭尽到义务，身为子女，需对养育自己的父母尽孝；身为他人的兄弟姐妹，要和自己的手足相互扶持；身为丈夫或妻子，要关爱对方，给对方一个美满幸福的家庭；身为父母，要无私地保护和爱护子女，将其抚养成人，并给予其情感上的关怀和健全的家庭教育。

诚如梁启超所言，背负责任是一件苦差事，但是对于每个人而言都意义重大，所以履行责任的过程又是快乐的。我们都不是永远长不大的彼得潘，由幼稚走向成熟是人类的必经之路，当我们能真正肩负起自己的责任时，就意味着心智完全成熟了。幼稚的人只贪图享乐，不愿承担任何责任，而成熟的人则能毅然肩负起自己的职责，扮演好自己的各个角色，所以对责任的态度反映出了一个人成熟的程度。成熟的人知道肩负责任的苦与乐，懂得在责任中壮大自己、超越自己，使自己变成一个更优秀、更美好的人。

02. 知人者智，知己者明

【原文】

自信与骄傲有异；自信者常沉着，而骄傲者常浮扬。

【引申】

自戊戌变法失败以后，梁启超开始了长达十多年的流亡生涯，饱尝流离之苦，更大的打击是理想的破灭，然而他并没有因此消沉下去，而是凭借着强大的精神力量使自己振作了起来。他认为人必须抛开世俗上的成败得失，战胜自己的心魔，从心灵深处开辟出一个花园来，自信、自乐、自得地生活。

梁启超强调自信深植于自己的内心，而非源于外界的评价，比如在常人看来，一个潜心研究书法的人，和那些救国救民的成大事者是不能相提并论的，因为他的影响力显然不如后者；如果没有在书法界崭露头角，甚至不能以此为生，他的这点爱好在别人看来完全是无用的。可是如果他自己怡然自乐，活得充实、自信，那么无论身处何种境地，都能从容面对人生，这样的人就是自信的

梁启超3岁习字，5岁开始背经，9岁便能写千字文章，11岁中秀才，16岁中举人，17岁赴京会试，拜康有为为师，进入万木草堂学习，可谓是少年得志。他一生著作等身，文章练达，学识渊博，可是却从不骄傲自满，始终好学不倦，在做学问上，常以不知一事为耻，例如，胡适偶然研究什么东西，他也要跟着认真研究，于是就有人劝他说："论你的年辈、资格，应当站在提倡和创造的地位，要人跟你跑才对，你却总是跟人跑。不自足是美德，但像这种求足的方式，何时才到头呢？"梁启超虽然点头称是，可是仍然管住不自己渴望参与知识竞赛的那颗心。

梁启超在求学问时是虚心的，从不自满和自夸，在讲堂上却是自信的。据梁实秋回忆，梁启超走上讲台时，首先打开讲稿，眼光向台下一扫，然后是简短的两句开场白，第一句是"启超没有什么学问——"眼睛往上一翻，而后点一下头说："可是也有一点喽！"这种先抑后扬的说法表明他是一个既谦逊又自信的人。梁启超授课时常常手舞足蹈，或顿足或大笑，说到悲伤处情不自已，忍不住痛哭起来。他把他的情感和灵魂注入到讲述的题材或人物中，令听者深受感染。他博闻强记、引经据典，信手拈来，讲起课来滔滔不绝，每次钟响他都意犹未尽，总要拖几分钟才能讲完，然后在雷鸣般的掌声中徐徐走出教室。不少学生对中国文学产生兴趣，就是因为听了梁启超几次激动人心的演讲。在教学上，梁启超尤为开明，欢迎学生挑战辩论，从不把自己当成不可置疑的权威，每次开课教室

里都坐满了人，课堂气氛极为活跃。

老子说："知人者智，知己者明。"所谓的知己就是要对自己有一个准确客观的评价，高估或低估自己都不属于知己，对自我的认识是与事实相悖的。高估自己的人往往骄傲自负，浮躁张扬，常常自以为是；低估自己的人常常认为自己一无是处，自卑得无以复加；而真正能做到知己的人必然都是自信的，这类人大都个性沉稳，既能看到自己的长处，又能认清自己的短处，懂得取长补短，梁启超就属于这类人，他说："不知己之所长，则无从增长光大之；不知己之所短，则无以采择补正之。"

自信和骄傲的本质区别在于对自我和外界的态度，骄傲的人急于向别人展示自己的能力，喜欢夸夸其谈，不能接纳不同的观点，本能地排斥不同的声音，把自己视为无可非议的权威人物；而自信的人则深谙"金无足赤，人无完人"、"尺有所短，寸有所长"的道理，有足够的勇气去应对外界的一切挑战，哪怕外界不认可自己的价值，也能对自己有一个较为清醒的认识。骄傲自大的人通常故步自封，自信的人却永远锐意进取，两者相较，显然后者才能成为笑到最后的赢家。当代社会，人与人之间的竞争是无比残酷和激烈的，止步不前就等于逆水行舟，终有一天会被淘汰出局；只有虚心上进又非常自信的人，才能充分一展自己所长，不断弥补自身的劣势，成为某一领域的佼佼者。

03. 艰难困苦，玉汝于成

【原文】

患难困苦，是磨练人格之最高学校。

【引申】

"患难困苦，是磨练人格之最高学校。"这是梁启超的至理名言，他曾告诫人们"勿为境遇之奴隶"，所谓的境遇指的便是逆境困境。他呼吁广大志士仁人不要因为一时的挫折而灰心丧气，在《论毅力》一文中，他犀利地论证了人生的成败与毅力的紧密关系。他指出，意志孱弱者遇到一点阻力就丧失信心了，根本就不可能取得胜利；意志稍强的人即使侥幸闯过了一关，随后在困难和苦难面前选择退缩，也没有机会到达胜利的终点。只有毅力坚韧，能够超越艰难困苦的人，才能突破重重障碍，到达成功的彼岸。

孔子说："譬如为山，未成一篑，止，吾止也；譬如平地，虽复一篑，进，吾往也。"意思是比如说造山，只差一筐土就大功告成了，如果在这时停下来导致功亏一篑是自己选择停止的；再比如说填平土地，即使倒了一筐土，如果继续填加，也是自己决定的。也就是说在阻力面前是进是退完全在于个人选择，在达成目标前停止努力就会半途而废，之前的付出全部都将付诸东流，因此可以说有毅力者成，反之则败。梁启超在流亡日本后，还想努力进取，勉励暂时处于逆境中的有识之士，不要被眼前的失败吓到，而要坚持不懈地继续奋斗下去。

梁启超三次想实现救国的理想，三次都失败了。

第一次，他追随老师康有为，在光绪帝的支持下开展了轰轰烈烈的维新运动，可惜这次运动只维持了百日就被慈禧扼杀了，谭嗣同等戊戌六君子血染菜市口，他和康有为长期流亡海外。

第二次，他结束了长达十四年的流亡生涯，回到了中国，当时国内已经完成了辛亥革命，为了实现自己报效国家的理想，他选择了和袁世凯合作，可惜袁世凯野心勃勃，一心想要复辟帝制，他感到痛心疾首，毅然举起了反袁的大旗。

第三次步入政坛是在袁世凯身死、张勋复辟失败以后，他被段祺瑞任命为财政部长，他声言要为国家大业牺牲个人的一切，竭尽全力进行改革，可是段祺瑞对他的主张一点也不感兴趣，他的货币改革计划无法施行，最终带着满腔的遗憾辞去了职务。

梁启超晚年致力于著书立说、教书育人上，在学术界和教育界继续发挥着自己的余热，虽然终其一生他都未能实现自己的宏愿，可是却通过另一种途径推动了中国社会的进步和发展。

纵观梁启超的一生，他颇有孔子"明知不可为而为之"的执着，他坚韧的个性和超凡的人格是在困苦中磨砺出来的,没有失败之痛,他不可能成为中国近代社会大放异彩的思想启蒙者,也不可能引发中国文化领域和思想领域的革新,他的很多理念皆源于对过往失败的经验总结,这是在痛苦中孕育出来的结晶。古语云:"艰难困苦,玉汝于成",孟子说:"天将降大任于斯人也,必先苦其心志,劳其筋骨,饿其体肤,空乏其身,行拂乱其所为也,所以动心忍性,增益其所不能。"可见困苦和挫折也能成为人生的一笔财富,战胜苦难,阅尽沧桑,方能变得更加强大和洒脱。

蝴蝶在破茧成蝶的前夕是痛苦的,可是,在冲破束缚的那一刻便拥有了一双美丽的翅膀,与其说这是奇迹,不如说是苦难的馈赠。人接受各种艰难困苦的考验,就好比凤凰的浴火,过程是煎熬的,可是却是重获新生唯一的途径。挫折教给我们的远远比我们从快乐中学到的更多,它让我们认清自己的不足,更理性地审视当下的形势,并培养我们坚忍不拔的意志,使我们获得更多的勇气,引领我们闯过凄厉的风雨,直到看到希望的彩虹。

蜕变和成长是人生的重要内容,也是最为重要的一课,在弱者眼中,苦难是拦路虎,是恐怖的洪水猛兽,对其唯恐避之不及,而在强者眼里,苦难是人生最宝贵的经历,会把自己锻造得更加顽强和优秀。人若想由弱变强,无往而不胜,必须有直面苦难和厄运的勇气,才能使苦涩的枝头结出甘美的果实。文王在被拘禁时推演了《周易》,孔子在困厄的境遇中编纂了《春秋》,屈原遭到放逐后创作了《离骚》,左丘明失明后写出了《国语》,孙膑遭受膑刑后创作了《孙子兵法》。在苦难的摧残下,他们的人生没有变得颓废和黯淡,反而因为意志力的增强而变得光芒闪耀,这就是所谓的苦难的力量。

04. 业精于勤，荒于嬉

【原文】

百行业为先，万恶懒为首。

【引申】

梁启超曾经说过："倘若有人问我'百行什么为先，万恶什么为首'？我便一点不迟疑答道'百行业为先，万恶懒为首'。"他进一步解释道，游手好闲的懒人，简直就是社会上的蛀虫，他们不创造任何价值，一味地窃取别人的劳动果实，这实乃是大恶。而勤勉工作的人，无论从事的是何种职业，都是值得称道的。

梁启超把"百行业为先，万恶懒为首"当作自己的座右铭，时常勉励自己勤奋工作，他是被世人所公认的一位百科全书式的人物，广泛涉猎哲学、文学、史学、经学、法学、伦理学等众多领域，而且在这些领域中都颇有造诣，拟写了大量优秀的专著。1901年到1902年，他撰写了《中国史叙论》和《新史学》，发起了史学革命。

从欧洲归来后，他专注于文化教育工作和学术研究活动，重点研究先秦诸子、清代学术和史学。1922年，他在清华大学授课，1925年出任清华国学研究员导师，指导科目包括"诸子"、"宋元明学术史"、"清代学术史"、"中国文学"、"中国哲学史"、"中国史"、"史学研究法"、"儒家哲学"、"东西交流史"等。著有《清代学术概论》、《墨子学案》、《中国历史研究法》、《中国近三百年学术史》、《情圣杜甫》、《屈原研究》、《先秦政治思想史》、《中国文化史》等书，创作颇丰，1936年出版的《饮冰室合集》共计1400余万字，可谓是鸿篇巨制。此外，他在文学创作上也有多部佳作传世，包括散文、诗歌、小说、戏曲和翻译文学，其中散文对后世影响最大。梁启超能取得这样惊人的成就，自然要归功于他勤勉的工作精神。

梁启超在教学时非常勤恳，甚至连星期天也有工作计划，似乎永远也不知疲倦。对待工作，他一腔热忱，精力无比旺盛，常常右手写文章，左手扇风,双手挥个不停,而且一边写,一边自如地答复学生提出的问题,写完一页纸,便扔给助手到另一个房间取华文打字机的打印稿,一篇稿件尚未打完,他的第二篇稿件又新鲜出炉了。梁启超不但笔耕不辍,还在百忙之中抽出时间阅读报刊杂志,每天都看《京沪日报》和《新青年》,还常常摘录一些材料。不管自己有多少工作要做,他都坚定地执行阅读计划,绝不偷懒。

晚年的梁启超仍然非常勤勉,每天早上五点钟起床,工作时间长达10个小时,仅仅1920年一年,他就创作出了《清代学术概论》、《老子哲学》、《孔子》、《墨经校释》等多部论著,他把别人用来游玩娱乐的时间全部花在了著书立说上,有一次连续34个小时不眠不休,通宵达旦地写文章,洋洋洒洒地写出了数万言的《戴东原哲学》。那部1400多万字的巨著《饮冰室合集》是他呕心沥血创作36载才完成的,平均每年撰写的字数高达39万。人到暮年,梁启超依旧精神饱满,有时一个周末就可成书一本。

古语云:"业精于勤荒于嬉""一勤天下无难事,一懒世间万事休",勤奋能让人学有所成、技有所专、业有所精,古今中外凡成大器者大都是勤勉之人,他们之中固然有人天赋异禀,可是如果不去努力奋斗,任由惰性操控自己,即便是世间少有的天才也会被埋没。梁启超的成就是靠他的勤奋换来的,他几十年如一日孜孜不倦地学习,勤勤恳恳地工作,即使步入暮年,也没有半点儿颓唐和懒散,依旧精神饱满地讲学、著书。世人总是容易看到杰出人物的辉煌和名望,却很少知道他们背后的付出,事实上,他们能走在时代前沿,很大程度上是因为他们不曾放弃过奔跑,而勤奋就是他们的制胜法宝。

惰性是人性的弱点之一,在绝大多数人看来学习和工作都是辛苦的,而玩乐却能带给人直接的快乐体验,所以他们沉溺于短暂的刺激,把吃喝玩乐当成人生的终极目标,虚度年华、空耗时光,最终一事无成。如果把每个人的一生比做一本书,有的流光溢彩、内容丰富,有的却空无所有、一片黯淡,原因何在呢?前者每天都在勤奋地填补生命的空白,后者则懒散成性，不曾付出过一点努力，所以什么也没有留下。勤奋成就人，使人生丰盈充实、熠熠生辉；懒惰则毁灭人，让人生变得空虚贫乏，毫无意义。作为现代人，我们一定要克服自身的惰性，把勤奋工作当成生命的常态，只有这样，我们才不至于浪费光阴，因碌碌无为而抱憾终生。

Part 7

鲁　　迅

——医治民族灵魂的文坛先锋

　　鲁迅是我国文学史上一位不可忽视的文学家和思想家，他的民族主义、爱国主义、人文主义精神分散于小说、散文、杂文等领域的国学论述中。他是五四文化运动的一面鲜明的旗帜，将批判的锋芒对准了人类的心理和灵魂，对中国的国民性进行了深度的解剖，他被视为现代中国的民族魂。鲁迅文学作品的一个最大特点就是警句频出，他惯于一针见血地揭示事物的本质，其发表的许多箴言与我国传统的国学精神不谋而合，使我们可以从另一个角度窥见这位文坛先锋的另一个侧面。

第十四章

小事着手，细处着眼，
积跬步之功，至千里之行

鲁迅既有宏观眼光，又善于从细微处观察，他从不好高骛远，经常关注身边的点滴小事，并乐于以小窥大，在他看来大事是由小事组成的，因此微小的事物必能揭示事物的本质，他把这种观念运用到文学创作和日常生活中，并应用到时间管理上，牢牢抓住点滴时间，积少成多做大事，写出了许多不朽的佳作。

常言道："不积跬步，无以至千里，不积小流，无以成江海"，"一滴水也能折射太阳的光辉"，可是在现实生活中，人们常常不屑于积跬步和积小流，也看不到一点水的价值，心浮气躁，一心想一步登天，成就辉煌伟业，其结果往往是希望落空。鲁迅对待小事和细节的态度对我们具有非常重要的指导意义，他对碎片时间的把握对于我们规划时间具有一定的借鉴意义。了解鲁迅的人生箴言，有助于我们审视和纠正自己的行为，树立正确的世界观和人生观。

01. 滴水藏海，细微之处见真章

【原文】

一滴水，用显微镜看，也是一个大世界。

【引申】

人们对鲁迅的印象大都停留在"横眉冷对千夫指"的犀利上，他文笔辛辣，文辞像匕首一样锋利，让人一读即产生酣畅淋漓的快感。那么，这位文坛斗士是如何做到这一点的呢？其中一个原因是他具有深刻的洞察力，另外一个重要原因便是他对细节的精到把握。鲁迅惯于以小窥大，从细枝末节上发现事物的本质，用微观的眼光来观察世界，他说："一滴水，用显微镜看，也是一个大世界。"是的，一滴水也能折射太阳的光辉，一沙一世界，一花一天堂，鲁迅深知这个道理，所以将其运用到了文学创作中。比如他描写深受封建礼教摧残的祥林嫂，仅仅把握住了她"眼珠间或一轮"的细微神态，就将其麻木、绝望的状态跃然纸上，再比如他写冷漠的看客，只抓住了一个动作上的细节，"颈部都伸得很长，仿佛许多鸭，被无形的手捏住了的，向上提着。"就把看客们的无聊、麻木和冷酷刻画得入木三分。

鲁迅在创作时喜欢从细节入手，在日常生活中也非常留意对细节的观察。鲁迅和萧红在书信来往时，仅仅通过字里行间的细节就能揣度出萧红的个性。萧红快人快语，不爱恭维人，是个真性情的人，又受到新思想的影响。她曾经在书信中抗议鲁迅称自己为女士，鲁迅在回信中俏皮地写道："悄（当时萧红的笔名叫悄吟）女士在提出抗议，但叫我怎么写呢？悄婶子，悄姊姊，悄妹妹，悄侄女，都并不好，所以我想，还是夫人太太，或是女士先生吧。"两个性情相投的人就这样结下了深厚的友谊。

鲁迅待人处事的态度多半是与他观察到的细节有关。据说，有一次他穿了一件旧衣服去理发，理发师因此而怠慢了他，付钱时他从口袋里胡乱抓了一把钱交给了理发师，他走后，理发师发现多付了钱。时隔一个多月后，鲁迅又来理发，理发师对他百般殷勤，他却不肯多给一个铜板，还说："上回你胡乱地给我剪头发，我就胡乱地付钱给你。这次你很认真地给我剪，所以我就很认真地付钱给你！"这当然只是一个借口，事实上是他从理发师前后态度的变化上窥视出了其势利眼的本性。

鲁迅虽然厌恶人性中的阴暗面，但大部分时间他待人还是比较宽厚的，在细节上处理得更是周到。每逢有客人来访，他都亲自倒茶，端来花生和糖果招待，客人告辞时，他每次都端着灯送客人出门，目送其离去，以示对来者的尊重。翻译家黄源和鲁迅交往时，有一次到鲁迅家做客买了两盒点心，鲁迅郑重地写在了日记里："夜，河清（黄源的别名）来，并赠蛋糕两盒。"而对于黄源经常到自己家里吃饭的事，鲁迅在日记里几乎只字不提。对此，黄源发现了一个规律，那便是他对别人付出的从来不记账，而别人给予他的，即便只是两盒糕点，他也会记在心上。鲁迅从不忽略他人对自己的好，哪怕只是细枝末节的小事，他都会认真看待。

一滴水看似微不足道，可是却潜藏着一个鲜为人知的大世界。一处细节看似无关紧要，却能揭示事物的本来面貌。我们常说的"透过现象看本质"，其前提就是从细节入手。现实生活中，很对人对细枝末节不屑一顾，总想居高临下地俯视全局，结果往往败在细节上。老子说："天下大事，必作于细。"李斯说："泰山不让土壤，故能成其大；河海不择细流，故能就其深。"而鲁迅则主张从一滴水中发现一个世界，其核心思想都是告诫人们不要忽略细节的重要性。

有的人认为只有放眼浩瀚无垠的大海才能了解水的特质，却不知道一滴水足以揭示所有的奥妙。事实上，微小的细节包含着大量的信息，它是我们探求世界，认识他人和自我的根本，也是我们做大事的着眼点，忽略细节，我们的双眼就会被假象蒙蔽，我们的行动也会失去依据。把握细节，有助于我们得到更真实更准确的信息，也有利于我们处理好自己的本职工作，以及树立正确的是非评判标准。

02. 勿以善小而不为，小事蕴含大乾坤

【原文】

巨大的建筑，总是由一木一石叠起来的，我们何妨做做这一木一石呢？我时常做些零碎事，就是为此。

【引申】

从辩证的角度来看，任何宏大的事物都是由微小的事物组成的，大事都是由若干小事构成的，不关注小事就做不成大事，所以鲁迅说："巨大

的建筑,总是由一木一石叠起来的,我们何妨做做这一木一石呢?我时常做些零碎事,就是为此。"旨在提醒人们不要对小事不屑一顾。老子说:"千里之行,始于足下",意思是想要有一番大的作为就要从眼前的小事做起,荀子说:"不积跬步,无以至千里;不积小流,无以成江海。"他认为脚踏实地地做好每一件小事才能成就大事。鲁迅与先人的观点是不谋而合的。

在《一件小事》中,鲁迅表达了自己对日常小事的看法,一个平凡的车夫做了一件令人感动的小事,树立了伟岸的形象,而故事中的"我"却对小事不屑一顾,对比之下人品的高下一目了然,"我"因此而羞愧万分,由衷地佩服起车夫来。故事讲的是一位头发花白的老妇人撞上了黄包车,"我"认为她并没有受重伤,旁边又没有目击者,便觉得车夫可以一走了之,而那位车夫却主动承担责任,搀扶着老妇向巡警分驻所走去。车夫并没有做出什么惊天动地的大事,可是却完成了一个小小的善举,这善举使他显得伟岸和崇高,而"我"却觉得帮助受伤的老妇人无关紧要,反映出了自私的本质。在鲁迅看来,人们对待一件小事的态度足以反映这个人的精神面貌,世间百态都蕴藏在里面,不屑于做好一件小事的人,根本做不成令世人瞩目的大事来。

鲁迅在大事上毫不含糊,在小事上也严格要求自己。鲁迅13岁时家里发生了重大变故,不仅家道中落,父亲还患上了重病,日子过得越发艰难。为了支付父亲的医药费,他经常到当铺里典当家中的物什,因此常常往返于当铺和学校之间。有一次,父亲病得很重,他一大清早就到当铺典当东西,用换来的钱给父亲买了药,到达学校时已经迟到了。

老师看到鲁迅很是生气,严厉地批评了他,鲁迅没有为自己做任何辩解,只是默默地回到了座位上,第二天便在书桌的右上角刻下了一个"早"字,从此把早到的信念牢牢刻在了心里。以后的日子里,父亲的病更加严重了,鲁迅更加频繁地往返于当铺和学校之间,而且还需要花更多的精力照料父亲,可是他一次也没有迟到过,因为他起床的时间大大提前了。每天早早地料理好家事,然后再到当铺和药店,之后再急急忙忙地跑

到学校上课。

书桌上那个小小的"早"字一直激励着鲁迅前进,从此,他时时早、事事早,毫不松懈地奋斗了一生。17岁,他顺利从三味书屋毕业,18岁,进入江南水师学堂学习,而后公费到日本留学,学习西医,1906年,他弃医从文,先后在北京大学、北京师范大学等高等学府授课,成为新文学运动的领军人物,其著作被译成五十多种文字在全世界各地传播。

今天我们非常熟悉的一种现象是,人人都想拯救世界,却没有人愿意帮母亲洗碗;人们只追求伟大的事业和高远的理想,却经常忽视身边的小事。可是,"一屋不扫何以扫天下?"连最平常的小事都做不好,还谈什么大事呢?鲁迅从未看不起任何一件小事,仅仅是一次迟到就能让他感悟如此之多,他从纠正上学迟到的行为做起,要求自己守时、上进,最终成为了一代文坛巨匠。

很多人认为小事是微不足道的,做好一件小事并没有什么了不起,不愿也不想在小事上浪费时间和精力,整日想着怎样出人头地,干出一番惊天动地的伟业来,结果大事没做成,小事也处理不好,不但不能和优秀的人相提并论,甚至连平凡的普通人也不如。一件件小事就像整体中的碎片,它们是不可或缺的,只是一味地追求抽象的整体,却对具体的小事视而不见,做什么事都不会成功。因此我们对任何小事都不要掉以轻心,要像对待大事那样重视小事,只有这样,我们才能把握好生命的每一个环节,实现自己的人生理想。

03. 时间是组成生命的材料,不要浪费点滴时光

【原文】

生命是以时间为单位的,浪费别人的时间等于谋财害命,浪费自己的时间等于慢性自杀。

【引申】

鲁迅是个惜时的人,他一生著作等身,有人说他是天才,他却说:

"哪里是天才？我是把别人喝咖啡的工夫都用在工作上的。"他认为在时间老人面前人人平等，每个人的一天都是24个小时，谁也不曾多得到一分，谁也不曾少得到一秒，而那些懂得节约时间的人，就等于人为地延长了自己的生命。他说："时间，就像海绵里的水，只要你挤，总是有的。"他抓紧一切利用一切可利用的时间，尤其善于利用零碎的时间，每天如饥似渴地阅读，孜孜不倦地写作，毫不松懈，勤勉地战斗了一生。

古语云，"一寸光阴一寸金，寸金难买寸光阴"、"劝君莫惜金缕衣，劝君须惜少年时"、"莫等闲白了少年头，空悲切"。鲁迅深知时光的宝贵，从少年时代起他就懂得爱惜时间，到了晚年对时间抓得更紧，经常通宵达旦地忘我工作，他不但珍惜自己的时间，也珍惜别人的时间。参加会议从未迟到过，绝不让人等候自己。就算是天气突变，下起大雨，他也总是顶风冒雨地准时到达现场。他说："时间就是生命，无缘无故地耗费别人的时间，和图财害命没什么两样。"

鲁迅一生只活了55岁，却给世人留下了640万字的文化遗产，可谓是创作颇丰。他善于利用和管理时间，更善于挤时间。白天他热情地接待客人，到了晚上才有时间看书、写作，只要一提笔，他就不肯停歇，经常工作到凌晨两三点钟，太困倦了就和衣而眠，就像战场上的士兵伏在战壕里休息一样，醒来之后又迅速投入到了战斗中。

鲁迅几乎没有假期，逢年过节也像平日一样工作，常常在除夕之夜从事写作、翻译等工作，还要将一年中所写的文章编集起来。1925年除夕，他编集了《华盖集》，并拟写了《题记》；1932年的除夕，他编集了《南腔北调集》，并写了一篇《题记》；1934年除夕，他翻译了西班牙小说《少年别》，还写了一篇附记；1935年除夕，他编集了《且介亭杂文二集》，并拟写了《序言》和近万字的《后记》。鲁迅在除夕夜除了编集作品外，还经常整理日记或者计划新一年的工作。在逝世前三天他还为别人译写的一部苏联小说集写了序，在逝世的前一天，仍不忘写日记。可以说，鲁迅一直奋战到生命的最后一刻，他一生都不曾浪费过时间。

时间对每个人而言都是无比宝贵的，人的生命毕竟是有限的，在有限的生命里，我们只有把握好属于自己的分分秒秒，才能拥有无悔的人生，能够不因虚度年华而悔恨，不因碌碌无为而羞耻，在总结自己的一生时，可以无比坦然地说，我们不曾浪费过属于自己的时间，也不曾空耗过别人的时间，这样的一生就是完满和充实的。

在孩提时代，我们会误以为生命是无止境的，青春年少时，我们精力充沛，未必能注意到时间的流逝，直到步入中年或者进入暮年，我们才猛然觉得时光太匆匆，有太多的事我们没有来得及做，可惜时光不等人，一切都太晚了。

鲁迅是一个和时间赛跑的人，虽然他生命的长度非常有限，可是却有巨大的产出，而有的人即便非常高寿，却什么事都没有做成，一辈子都是在虚幻中度过了。就算我们没有鲁迅高效，可是至少可以秉承他的理念，对生命拥有最起码的敬畏，尊重自己所拥有的时间，同时尊重别人的时间。

孔子说："逝者如斯夫，不舍昼夜。"庄子说："人生天地之间，若白驹过隙，忽然而已。"陶渊明说："盛年不重来，一日难再晨，及时当勉励，岁月不待人。"鲁迅则说："节省时间，也就是使一个人的有限的生命更加有效，而也即等于延长了人的生命。"时间对于每个人来说都是有限资源，而生命则是一场单程的旅途，所以不要等到垂垂老矣之时才慨叹岁月之匆匆，从现在开始，抓紧一切时间做最有意义的事，不要认为浪费一天或者一个小时的时间没什么大不了，因为时间是组成生命的材料，浪费时间就等于浪费生命本身。

第十五章

立足行动，靠坚持不懈取胜

> 鲁迅虽然把大部分时间和精力都投放在了文学创作上，然而他并不是一个带有理性主义倾向的理论家，而是一个不折不扣的实干家，他觉得做比说更重要，行动胜于任何理论和空谈，一件事情一旦着手去做了，就要持之以恒、坚持到底，居于人后不要紧，只要坚持不懈地努力去做就能达到终点。他在求学和创作中身体力行地践行自己对于行动的箴言，奉行敢说、敢做、敢当的精神，他积极赞扬了孔子"知不可为而为之"的可贵精神，并把荀子提倡的"锲而不舍"的精神发扬光大，时至今日，他的一些名言警句仍代表着具有进步意义的价值理念，而他的所做所为则为我们树立了一个可以参照的榜样。

01. 一诺千金，敢说敢做

【原文】

单是说不行，要紧的是做。

【引申】

鲁迅认为做比说更重要，光说不做就是不真诚的表现。他指出真诚地做人，必须敢于直面真实的人生，勇于正视问题，进而才能解决问题，上升到行动的层面上。而说和做之间的桥梁便是真诚和勇敢。孔子说："言必信，行必果。"庄子说："真者，精诚之至也。不精不诚，不能动人。"而鲁迅则一针见血地指出人们只说不做，就是因为缺乏真诚的态度。他说人一旦失去了求真之心，丧失了敢做敢为的勇气，便会对客观问题视而不见，所以只是表面应承，根本就不会想方设法去解决问题。

鲁迅鼓励人们培养敢想、敢说、敢做、敢当的勇气，不要自欺欺人，也不要欺瞒别人，而要冲破重重束缚，说真话、办实事，而非苟安于虚伪，只有这样才能荡涤社会的不良之风，看到希望的萌芽。倘使人人都耍嘴皮子，喜欢纸上谈兵，不肯付出一点实际的行动，那么这样的社会是没有希望的。唯有坚实有力的行动才能促进社会的发展。

鲁迅曾经把瞿秋白看成自己人生的知己，他说："人生得一知己足矣，斯世当以同怀视之。"可是他不是仅仅说说而已，而是用实际行动证明了自己对这段友谊的珍视。瞿秋白遇险曾三次躲到鲁迅家中避难，第一次是在1932年11月，两人见面后畅谈不休；第二次是1933年2月，正值瞿秋白被大肆搜捕之际；第三次是1933年7月，瞿秋白是在深夜两点钟造访了鲁迅，他连续几个晚上都在忙于为《鲁迅杂感选集》写序言。在那段白色恐怖弥漫的时代，鲁迅丝毫不怕朋友连累自己，甘冒风险为其提供庇护，这样的友情怎能不令人感动呢？

很多曾经义结金兰的挚友，在面对利益的考验或者在极端的环境下，都会放弃对友谊的坚守，完全把以前肝胆相照的盟约抛诸脑后，而鲁迅却是一个说到做到的人，他敢说，便敢做敢当。瞿秋白被捕牺牲后，鲁迅不顾家人的劝阻，不但出席了他的追悼会，还发表了演说，完全置个人安危于度外，这样的勇气也是常人所没有的。

鲁迅对朋友说到做到，做人也是一样，他致力于改变国民精神，大胆抨击时弊，虽然被列入了黑名单，受到威胁和迫害，依然不改初衷。他倡导敢想、敢说、敢做、敢当的勇敢精神，自己便身体力行，勇敢地践行这一理念，绝不高喊空洞的口号，从这个角度来说，他是一个不折不扣的实干家，而不是一个只会提出构想的理论家。

提出一种理论，发表一种观点是容易的，而实实在在地践行它却是有相当难度的，在复杂的社会环境中，有些人成了思想上的巨人、行动上的矮子，并不单纯是因为懒惰或者缺乏实干精神，更多的是因为迫于各种压力，失去了敢做敢为的勇气。许多人奉行妥协的艺术，最终导致了无为，说出去的话虽然覆水难收，可是这类人却用不作为表明了自身的立场。面临对自己不利的情势，有多少人能做到庄子所提倡的精诚呢？又有多少人能达到孔圣人提出的"言必行，行必果"的标准，或许很多人都做不到，但是鲁迅做到了。

说比做要容易，说比做的阻力也要小得多，敢说的人固然可敬，可是只说不做就不那么值得佩服了，只有敢说敢做的人才是真正大智大勇之人，他们像磐石一样坚定，不畏风暴的袭击，也不会像墙头草那样随风摇摆，他们会用实际行动来证明自己的信仰。

说与做是否能达成一致，除了取决于勇气之外，还和人的品质有关。真诚可靠的人通常能说到做到，而虚伪轻浮的人说法和做法却完全两样。在某些情况下，人的所言和所想未必完全一致，有的人为了保持良好的外在形象经常会言不由衷，而他那些与言论截然相反的做法才是真实意愿的表达。一个人说过什么固然能反映部分问题，但是我们并不能单纯以言论为他定性，因为他的所作所为揭示的才是实质上的问题。作为一个现代人，我们应该以鲁迅为榜样，敢说、敢作敢为，真诚地面对自己，真诚地面对这个世界。

02. 行动胜于空谈

【原文】

空谈之类，是谈不久，也谈不出什么来的，它始终被事实的镜子照出原形，拖出尾巴而去。

【引申】

在很多人眼里，鲁迅是个影响力巨大的文化名人，是个深邃的思想家，而实际上他是一个地地道道的实干家，他坚决反对空谈，致力于采取积极的行动，这是他和很多文人的区别。他以笔作枪，鲜明地表达了自己的立场，其文字比任何精锐的武器都更具杀伤力。他振臂一呼，誓言要唤醒国民，要唤醒千千万万热血青年，然而他并没有因此陶醉在自己的精神王国之中，而是强调实际行动的重要性。

中国传统的知识分子深受道家文化和儒家文化的影响，鲁迅对这种流派的思想亦有自己的看法。在他的作品《出关》中，我们可以窥见一斑。《出关》问世时曾遭人误解，有人甚至认为老子是鲁迅自己的自况，而实际上鲁迅更加赞同孔子积极入世的观点。孔子"知其不可而为之"的进取精神属于实干家的作风，对于这一点鲁迅是推崇的。而老子主张清静无为，大部分时间都在高谈理论，却不愿意参与社会变革，所以鲁迅对其颇有微词。其实无论老子还是孔子都是尚柔的，孔子以柔进取，老子以柔退走，所以鲁迅让老子出关了。

鲁迅在《出关》中虽然讲述了"孔胜老败"的故事，但是这并不意味着他认为两者是完全对立的，他深知儒家和道家是相辅相成的，所以在《论语一年》中写道："我们虽挂孔子的门徒招牌，却是庄生的私淑弟子。'彼亦一是非，此亦一是非'，是与非不想辨；'不知周之梦为蝴蝶欤，蝴蝶之梦为周欤？'梦与觉也分不清。生活要混沌。如果凿起七窍来呢？庄子曰：'七日而浑沌死'。"也就是说儒家和道家是一体两面的关系。鲁迅之所以要创作《出关》这部作品，并非为了尊孔抑老，而是为了更好地阐明空谈无益，只有行动才有价值的观点。

鲁迅在青年时为了救民于水火曾经三改志愿。中国在甲午中日战争中的惨败，让他认清了中国海军实力的弱势，后来他看到英美海军强大，认为中国想要走上强国之路，必须发展海军，于是毅然考进了南京水师学堂，誓言要为国家的海防效力。后来他发现国人体格较弱，不少人疾患缠身，中国人被讥笑为东亚病夫，于是打算通过学习先进的医疗技术来改善国民的身体素质，又加之父亲被庸医所害，他更加坚定了学医的信心，于是东渡日本，赴仙台学医。

在留学期间，鲁迅饱受日本学生的歧视，解剖学的分数并不高，却被怀疑事先知道了考题。然而这些经历都没有给他带来太大的刺激，他选择弃医从文的缘由是认清了国人的病不在身体，而在精神。有一次，在上课前放映的幻灯片中，有一个中国人被日本军队捉去杀头，明显是刻意丑化中国人的形象，可是作为观众的中国人对此的反应却极为麻木，甚至有人拍手叫好。那一刻，鲁迅猛然意识到灵魂的麻木比身体的虚弱更加可怕，要改变国家的命运，必须重塑国民精神，而文学就是其最有效的手段，所以他拿起笔来，试图用一篇篇犀利的文章来唤醒国民沉睡的灵魂，为了这个理想一直奋斗到生命的最后一刻。

鲁迅并没有沉溺于形而上的精神玄想中，他一直关注现世人生，并积极参与各种社会活动，为了实现强国之梦，三次改变人生志愿，即便最终选择了文学道路，仍致力于将思想转化为改造社会的力量。在种种高压之下，他依然参与"左联"的建设工作，成为了文坛上最为活跃的批判作家之一。

鲁迅是一个扎根于现实土壤的作家，他的作品多取材于现实，而不是凭借想象虚构出来的另一个世界，他踏踏实实地立足于文艺创作活动，用具体的行动而非单纯的思想来改造社会。我们都知道，空谈没有价值，唯有切实的行动才能把理想转化为现实。可是仍有人执迷于纸上谈兵，落实行动时一再犹豫、退缩，或者懒于执行，造成这种局面的原因是多样的，或是因为信心不足或是过于怯懦，抑或屈从于自己好逸恶劳的劣根性，总之，他们没有付诸行动，目标也不可能达成。

再美好的理想脱离了具体的行动，也只会成为镜花水月，行动是连接理想和现实的桥梁，当理想照进现实，唯有行动可以使两者合二为一。诚然，在追求人生理想的道路上，每个人都会遇到阻力、挫折，遭受各种各样的打击，从而对最初的理想产生怀疑，进而产生了放弃的想法，宁愿把理想当作脑海中的幻想或者口头上的谈资，极少有人具有孔子"知其不可而为之"的勇气，也甚少有人能像鲁迅那样在高压环境下义无反顾地坚持理想，并投身于具体的行动中，这就是理想成为了空想和空谈的根本原因。每个人都有自己的人生追求，但不是所有人都能实现自己的人生理想，或许我们可以从孔子和鲁迅那里汲取足够的智慧和勇气，让理想不再成为口头上的承诺，而是变成伸手可及的现实。

03. 做事贵在持之以恒

【原文】

做一件事，无论大小，倘无恒心，是很不好的。

【引申】

鲁迅在《最先与最后》中写道："我每看运动会时，常常这样想：优胜者固然可敬，但那虽然落后而非跑至终点不止的竞技者，和见了这样竞技者而肃然不笑的看客，乃是中国将来的脊梁。"他还说过："不耻最后，即使慢，驰而不息，纵令落后，纵令失败，但一定可以达到他所向往的目标。"其核心思想是，人若有恒心，能坚持不懈地努力下去，就能达成自己的目标，他认为无论大事还是小事，都要有一种坚持到底的精神，落后不要紧，进程缓慢也不要紧，只要一路坚持下来，就有希望到达终点。

荀子说："锲而舍之，朽木不折；锲而不舍，金石可镂。"我国自古都在颂扬水滴石穿的精神，鲁迅作为一名文坛泰斗，毅然把这种精神发扬光大。他毕生都在致力于用文学作品唤醒大众的灵魂，他知道这是一个漫长的过程，唯有始终坚持不懈地努力下去，方能有所成效。作为思想界的启蒙者，他具有那种"不耻最后"的韧性品格，韧性包括两层含义：一是时间上的持久性，而是意志上的坚韧性。鲁迅在给友人的信中指出："弄文学的人，只要坚忍、认真、韧长就可以了。"

鲁迅1918年发表了第一篇白话小说《狂人日记》，从此一发不可收拾，写出了许多思想深刻、针砭时弊的优秀文学作品，直到1936年去世才终止了自己的文学之路。为了实现重塑国民精神的理想，他坚持奋斗了18年，直到溘然长逝为止，这本身就是一种锲而不舍的精神。

鲁迅曾经说过："做一件事，无论大小，倘无恒心，是很不好的。"在大事上他能够持之以恒，小事上同样如此。众所周知，鲁迅有记日记的习惯，这一习惯他保持了20年，直到去世前夕还坚持写日记。不管工作有多忙，环境有多差，自己的身体境况有多糟糕，他都每天坚持写日记。除了写日记，鲁迅好读书、买书、收藏，这些习惯他一直保持到了自己去世为止，据统计在长达20年的时间里，他陆续购买了14000多册图书。1931年他迷上了收藏，于是经常出入北京琉璃厂的旧书店，仅1916年7月，他去琉璃厂的次数就达到了十多次，几乎每隔一天就要跑一趟琉璃厂。

鲁迅一生好学不倦，求学生涯却是无比艰辛的，凭借一颗恒心和坚忍不拔的毅力，他终于学有所成。他在南京学习时，过得非常清苦，几乎到了捉襟见肘的地步，寒冬时节买不起棉裤，只好靠吃辣椒御寒。然而他的学业从未因此受到影响，他坚持用功，成绩非常好，还在学校里得了金牌的奖章。当时学校的奖章氛围金牌、银牌和铜牌，只有少数优秀的学生才能得到这样的荣誉，能获得金牌奖励的学生必然是出类拔萃的。可惜那时鲁迅经济困难，不得不把这珍贵的奖章卖掉了。他用换来的钱买了些书和棉衣裤，余钱买了点心请同学们吃。

古语云："骐骥一跃，不能十步；驽马十驾，功在不舍。"人与人在天赋上是有差异的，后天的努力比先天性的条件更为重要，天资高的人毕竟是少数，多数人想要达成目标，只能依赖持续不断的奋斗。人生不是一次短跑冲刺，而是一场马拉松比赛，谁能坚持到最后谁才能成为真正的赢家，我们比拼的不仅是速度和力量，还有耐力，只有耐力才是决定结果的终极因素。

在现实生活中，我们经常可以看到这样一种现象，一些才华横溢的人因为缺乏耐力和恒心，最终导致半途而废；而一些天资平平的人却因为坚持奋斗取得了了不起的成就。这足以说明人生的成败并非是由先天因素决定的，有毅力有恒心的人更容易实现自己的人生目标。在人生的跑道上，或许我们并不能拥有相同的起点，或许我们会暂时落后，总有优胜者遥遥领先，可是只要坚持到终点，我们仍然是最后的赢家。在竞争激烈的社会环境中，如果我们并不具备明显的优势，甚至在某些方面处于劣势，唯有恒心可以弥补自身的缺憾，常言道有志者事竟成，铁杵也能磨成针，矢志不渝地坚持下去，总有一天你会等到美梦成真。

第十六章

正人须正己，律人从律己开始

在一些人眼中，鲁迅是一个苛刻的批评家，对人严厉苛责，而事实上他对自己要求更严，而且对自身缺点的解剖更加无情和客观，这是因为他懂得改造社会灵魂必须从改造个体开始，而改造个体灵魂必须拿自己先开刀。正人先正己，律人先律己是一种被普遍接受的理念，如果一个人严人宽己，必定不能让人心悦诚服，而且还会引发愤怒、憎恨等不良情绪，鲁迅当然深谙此道，因此他在改造别人时，从来没有忘记对自己的改造，在批判别人时也时刻不忘对自己的批判，如此他才担当得起社会工程师的角色。而今，我们想要他人服从自己的意志或者力图让世界变得更加美好，都要从改变自身入手，以自身的改变来带动周围环境的改变，如此才能达成目的。

01. 欲变世界先变其身

【原文】

改造自己，总比禁止别人来得难。

【引申】

鲁迅虽然被很多人奉为精神上的导师、思想上的启蒙者，可是他并没有把自己看成一个完美的人，而是时时反思自己，致力于改造自我和完善自我，他对改造自己的热情绝不亚于对于改造社会的决心。鲁迅非常清楚，改造社会、在中国掀起精神领域的变革，是任重而道远的，过程也是异常艰难的，可是他仍然选择持续为这一理想而奋斗。他重视个体的价值，认为改造社会必须从改造个体入手，而改造个体需要从改造自己开始。

儒家思想讲求修身、齐家、治国、平天下，修身是一切的根本，也是儒学的精髓。在孔子看来，要做一个堂堂正正的君子，必须不断地修练自己，它是齐家、治国、平天下的前提。鲁迅对于修正自己和改革社会抱有同样的看法，他不喜欢站在道德的制高点上教导民众，而是不忘把犀利的解剖刀对准自己，通过不断的反省来提升自身的道德素质。

鲁迅深知禁止别人是简单的，指出别人的错误并非难事，可是要主动承认自己的瑕疵，心灵上必然要承受巨大的煎熬，可是他并没有因此而退缩，反而坦荡地在作品中裸呈自己的灵魂，有时不惜把自己写成反面人物。在《风筝》一文中，他痛心地回顾了自己阻止小兄弟放风筝，扼杀其纯真童稚的行为，表达了无限懊悔的心情。《头发的故事》中的N先生和《端午节》中方玄绰讨薪的故事情节，或多或少都带有鲁迅自己的影子。绝大多数的作家在把自身投身到文学作品中时，都会以正面人物的形象出现，即使解剖过自己，也会或多或少为自己辩护，鲜有人像鲁迅那样为了改造自己，不惜进行自我否定。在《答有恒先生》中他自责地写道："我自己也帮助着排筵宴。"

鲁迅并不会不分青红皂白地否定别人，一味地认为自己绝对正确，他觉得别人也有别人的道理，不加体察就批评别人是不对的。这种观念主要来源于他对人类自身局限性的认识，他平时也是这样教育家人的。有一天，鲁迅家里请客，从福建菜馆买了一碗鱼丸子，鲁迅的儿子周海婴吃了一个鱼丸后，说："不新鲜，不好吃。"鲁迅的妻子许广平夹起一个鱼丸尝过之后，觉得味道十分鲜美，就忍不住批评周海婴，她给周海婴夹了几个鱼丸，让他重新尝尝看，周海婴又尝了几个鱼丸，坚持说不新鲜，许广平觉得儿子太顽固了，更加严厉地批评了他，鲁迅见状，便伸出筷子尝了几口周海婴碟子里的鱼丸，发现鱼丸果真不新鲜，原来这碗鱼丸质量良莠不齐，有的新鲜，有的不新鲜，鲁迅于是便对许广平说："他说不新鲜，一

定也有他的道理，不加以查看就抹杀是不对的。"

人人都不完美，我们生活的世界也并非绝对的完满和谐，所以我们都有继续成长和进步的空间。欲变世界先变其身，先改变自己，才能影响别人。面对真实的自己，承认自己的不足和缺点，是需要勇气的，因为人在本能上都有维护自尊的欲望，谁又愿意将不美好的一面展示给别人看呢？许多人热衷于自我标榜，可是鲜有人敢于自我批判，为了自己的面子，有的人使出浑身解数来遮盖自己的阴暗面，靠欺骗来博得赞美，靠自欺来调试对自己的感觉。而鲁迅在揭示人类劣根性和阴暗面的同时，从来没有忘记自己也是其中的一员，他有勇气面对这个不完美的世界，更有勇气面对不完美的自己，因为他知道改造的前提是警醒，如果一味地去编织十全十美的童话，就永远没有机会取得进步。

愤世嫉俗的人只能把愤怒的手指指向别人，而理性客观的人不介意把同样的批评施加在自己身上，我们都不是完美无瑕的圣人，有着这样或那样的缺点，在认知上存在着这样或那样的错误，由于自身的局限性，我们会说错话、做错事，甚至会在无意中伤害到别人，掩饰辩解无异于我们成为更好的人，只有坦白承认自己的错误，虚心悔改，才能突破自我、改变自我，进而达到完善自我的目的。

02. 自省责己，贵于责人

【原文】
我的确时时解剖别人，然而更多的是更无情面地解剖自己。

【引申】
鲁迅曾经说过："多有不自满的人的种族，永远前进，永远有希望。多有只知责人不知反省的人的种族，祸哉祸哉！"他常常提醒别人，同时时刻鞭策自己，拒绝去做至高无上的导师，而甘愿做引导青年上进的"人梯"，他解剖别人的时候毫不留情，解剖自己的时候更加无情，他近乎苛刻地审视自己，不允许自己有一丝一毫的懈怠，为了不让自己变成不知进取的废物，他拒绝接受诺贝尔奖的提名。

自律自省是社会发展的普遍现象，早在两千多年前，孔子就在《论语》中多次提到了自律自省的做人理念。他说："见贤思齐焉，见不贤而内自省也"、"躬自厚而薄责于人"、"内省不疚"，主张"过则勿惮改"、"不贰过"。曾子提出了每日三省己身的思想。比起用思想和文字解剖别人，鲁迅更执着于解剖自己。他一生最担心的就是自己不完美的一面会给青年造成不利的影响，所以时常提醒青年不要膜拜自己，并鼓励青年走自己的路，切勿盲目信奉所谓的精神导师。

1925年，鲁迅误会了一个姓杨的青年，他曾经公开致歉，消除影响，事情的大致经过是这样的：有一天一个20多岁的男青年粗鲁地闯进了鲁迅的家里，他自称是师范大学的学生杨树达，并伸手向鲁迅要钱，大言不惭地说自己穷得吃不起饭，鲁迅必须支付饭票。鲁迅对这位青年的行为很是不解，便问道："你怎么找我要钱呢？"杨树达理直气壮地说："你在学校教书，又会做文章，自然赚了不少钱。"鲁迅提高了警惕，认为这青年是故意来找茬的，非常危险，于是把藤椅拉了过来，随时准备自卫。他告诉杨树达说："我没钱，你自己挣去！"话音刚落，杨树达就躺倒在鲁迅的床上，嘴角和眼角都在颤抖，仿佛是神经痉挛，当时鲁迅认为他是假装的，因此没有理会，杨树达躺了一会儿，起身离开了。

鲁迅认为杨树达是别人派来故意捣乱的，于是写了一篇文章，对幕后操纵者进行了严厉的警告。没想到一周以后，学生告诉他那个寻衅滋事的杨树达是个精神病患者，当天确实是神经错乱。鲁迅一听，感到非常歉疚，他怎么能诬陷一个无辜的病人呢？因为文章已经发出去了，他再想收回已经不可能了，为了消除误会，他立即着手写了一份《辩证》声明："现在我对于我那记事后半篇中神经过敏的推断这几段，应该注销。……我只希望他从速恢复健康。"他又发表了一篇名为《记"杨树达"君的袭来》的文章。

杨树达事件让鲁迅十分自责，他觉得仅仅是发表"声明"不足以消除影响，于是又给编辑孙伏园写了一封言辞恳切的信，其中有这样一段：

"自己感到太易于猜疑，太易于愤怒。他已经陷入这样的境地了，我还可以不赶紧来消除我那对于他的误解么？……责任即由我负担。由我造出来的酸酒，当然应该由我自己来喝干。"他还请求孙伏园增加版面公开发表这封信，费用全部由自己承担。

有人认为鲁迅是个刻薄的完美主义者，毕生都在追求理想的完美、人格的完美和道德的完美，或多或少有些多疑和尖刻。可是通过杨树达事件，我们可以看到他的诚挚和坦荡，毫无疑问，他是个坦白求实的人，自己做了错事，绝不遮掩，而会选择毫不犹豫地公开承认。人们总是在强调鲁迅是一位文笔犀利的社会批判家，却忽略了他身上那种自省和自悔的可贵精神。

解剖别人、批判别人往往是没有负担的，可是反省自身的行为、真诚地忏悔，甚至公开自己的错误不是每个人都能做到的，多数人都像鸟儿爱惜羽毛一样爱惜自己的名声，公开低头认错难免有诸多顾忌，可是真相早晚都会浮出水面，而掩饰则会让自己信誉破产。追求品德高洁的孔子和追求人性完美的鲁迅，给我们上了生动的一课，所谓"知错能改，善莫大焉"，我们只有以勇气面对犯错的自己，才能成就更美好的自我。

第十七章

发现幸福真谛，感悟生命的重量

幸福是人类的终极追求，自古以来人类从来没有放弃过对它的探求，从传统的哲学到近代的幸福观，人们各有各的看法。鲁迅的幸福观与传统国学有许多近似之处，他把个人的幸福和国家社会的幸福紧密联系在了一起，并认定和谐和稳定的土壤诞生不了幸福，只有不安的追求和痛苦的体验才能孕育幸福。在家庭幸福观念上，他强调责任的重要性，指出让对方幸福自己才能幸福，不能为了自己单方面的幸福而置对方的实际需要于不顾。

当代社会，人们惯于把幸福建立在个人物质享受和私人欲望满足的基础上，忘记了个人幸福和社会幸福的关系，在婚姻方面，过分注重自己的需要和感受，忽略了对方各方面的需求，这种幸福观念显然是狭隘和自私的。鲁迅的幸福观或许在某种程度上能改变我们的价值观和幸福体系，教我们学会如何与伴侣以及社会相处，使我们空乏的生命变得更有重量。

01. 幸福源于对痛苦的领悟

【原文】

幸福永远存在于人类不安的追求中，而不存在于和谐与稳定之中。

【引申】

人在天性上是趋乐避苦的，有人认为人类的终极追求就是得到幸福。

关于什么人是幸福，自古以来人们就没有停止过对这一问题的探讨。儒家的幸福观主要涵盖在人生理想的论述中，儒家学说认为社会幸福高于个人幸福，精神快乐重于物质享受，但是这并不意味着去做一个苦行僧，不注重生活品位，孔子既好音乐，又讲究饮食，所谓"食不厌精，脍不厌细。"鲁迅则认为在和谐和稳定中找不到幸福，真正的幸福存在于人类不安的追求中，而这种追求与孔子所说的社会幸福是休戚相关的。

内心困惑不安必然意味着痛苦，幸福又是从何而来呢？答案是来自痛苦。快乐和痛苦是矛盾的双方，道家认为在一定的条件下，矛盾的双方是可以相互转化的，所以才提出了"祸兮福之所倚，福兮祸之所伏"的理论，鲁迅当然明白幸福和痛苦之间的关系，所以他对精神上的痛苦有着一种极大的承担，身处在一个黑暗的时代，他彷徨过、呐喊过，目睹了中国的乱局和民族的苦难，对自己的国民"哀其不幸，怒其不争"，可是他并没有被沉重的痛苦压垮，而是精神抖擞地为实现实现美好的社会理想而奋斗着，因为他是一个相信幸福的人。

鲁迅灵魂被人类的苦难压伤，他的苦与乐的体验与他所身处的时代有关。除了社会给予他精神上的痛苦以外，他自己的人生也充满了痛苦，比如他少年丧父，长大后被迫接受包办婚姻，和弟弟周作人感情失和，以及承受着病痛的折磨。然而他并没有因为承受了过多的痛苦而变得暴戾和阴暗，反而对他人产生了更深切的同情心，誓言要用自己的方式来医治民众和国家的痛苦。

鲁迅没有怀疑过自己的追求，他坚信自己可以让痛苦的土壤中长出幸福的花来。他通过写作造福社会，并使自己的灵魂得到了解脱。像孔子一样，鲁迅也不是一个严肃刻板的苦行僧，他是个热爱生活的人，非常好吃，也喜欢饮酒，十分有情调，他善于从最平凡琐碎的生活中寻找快乐，这也是他抵御痛苦的法宝。据一位朋友回忆，鲁迅有时一顿饭要吃五六个可口的小菜，高兴时还会喝酒。鲁迅追求生活的舒适，更在乎精神上的享受，他酷爱观影，经常到电影院看大片，各种题材和类型的影片都喜欢，除此之外他还爱带着家人坐汽车四处兜风，可谓是潇洒至极。

幸福形成的过程就好比珍珠形成的过程，一只蚌只有能承受得住沙砾磨砺的痛苦，才能孕育出璀璨夺目的珍珠来。鲁迅是一位作家，他所经历的痛苦是其思想和艺术的源泉，如果他拒绝承担痛苦，那么是不可能完成其改变国民精神面貌的宏愿的。其实他是痛并快乐着，犹如在刀尖上起舞。

人与动物的根本区别是，人有更高的追求和复杂的思想。追求幸福是人类的本能，而幸福的体验往往与愿望的达成有关。如愿以偿，人们便感到幸福，反之便感到痛苦。所以说追求理想的过程就是一步步向幸福靠拢，只要心存希望，凄风苦雨也会转化成甜美的甘露。有些人却错误地认为规避所有痛苦的体验，放弃人生追求，醉生梦死，永远享乐才能时时刻刻都感到幸福，这着实是一种浅薄的看法，贪图享受只会让人感到无尽空虚，而没有追求的人与行尸走肉无异，无论如何，幸福女神都不可能眷顾这些人的。

幸福并不来源于外界的刺激，它深植于人的内心之中，短暂的愉悦、刹那的激情都不是真正的幸福，幸福的感觉是平缓、柔和的，就像冬日的暖阳，又如缓缓流淌的涓涓细流，拥有这种体验的人必然了解人生的真谛，并且对痛苦有着超于常人的深刻理解，因为没有经历过黑暗，你就不可能理解光明的可贵；没有承受过病痛，你就不可能明白健康的无价；没有舔尝过失败的苦果，你就不可能知道成功的来之不易。所以说，如果你想得到幸福，就必须经历痛苦，拒绝痛苦，就等于把幸福关在了门外。幸福是个过程而非终点，借用鲁迅的话来说便是它永远存在于人类不安的追求中。

02. 爱的前提是让对方幸福

【原文】

如果一个人没有能力帮助他所爱的人，最好不要随便谈什么爱与不爱。当然，帮助不等于爱情，但爱情不能不包括帮助。

【引申】

关于婚恋观念，既是社会文化心理的一种反映，又是人类文明发展的一种体现。儒家认为婚姻是男女双方承担家庭和社会责任的开始，也是礼教、德化的开始。据《礼记·昏义》所载："昏礼者，将合二姓之好，上以事宗庙，而下以继后世也。"意思是婚姻承担着繁育后代的使命。《易传》云："有天地，然后有万物，有万物，然后有男女，有男女，然后有夫妇。夫妇之道，不可以不久也，故受之以恒，恒者久也。"这是从宇宙观来考虑两性的关系，说明男女的结合是神圣的。鲁迅认为婚姻本身就是一种责任，既要承担家庭责任，又要对对方负责，他觉得婚恋可以突破传统礼法的束缚，但是人们不可轻率地对待爱情和婚姻，如果不能帮助所爱的人就不要轻言爱情，更不要和对方结合，否则就是不负责任。

鲁迅的婚恋观在小说《伤逝》中可见一斑。《伤逝》是鲁迅唯一一部以爱情为主题的小说，它讲述的是两个思想觉醒的知识分子涓生和子君悲剧的爱情故事。受到五四新思潮的影响，子君不顾家人的反对，毅然决然地掷地有声地发表了追求个性解放和自由独立的宣言，她突破了各种礼教的束缚，大胆追求自己的爱情，最终却在悲惨的境地中香消玉殒。人们在结构这部作品时往往把重点放在社会对这对青年男女的压迫和迫害上，却忽略了二人自身存在的问题。他们的爱情是盲目的，甚至是空洞的，所以经不起残酷现实的考验。

两人结合以后，涓生变得自私和怯懦，担不起对另外一个人的责任，在生活的压力中产生了抛弃子君的想法，尽管他十分清楚这种做法等于把子君推到了死亡的路口，最终还是选择了置子君于不顾。而子君在和涓生在一起生活后，变成了一个为琐事而争吵不休的怨妇，导致了涓生对她的厌烦，这也是他们走向爱情悲剧的一个重要原因。经济的困顿是悲剧产生的另外一个原因，涓生失业后，两个人的生活陷入了困境，风花雪月的浪漫终抵不住现实的威压，争吵、怨恨、嫌隙由此产生，他们并不懂得精神独立固然重要，可是在经济上不能取得独立，再美的爱情也不能长久存在。

鲁迅和许广平的爱情要比《伤逝》中男女主角的爱情美满得多，主要原因是鲁迅不是涓生，他理解责任的重要性。1923年，鲁迅在北京女子高等师范学校授课时，认识了学生许广平，许广平非常仰慕他的才华，十分喜欢听他讲课，总是挤到第一排的中间座位上听讲。1925年，许广平给鲁迅写了一封信，调皮地以小鬼自称，探问其情感生活，随后两个人经常鸿雁传书、互诉衷肠，鲁迅称许广平为"兄"、"大人"、"阁下"，许广平自称"愚兄"，称鲁迅为"嫩弟"。

两个人年龄差距较大，鲁迅又受到包办婚姻的束缚，许广平却全然不顾，愿意以飞蛾扑火的姿态追逐这段爱情。可是鲁迅对待这份感情却是极其谨慎的，因为他并不清楚自己是否能给许广平一个光明的未来，当时的鲁迅经济状况并不好，他觉得物质条件不具备，所以并没有立即和许广平在一起，其实，他还有其他的顾虑，主要是担心自己给不了对方幸福，因此迟迟没有给许广平承诺。1926年，鲁迅应邀到厦门大学执教，每月的薪水高达400元，他觉得这是一个开启新生活的机会，于是毅然南下，恰逢许广平也要回广州，于是两人得以同行。在途中，鲁迅和许广平约定先埋头苦干两年，等有了一定积蓄再做打算。就这样两人因为工作关系分隔两地，饱受相思之苦，直到1927年，才得以重聚。

这次团聚后，他们便再也不想离开对方了，鲁迅住进了中山大学，许广平陪伴在旁，他们的条件远比涓生和子君要好得多，两人的感情也更加稳固，于是在经历了种种波折之后，这段饱受考验的师生恋才终于瓜熟蒂落。

毫无疑问，鲁迅是一个敢爱敢恨的人，可是在爱情面前他是谨慎的，这不是因为怯懦和保守，而是因为他认为婚姻是一种责任，倘使没有能力给予对方想要的，就不要轻易涉足婚姻。爱情和面包一直是婚姻生活绕不开的话题，鲁迅显然不相信柏拉图式的精神恋爱，所以他笔下的子君会成为现实世界的牺牲品，而他本人也是在生活稳定之后才和许广平共结连理的。在现代婚姻关系中，两情相悦固然是重要的，它是情感生活的基础，可是只有一片深情是不够的，能否给予对方一个美好的未来是一个现实命题，倘若承担不起家庭的责任，爱情之花便会枯萎，用鲁迅的话便是："人必须生活着，爱才有所附丽。"

Part 8

王国维

——著作等身的国学大师

王国维,近代中国著名学者、诗人、哲学家、教育家、史学家、国学大师。他涉猎广泛,在教育、哲学、文学、戏曲、美学、史学等方面皆有很深的造诣,为我国的民族文化宝库留下了珍贵的学术遗产。王国维后期致力于中国传统文学的研究,写出了著名的《人间词话》,他所倡导的涵盖美学、文学的"境界说"至今广为传颂,他还做了大量有益的教育学工作,提出了不少推动我国近代教育事业发展的进步主张。作为著作等身的大学者,他把所有的精力都用在了钻研学问上,不慕荣华、不图享受,将个人的精神追求与文学教育事业紧密结合起来,提出了许多属于自己的真知灼见。

第十八章

智慧前行，为学以理，积学精业

在读书时代，每个人都希望自己能学有所成，期望自己在走向社会后能凭借所学的知识和技能实现自己的人生价值。然而王国维却坚决反对以功利为目的的学习，他坚持认为学习没有有用和无用之分，一些暂时不能转化成实际利益的学问对于整个人生来说具有更大的作用，而学习不能只注重技能的培养和知识的积累，必须德智体美全面发展，把自己塑造成一个人格健全的人。他还指出，做学问是一个循序渐进、水到渠成的过程，不可一蹴而就，提出了著名的"三重境界说"。

现代社会，不少人把学习当成通往功利之门的敲门砖，忽视了最基本的学习理念和先人提倡的为人为学的智慧，当我们再度回首国学大师王国维提出的治学精神，不禁为之一振，对于当代人而言，端正自己的学习态度，对于整个人生的发展都是大有裨益的，我们不能过于急功近利和短视，而要以长远的眼光看待自己的学业，致力于把自己锻造成一个契合社会需求的合格人才。

01. 无用之用，是为大用

【原文】

学术无新旧之分，无中外之分，无有用无用之分。

【引申】

王国维在《国学丛刊》中提出了"学术无新旧之分，无中外之分，无有用无用之分"的教育主张，他反对为了功利目的而学习，强调表面上看似无用的学问其实都是有用的。当时的社会环境，人们更重视学习的实用性，提倡学以致用，而王国维却反其道而行之，大谈道家哲学式的有用与无用，他提倡"超出乎利用之范围"的审美功用，并呼吁人们重视哲学、美术、文学等看似无用的学科。

在王国维看来，哲学对人们认识宇宙人生、深入了解自身是有益的。这门学问顺应了人类理性的需求，对于人类怎样看待世界和看待人生具有重要意义，所以不能因为在短时期内不符合功利性要求而废止。美术、文学等学科虽然不能作为功利性的工具直接对人类生活产生影响，可是，人类除了要生存发展外，还有其他方面的渴求，比如渴望获得更多的知识，希望自己的精神情感进一步得到满足等，而这一切都要借助哲学、美术、文学等载体。

道家学说认为无用和有用并不是绝对的，而是可以相互转化的，无用的东西在一定条件下就能转化成有用的东西。老子在《道德经》中说："三十辐，共一毂，当其无，有车之用。埏埴以为器，当其无，有器之用。凿户牖以为室，当其无，有室之用。"意思是三十根辐条穿在一个轴毂上，留出空无处不去填实，才能做成有用的车轮。用泥土制陶器时，留出空无处不去填实，才能做成有用的器皿。房子设置门和窗，留出空处没有填实，才能建成有用的居室。老子认为有用和无用并不是完全对立的，它们是相互依存、相辅相成的，所以无用即是有用。而庄子也说："人皆知有用之用，而莫知无用之用。"并强调无用才是真正的至用。王国维对学问的看法与道家学说几乎是一致的，他坚持认为学问不分有用和无用，凡是无用的学问对人类都有用处。

王国维17岁时，为了考科举，家人把他送到了杭州的崇文书院学习，眼见应试时间临近了，他却对史学产生了浓厚的兴趣，备考前仍然手不释卷地在阅读史书，朋友见状，忍不住说："就快科举考试了，你怎么不准备应试的科目呀？"意思是劝他不要把时间浪费在对考试没有多大帮助的史书上。王国维却不理会，依旧沉迷于史书，虽然这直接导致了他两次应举不中的结局，可是对历史知识的积累使他日后在史学上取得了令人望尘莫及的巨大成就。

王国维21岁时在上海的《时务报》任职，还加入了罗振玉主持的东文学社，东文学社是我国近代首家私立日语专科学校，在那里王国维开始学习外语。1900年，王国维东渡日本，在东京物理学校学习，在接触了先进的科学理论后，他很快就对理工感到厌倦了，转而研究起哲学来。当时大多数人都认为哲学是一门有害无益的学科，有很多人纷纷劝告他放弃研习哲学，还有人非常直接地说："哲学是一门没有用处的学问，你为何要选择它呢？"王国维却回答说："哲学才是真正与人生相关的学问，如果说哲学与人类的日常生活毫无关系，那么数理化等科学一样与人们的日常生活没有关系。"

后来又有很多朋友奉劝王国维放弃无用的哲学，王国维一概不予理会，满腔热情地致力于哲学领域的研究。后来，他在中国第一所私立师范学校——通州师范学校教学，一边讲学一边利用业余时间继续研究叔本华和康德的哲学，他尤爱叔本华，写了不少关于叔本华的论著。

王国维是我国近代史上举足轻重的大学问家，他涉猎广泛，在经学、金石、甲骨以及历史、文学、哲学等诸多领域都有极高的造诣，这和他摒弃学问的功利性、一心向学的治学态度是分不开的，他不仅知识渊博，而且学业精湛，堪称学术的集大成者。自古以来，人们在读书求学时就具有极强的功利目的，民间盛传"书中自有千钟粟，书中自有黄金屋"的说法，书籍成了人们追求功名利禄的敲门砖，用过之后就会被弃之一旁，所以人们只是暂时从学问中获得了一点好处，最后没有在任何领域内取得突出的成就。如果我们能像王国维那样放弃对功利的追逐，学好每一门有价值的学科，不放弃眼下无用、但从长远看可以使自己终生受益的学问，那么，我们的人生一定会大不一样。

02. 以德育才，以美养德

【原文】

完全之人物不可不备其真美善之三德，欲达此理想，于是教育之事起。教育之事亦分为三部：智育、德育、美育是也。

【引申】

王国维的核心教育理念是培养全面发展的"完全之人物"。那么，何为完全之人物呢？他在《论教育之宗旨》一文写道："谓人之能力，无不发达且调和是也。"他认为人是感性肉体和抽象精神的结合体，为血肉丰满的"完全之人物"，所以主张教育应该遵从人的自然属性，并重视对心灵世界的塑造。他把完整的教育体系划分为两大组成部分，既体育和心育。其中心育包括智育、德育和美育，三者缺一不可。他标榜的完全教育包括两方面的含义：一是体育与心育同等重要，它们分别作用于人的身体和精神，增强体魄和启迪心智对于人的意义和价值是一样的；二是就心育而言，美育和智育、德育具有等同的地位，教育必须将智力开发、意志力的锻造和审美能力的培养三方面结合起来，才能培育出人格健全的人。

美育思想在中国自古有之，大思想家、教育家孔子便是人格美育思想的集大成者，儒家美学思想中提倡的六艺已经将教育划分成了智育、体育、美育、德育，"礼"重在培养德育，"射"、"御"侧重于体育，"书"、"数"重在智育，"乐"重在美育。孔子强调人格修养应"兴于《诗》，立于礼，成于乐"。王国维在一定程度上受到儒家人格美育思想的影响，同时吸收了道家无功利目的的审美情趣，发展出了属于自己的一套教育思想体系。

王国维提出美育应当与体育、德育、智育并序前进，形成一个相互统一的整体，他注重人的全方位发展，并且以身作则，引导学生追求人性之美。他曾是清华大学国学院著名的四大导师之一，才学甚高，却从不恃才傲物，个性沉稳，不喜张扬，完全不同于那些放荡不羁的才子，在学界获得了广泛的赞誉。人们在追忆王国维时，常说他虽然其貌不扬，内心却是美的。他在清华授课时从不迟到、早退，从不抄袭他人的东西，也不诋毁其他的学者，讲课非常细腻，对待学生也很有耐心，每当有学生请教，他都知无不言，言无不尽，如果遇到自己不清楚的问题，就会坦白说不知道，从不为了保全自己的颜面而欺骗学生。

  生活在21世纪的我们，虽然有机会接触到更广泛的信息和更先进的知识，可是这并不意味着自己就能得到全方位的发展，对人格修养的重视显然是不够的，美育更是被长期忽略，其实世界本不缺少美，只是缺少发现美的眼睛，王国维毕生都在追求精神之美、人性之美，所以他不仅成了一位举国闻名的大学问家，还凭借其纯粹的精神操守成为备受世人尊敬的大学者。有的人或许认为培养正确的审美标准并没有那么重要，美育远没有智育和德育重要，其实这种观点是有失偏颇的，我们只有具备了辨别美丑的能力，才能分清善恶，才能明辨是非，背离了美的标准，也就没有了善的追求，其行为也会随之失去掌控。因此从这种角度来看，美育可以促进德育的发展，脱离了美育，德育就成为了一种空泛的约束，即便遵守了某些道德规范，也是言不由衷，从长远来看，这极其不以利于健康人格的塑造。

  现代人普遍更重视智力的发展，因为智力的开发可以给我们带来直接的效益，可是有知识无美德，不具备最基本的审美眼光，人生观和价值观就会变得扭曲，其后果是迷失自我，并且给他人和社会带来伤害。从这个层面上来看，人格不健全比缺乏知识更可悲，所以我们应该秉承王国维提倡的教育理念，把自己培养成德才兼备的人才。

03. 循序渐进，方入佳境

【原文】

古今之成大事业、大学问者，必经过三种之境界："昨夜西风凋碧树，独上高楼，望尽天涯路。"此第一境也。"衣带渐宽终不悔，为伊消得人憔悴。"此第二境也。"众里寻他千百度，蓦然回首，那人却在灯火阑珊处"此第三境也。未有不越第一境第二境而能遽跻第三境者。

【引申】

王国维在《人间词话》中提到过做学问的三重境界，它以相思喻治学，巧妙地把缠绵缱绻的情感诉求升华到了妙趣横生的哲理境界，赋予了词句更深刻的内涵。王国维所描述的第一重境界："昨夜西风凋碧树，独上高楼，望尽天涯路"，出自晏殊的《蝶恋花》，愿意为"我"独自登上高楼向远处眺望，所见的是凄凉的秋景，西风吹落了枯叶，满目萧瑟，心中不免惆怅。王国维却将其解释成凡是做学问成大事者，都必须有执着追求的精神，需要登高望远，勘察路径，全面了解事物的原貌，以明确目标和方向。在这里，"独上高楼"的目的不是为了排解哀怨的愁绪，而是为了求学问，而"望尽天涯路"也无关相思，是因为站得高所以看得远。

第二重境界："衣带渐宽终不悔，为伊消得人憔悴。"引自北宋柳永《蝶恋花》的最后两句词，原意是为了表达相思之苦和对爱情的无悔，主人公因为过度思念对方而日渐消瘦，衣带渐渐地宽松了，可是他却一点也不感到后悔，甘愿为了她而面色憔悴。王国维则把"伊"理解成理想和事业，以此比喻成大事业、大学问者，必须要有坚定不移的信念，经常废寝忘食、孜孜以求地学习，如此才能有所收获，这个过程是无比艰辛的，人会因此变得消瘦憔悴，但是只要学有所成，就没有什么值得懊悔的。

第三重境界："众里寻他千百度，蓦然回首，那人却在灯火阑珊处。"出自辛弃疾的《青玉案·元夕》，本意是适逢元宵佳节，主人公四处寻觅心目中的理想佳人，举目四顾千百次，却怎么也找不到，蓦然回首，却发现她就独自静静地站在灯火阑珊之处。王国维把需要千百度寻觅的俏丽佳人比喻成知识、学问，意思是做学问并不是一蹴而就的，需要反复研究探寻，非下一番苦功夫不可，只有这样心头才能豁然开朗，所学的东西才能融会贯通，这虽是一个水到渠成的过程，可是却应了那句"踏破铁鞋无觅处，得来全不费功夫"的老话，所谓的妙手偶得其实都是功到自然成，因为"若非一番寒彻骨，哪得梅花扑鼻香"。

王国维少年时喜读史书古籍，后来受到"新学"的影响，迷上了哲学，钻研康德、叔本华和尼采的学说，与此同时，他对中国国学和古典名著亦有深入研究，并且能将中西文化融会贯通，他曾用叔本华的哲学思想来解析《红楼梦》，他指出《红楼梦》揭示的是一个巨大的悲剧，人生是充满苦痛的，而人生追求的终极目的就是从苦痛中超脱。

当时的中国学界，功底深厚的旧学家屈指可数，研习西学的人大都称不上学术精湛，虽然有些学者可以对中西文化兼收并蓄，可是却没有达到可以融会贯通的地步，能够把各门学问完美结合的人几乎寥寥无几，而王国维就是少数人中的一位。他不仅沉迷于西方哲学，还酷爱东方文学，无论工作多忙，每天必留下短则二三小时、长则三四小时的阅读时间。由于身体不是很好，他不能伏案太久，实在太倦了，他便找朋友聊天或者阅读一些不费脑筋的杂书来松弛神经，大脑清醒后又扑到研习的书籍中了。

王国维认为读书是需要循序渐进的，知识需要一点点累积，所谓书海无涯苦作舟，求学的道路上没有捷径可走，如果投机取巧走捷径必定学无所成。他觉得凡是做大学问者，必须要加强自己的修养，读书的修养包括四方面的内容：一是勤奋，二是广博地读书；三是反复实践；四是修身养性。他提出了做学问的三重境界：第一境界为"昨夜西风凋碧树，独上高楼，望尽天涯路"，第二境界为"衣带渐宽终不悔，为伊消得人憔悴"，第三境界为"众里寻他千百度，蓦然回首，那人却在灯火阑珊处"，三种境界是相互衔接，逐层递进的关系，是一个由量变到质变的过程。第一境界是治学的起步阶段，要站在高处审视全局，认清方向和目标；第二境界是治学的过程，要刻苦用功，不畏辛苦，身体和精神都要经过一番严酷的考验，但是必须要有无悔的精神；第三境界是学有所成的阶段，所付出的努力终于有了回报，刹那间心头顿悟，所有的知识在脑海中都变得清明起来。

  我们无论是学习还是工作，都可以从王国维阐述的三重境界中得到启发，做任何一个件事第一个阶段为树立明确的目标，探明可行的路径；第二个阶段就是奋斗的过程，要不畏辛苦，不折不扣地执行，始终保持着坚定的信念，无怨无悔地向着目标进发；第三个阶段便是实现目标的过程，由于厚积薄发，终于在某一时刻有了能量的总爆发，收获了累累硕果。

第十九章

品行是立身之本、成事之基

> 王国维经常把治学、诗品和人品联系起来,认为人品是成就诗品和大事业、大学问的基础,他主张谦虚慎言,追求理想人格之美,力图突破狭隘的"小我",认为只有达到"无我之境"才能晋升到更高层次的境界,创造出超越常人的杰出作品来。他从诗人和文学家的立场出发,指出品行是立身之本、成业之基,人品高,诗品就高,有境界者才能自成高格。
>
> 王国维的观念同样适用于现代社会的各行各业,一个人的品行和成就是有密切联系的,品行优良的人更易获得赏识和提拔,也更容易成就一番大事业,而品行不端的人即使能使用一些欺瞒手段暂时获得某些好处,但从长远来看,这类人因为自身的局限性,很难获得更大的发展。所以想要站得更高,走得更远,就必须从端正自己的品行开始。

01. 君子敏于行,慎于言

【原文】

不放言高论、不攻击古人、不议论他人短长、不吹嘘、不夸渊博、不抄袭他人言论。

【引申】

王国维在清华国学院讲学时,要求学生做到六不,即"不放言高论、不攻击古人、不议论他人短长、不吹嘘、不夸渊博、不抄袭他人言论"。

这是他对学生为人做学问的基本要求。从古至今，我国的大学问家和教育学家都一致认为想要做好学问，必须先要学会怎么做人，孔子说："以能问于不能，以多问于寡，有若无，实若虚；犯而不校。"意思是做人要谦虚，向才能不及自己和知识少于自己的人请教，知识广博却虚怀若谷，被人冒犯了也不计较。孔子还说："刚、毅、木、讷，近仁。"意思是刚强、果断、朴实、言语谨慎，这些品格接近于仁。王国维提出的"不放言高论、不议论他人短长、不吹嘘、不夸渊博"皆符合儒家的谦虚慎言的主张，此外他还强调不要随意攻击古人、不要抄袭他人言论的要求。

王国维的"六不"，拒绝自以为是的浮夸，还学术以谦谦君子之风。做学问如此，做人更当如此。不浮躁、不自满、不吹嘘，不为了摆高姿态而攻击古人，不为了获得名望和利益而抄袭他人，静下心来，踏踏实实做事，方能成就一番事业。这些道理看似平淡浅显，却并不容易做到。所以说王国维的"六不"箴言，至今对各个行业领域的人都还具有一定的意义。人必须像竹子那样虚心有节，才能不断进步、不妄言、不大肆攻击他人，才显得更有品格，不抄袭则代表着对他人权益和知识本身的尊重。

王国维从26岁开始阅读康德的《纯粹理性批判》，到了30岁的时候还在研读这本著作，《纯粹理性批判》已经读过不下四遍了，可是他还是没有把里面的内容彻底弄清楚，于是他坦白地对别人说："哲学的海洋深不可测。"王国维精于《尚书》、《诗经》，关于这两部著作的研究几乎鲜有人能比，可是每次和学生讲解时，他都会事先点明自己四五处没有完全弄懂的地方。王国维在给学生上《诗经》课时，讲解得非常透彻，见解也十分深刻，讲课方法也十分新颖，让学生受益良多。可是遇到某些难解的问题时，王国维经常会直接说自己不懂，有时一节课竟说了好几次不懂，有的学生认为像他这样有学问的人，经常说不懂实在与大师的身份太不配了，随着对老师了解的加深，学生们才懂得这是他治学严谨的表现，真正学问高的人不愿自欺，也不喜欢欺骗别人，不懂就是不懂，绝不信口开河，不懂装懂。

王国维说"不懂"，并不是真的不懂，他对一些问题也有自己的见解，只是因为觉得自己的观点尚未成熟，不宜草草下结论，所以才在课堂上声称自己不懂。他这样做一是处于立言谨慎的考虑，二是为了培养学生独立思考的能力。在教学上，他一直保持着严谨谦逊、实事求是的作风，因此，他才赢得了学生和学界的尊敬。

王国维生性淡泊，大部分时间都用在了潜心专研学术上，私下里与学生交往不多。可是无论谁登门造访，他都热情接待，对于别人提出的问题，一一耐心回答。他从来不以身份地位来划分人，对虚心求教的人皆一律对待，而且每次都是知无不言，言无不尽。

孔子说，君子敏于行，慎于言，而今，许多人急于通过高谈阔论的方式来证明自己，已然丢掉了谦虚、慎言的美德，有的人甚至为了自我标榜而攻击别人，尤其喜欢把矛头指向在某一领域有地位和影响力的人，以此博得眼球和关注度，早已把人品二字彻底遗忘了。王国维的"六不"箴言，就像一阵清风，徐来之后即有兰花的幽香，至今对我们仍有重要的教育意义。

在这个喧嚣浮躁的时代，只有克服狭隘自满的毛病，放弃虚荣心，放低姿态踏踏实实地虚心学习，才能真正有所斩获。真正能成大器者，从不放言高论，更不会自我吹嘘、议论他人短长，他们不会把宝贵的时间浪费在轻浮的自我炫耀上，而会把精力和心血投放到更有价值和更有意义的事情上。所谓"地低成海，人低成王"，谦和的人从不与人争，可是却常常能一鸣惊人，而恃才傲物、个性张扬的人大都外强中干、虚张声势，这类人既没有真才实学，也没有真本领，经常会暴露出自己的浅薄和无知，根本不可能在任何领域有所建树。因此如果我们想要有所作为，就应该秉承王国维的"六不"箴言，老老实实做人，踏踏实实做事，一步一个脚印地向着目标迈进，只有这样，我们才能成为对社会有用的人。

02. 人品的高度决定事业的高度

【原文】

人品高，则诗格高，心术正，则诗体正。

【引申】

王国维在道德上是有洁癖的，他总是把文章的优劣和人格的高下联系在一起，对屈原、陶渊明、杜甫、苏轼推崇备至，认为这四位才子不仅文采斐然，而且人格高尚，堪称旷世奇才，并说如果没有高尚伟大的人格，就不可能写出伟大的诗章，因为人品高诗格才高。王国维好诗词，尤其佩服那些人品高洁的伟大诗人，常把这些人当成自己的精神导师，注重怡情养性，致力于对自身人格的锻造。曾有人这样评价过王国维："博学强识，并世所稀，品行峻洁，如芳兰贞石，令人久敬不衰。"说他学识渊博，世所罕见，为人正直，品行峻洁，像空谷幽兰一样沉静美好，像磐石一样坚贞不屈，为世人所仰慕。

道德是一种社会意识形态，它是人们在社会生活中共同推崇的行为准则和规范，早在两千多年前，孔子就提出了一系列有关道德的标准，比如"己所不欲，勿施于人"，"己欲立而立人，己欲达而达人"等，在推广教育工作的活动中，把道德的培养和知识的灌输摆在了同等重要的位置上。孔子所提倡的道德是一种普遍的道德，而王国维提倡的道德是超越于凡夫俗子的高洁品行，比如"众人皆醉我独醒"的屈原，不肯向黑暗的现实妥协，不屑于诌媚者同流合污；不肯为五斗米折腰的陶渊明，毅然抛弃荣华和名利，心无旁骛地享受田园生活；个性沉郁的杜甫，在自己穷困潦倒之际，还不忘忧国忧民；遭到贬黜的范仲淹，能在自己前途未卜时发出"先天下之忧而忧，后天下之乐而乐"的感慨，这些都不是常人所能做到的，所以他们的诗才是一般诗人所不能企及的。

追求诗品和人品相统一，是人们追求理想人格之美的反映。早在先秦时期就出现了把诗品和人品联系在一起的现象，如《庄子·天下》的"诗以道志"，《荀子·儒效》"诗言是其志也"。所谓的诗言志指的是诗歌是诗人心灵世界的外在表现，心灵美则诗美，心灵卑劣则诗品卑劣。王国维强调修心的重要性，原因也在于此。

研究者们是这样评价王国维的《人间词话》的："王国维的《人间词话》是中国近代最负盛名的一部词话著作。它用传统的词话形式以及传统的概念、术语和思维逻辑，较为自然地融进了一些新的观念和方法，其总结的理论问题又具有相当普遍的意义，这就使它在当时新旧两代读者中产生了重大反响，在中国近代文学批评史上具有崇高的地位。"伯希和对王国维其人的评价是："中国近代之世界学者，惟王国维及陈（陈垣）先生两人。"

王国维之所以能在业界获得如此高的声誉，在文学领域取得如此令人望尘莫及的成就，一方面和他严谨的治学态度有关，一方面源自他无懈可击的人品，也就是说"人品高，则诗格高，心术正，则诗体正"。鲁迅说他"老实到像火腿一般"，这位老实得像火腿一样的知名学者在清华园执教的两年多时间里，使授业子弟受益匪浅，他讲学语言质朴无华，从不矫饰，不会为了显示自己有学问而夸夸其谈，遇到不能解决的难题直接称不知道，从不轻易妄下断言，对待学术指导工作非常严谨，且待人宽厚，对待求教的人尤为真诚。

有一次，姜亮夫填了一首词，想请王国维指点一二。他晚上7点半登门造访，王国维看过之后，中肯地说："你这个人理性东西多，感情少，词是复杂感情的产物，这首词还可以。"说完就开始帮助姜亮夫修改，一改就改了近两个小时。到了晚上九点多，词才改好，姜亮夫看过之后非常满意，于是起身告辞。王国维见天色已晚，不放心让姜亮夫独自离开，就吩咐家人提着灯笼陪自己一起为他送行，直到送到清华大礼堂后面的流水桥才止步，看到姜亮夫平安过桥了，他又对姜亮夫："你的眼睛太坏，过了桥，路便好走了。"听闻此言，姜亮夫几欲落泪，他没想到这位大学者待人如此宽厚真挚，感动得无以复加。

我们经常听到文如其人、言为心声的说法，从这种角度看，人品和诗品是密不可分的，诗品出于人品，人品决定诗品，想要写出脍炙人口的好作品，必定"有第一等襟抱，第一等学识，斯有第一等真诗"，纵观我国古典诗歌的发展里程，文如其人是一种普遍现象，偶有几个言非心声的例子，诗品和人品相背离，其诗歌因为缺乏一种真挚的情感，而显得生命力不足。故王国维倡导"欲醇诗品，先正人品"，欲提升诗品必须提升人格，两者之间只有达到和谐统一，才能有好的作品问世。

其实，诗品和人品的关系就像成就和品格的关系，一个人无论从事何种职业，品格高尚，就更容易博得他人的信赖和赏识，也更容易在自己擅长的领域取得成就；反之，一味投机钻营，蝇营狗苟，就算可以一时春风得意，终有马失前蹄的时候，因为道德败坏的人走到哪里都不会受到欢迎，总有一天会被社会所弃。所以说，做事当先做人，做人合格方能成事，在任何时候，都不要因为贪图一些短期的利益而丧失了人格，从长远看，保持住优秀的品格才更有利于在社会上崭露头角，为自己博得一片灿烂的天地。

03. 成大业者必有大境界

【原文】

有境界则自成高格。

【引申】

在《人间词话》的开篇中，王国维就阐述了有关境界的问题，他认为境界是诗词的根本，诗词要有境界才能成高格。境界成了比意境更重要的元素。王国维标榜以"境界"为核心的诗词美学，觉得具有某种生命境界的词人才是真正的大词人，他们不同于那些只懂技巧的一般词人，把诗词升华到了另一个高度。

王国维在《人间词话》中提到了"有我之境"和"无我之境"，指出"泪眼问花花不语，乱红飞过秋千去"，"可堪孤馆闭春寒，杜鹃声里斜阳暮"，属于有我之境也"采菊东篱下，悠然见南山"，"寒波澹澹起，白鸟悠悠下"，为无我之境。"有我之境"是指以我观物，故带有强烈的主观色彩。而无我之境是以物观物，抛开了狭隘的自我意识，境界更上了一层。王国维感叹古人作词，以写有我为境居多，能写出无我为境的，寥寥可数。

王国维强调的"无我"其实很接近道家哲学里的"破我"，所谓的"破我"就是把"小我"提升到天地合一的"大我"，即《庄子·齐物论》中所说的"吾丧我"和《庄子·逍遥游》中所说的"至人无己"，王国维极为推重"无我之境"，并认为只有少数杰出的诗人才能创造"无我之境"。

王国维在诗歌上追求"无我之境"，在做人方面也是如此。他在待人处事方面拒绝以我观物、以我观人，不以自我感受为中心，而是愿意站在客观的角度来审视问题。据说有人请他甄别一件古铜器的真假，他一看即知古铜器是赝品，于是坦诚相告，直言此古物是"靠不住"的。请他看的人自然不愿意承认自己吃亏上当，于是辩解说这个古器色泽如何古雅，颜色如何透彻，文字如何精美，以及有多么符合史书上的描述等。王国维知道这件铜器绝非真品，当然不可能为了别人的面子而改口，于是又重复地说道这古器是"靠不住的"。由于不擅辞令，他并没有就古器的破绽处侃侃而谈，只是将自己得出的最终结论如实地告诉了对方，基于他在考古学方面的造诣，古器的持有者自然相信他的判断。他是站在一个客观的立场来说话的，没有因为试图保全他人的颜面而随声附和讲假话，所谓真的假不了、假的真不了，他不会因为一些人情世故而改口，这是他修炼到了"无我境界"的一个明证。

在诗词方面，人因为达不到"无我"的境界，而摆脱不了自我意识强加给外部世界的投射，所以达不到一种至上的境界。在生活中，多数人都是用自己的主观判断来衡量和判断事物的，鲜有人能超越自己的主观感受，用"无我"的眼光来正确看待身边的人和事，因此常常误读世界、误解他人，人与人之间的很多纠纷就是这样产生的。

我们常看到一些人把自己的主观思想强加给别人，从来不考虑他人的意愿，也丝毫不怀疑自己行为的合理性，这样的人活在狭隘的"小我"的世界里，目光短浅、眼界狭窄、自以为是，永远也不可能领略到"无我"的真谛。而已经达到"无我"境界的人，从不轻易对别人指手画脚，能够用一种冷静的眼光来看待问题，这类人更谦和友善，人缘也更好，事业也更顺达。

  "有我"和"无我"的境界不仅对我们的处事方式存在决定性的影响，而且对我们的世界观直接产生重要影响。过于强调自我感受的人，在审视世界时多受情绪影响，比如看到月缺花残就潸然泪下，看到物竞荣杀就慨叹世事无常，较为容易沦为情绪的奴隶。这是情商不高的表现，直接影响到自身的前途，而到达"无我"境界的人绝不会因为自己或乐观或悲观的情绪而影响对世界的看法，他们能够排除感性因素的干扰，用理性思维来考虑问题，把自己修炼到"破我"、"忘我"的境界，从而发现世界的真相。就境界而言，很多人都停留在"有我"的层面上，我们应该试着突破自我、超越自我，通过"忘我"而达成人与人、人与自然、人与世界的和谐统一。

第二十章

静水流深，回归真我，找回失落的精神家园

随着年龄的增长和阅历的增加，我们会逐渐脱离纯真的本性，甚至丢失最初的自我，所以王国维主张"不必多阅世"，提倡抵制欲望的诱惑，凭借单纯的"游戏精神"来获得心灵上的自由和人格上的独立，以此找回失落的精神家园。然而人的成长并非只有副产品，人愈成熟，就愈能平衡理智和情感的关系，一个人应该怀有赤子之心和真性情，可是也不能过于感情用事，还需考虑服从理性的判断。

王国维对人类精神世界的探求，对于我们认识自我和完善自我具有一定的意义，我们在发展自我的同时不能忽略自己深层次的心理需求，尤其不能迷失自我，脱离人性的本真，如果我们已然失去了纯粹的赤子之心，那么就要想方设法寻回它，只有这样，我们才能超越矛盾和痛苦，成就更好的自己。

01. 用理智驾驭情感，用情感平衡理智

【原文】

可爱者不可信，可信者不可爱。

【引申】

王国维曾经说过："哲学上之说，大都可爱者不可信，可信者不可爱。"可信者，多强调理性，比较注重逻辑性和思辨性，这类哲学的理论不容易被驳倒，通常已经形成了严密的体系，可惜其风格多枯燥晦涩，趣

味性差，站在读者的角度来看，是不可爱的。而可爱者风格类似文学作品，言辞像诗歌一样优美流畅，可是因为过于感性，和理性主义相比，缺少缜密的逻辑和严谨的理论体系，所以尽管可读性很强，但是其提出的概念和观点多是不牢靠的。

王国维所说的"可爱不可信者"应该是类似康德那样的强调理性的哲学流派，而"可信不可爱者"则是类似叔本华、尼采等把强烈的个人情感融入哲学的流派。审视我国的哲学流派，王国维的观点还是比较中肯的。比如以孔孟为代表的儒家学说，强调仁德的重要性，多是以硬性的说教为主，其语言缺少文学的煽动性，可是却形成了较为完整的理论框架，所以是可信而不可爱的。而道家学派的庄子，诗学功底深厚，想象力极为丰富，喜欢用浪漫抒情的方式表述自己的观点，可是却因为主观色彩过于浓郁而失去了哲学上追求的理性判断，故属于可爱不可信者。

纵观千古哲学史，情感与理智对立并峙，出世与入世难以并存，而绝大多数的哲人都生活在难以调和的矛盾中，孔子主张积极入世，却被当时的时代所拒，最终只能放下家国天下的理想，把精力放在教书育人上，常年过着出世的生活；庄子不愿意为鱼肉百姓的统治者效力，敢于安贫乐道、清静无为，追求绝对自由的精神世界，然而他并非完全不关心红尘世界，依旧心系天下，为苍生的苦难而感到心痛。王国维同样是一个充满矛盾的人物，他的意趣志向经常和现实发生剧烈的冲突，作为哲人，他有很强的思辨能力，作为诗人，他又非常多愁善感，理性和感性的冲突常常使得他无所适从，这种矛盾造成了他精神上的痛苦，却也催生出了许多佳作，使他在多个领域做出了不朽的贡献。

从王国维对溥仪和罗振玉的态度上，我们可以看出其游走在理智和情感中的挣扎。王国维虽受传统思想影响，赞同帝制，然而却坚决反对溥仪受日本人利用，在中国组织伪满洲国。而罗振玉是坚决拥护伪满洲国的，溥仪也希望通过建立伪满洲国重拾帝王的荣光。在理性上，王国维反对二人的做法，认为他们此举是完全错误的，可是在感性上他并不希望与人交恶。

王国维曾经是溥仪的老师，对溥仪自然有几分师生情谊，和罗振玉更是至交，两人同为国学大师，互相赏识，交情深厚，罗振玉还曾资助过王国维求学，后来二人由君子之谊结成了儿女亲家，王国维的长子与罗振玉的三女儿结为了伉俪。但在一些大是大非的问题上，王国维选择了理智，他没有加入罗振玉的阵营，二人从此决裂。失去罗振玉这一莫逆之交，王国维的内心自然是极其痛苦的，可是对于他不认同的事情他是不可能妥协的。

王国维和罗振玉之间的恩怨纠葛，是其理智和情感相互作用的结果。理智上的清醒和情感上的敏感细腻造就了王国维哲人和诗人的双重气质，他把哲学当成医治情感痛苦的良药，可是又摆脱不了现实世界强加给他的精神创痛，他终于明白，人是情感与理性的复杂产物，要做到绝对的理性或是绝对的感性都是不可能的。事物是矛盾双方的对立统一体，没有一方可以单独存在，完美的状态也是不存在的，故而可爱的不可信，而可信的不可爱。

人是感情的动物，我们不能打着"存天理，灭人欲"的旗号，泯灭自己的真性情，可是又不能过于感情用事，置理性于不顾，应该在感性和理性之间寻找微妙的平衡点，让自己的行为符合理性的范畴之内，同时尊重自己的真实感受和情感需求。当然，做到这一点是非常有难度的，人类本身就是复杂的矛盾体，既具有原始的欲望和复杂的情感，又受到文化、道德、礼俗的影响，要真正做到无愧无悔就必须加强自身的修养，致力于调整和约束自身的行为，既不能让理性脱缰，也不能让自己变成冷酷的理性生物。

02. 永怀赤子之心，不背人生之初

【原文】

夫人之所以异于禽兽者，岂不以其有纯粹之知识与微妙之感情哉。

【引申】

王国维认为人和动物的区别在于，人类有纯粹的知识和微妙的感情。王国维指出词人应该怀有赤子之心，纯洁如孩童，保留纯真无伪的真性

情，只有这样，才能创作出充满灵性的好文章来。词人当中，他尤为欣赏李后主李煜，说他长在深宫中，涉世不深，阅历浅薄，所以成为不了一个合格的君主，但却具有杰出词人的特质。李煜的词无论是醉梦幻境还是时空意象，抑或单纯是惆怅情绪的表达，字里行间都能体现出一个"真"字。

王国维提倡的"真性情"，不是诗人飘忽不定的欲念，而是对人生的深刻洞见，只有具备"真挚之理，与秀杰之气"，才能晋升到那样的精神境界。文人多是善感的，伤心人别有怀抱的人比比皆是，可是能被评价为"真性情"的人却并不多。如果说人在来到这个世界时，就像一张白纸一样洁白无瑕，那么随着阅历的增加以及各种社会因素的影响，自然会增添很多色彩和内容，这样就迷失了原来的本性，所以王国维说"阅世愈浅，则性情愈真"，主张"不必多阅世"，如此就能保持真纯自然的情感，而真纯自然的情感是创作理想诗篇的核心要素，诗人只有在心灵深处保留一片无污染的圣地，才能写出旷世佳作来。

世人看《红楼梦》，难免会被其中表现人世纷争的心计和权谋吸引，泼辣美丽的王熙凤就是一个八面玲珑、工于心计的人，贾、史、王、薛四大家族主仆之间、主子与主子之间又有不少复杂的恩怨纠葛和争斗，而王国维看《红楼梦》关注的重点却不在人与人之间力量的博弈上，他一针见血地指出《红楼梦》是一部悲剧，中国的著作多以大团圆结局，唯独《红楼梦》不同，他用悲剧美学来阐述《红楼梦》，这在当时是人们闻所未闻的。内心世界复杂的人多醉心于权谋和钩心斗角等情境的描写，只会把《红楼梦》解读为精彩纷呈的攻心计小说，唯有像王国维这样纯粹的人，才会得出这么纯粹的结论。

在很多人的想象中，能够写出词清句丽文章的王国维应该是个仪表堂堂的风流才子，然而他却不愿扮演风度翩翩的大学者角色，因为他不喜欢伪装，毕生都在追求真性情，并不在乎别人怎样看待自己。王国维的学生在第一天听他讲课时，往往会大吃一惊。原来这位国学大师竟是一个其貌不扬的老者，他头戴瓜皮帽，身着长袍，腰间系着一条蓝带子，俨然一副

乡村私塾教师的模样,可是只要听完一堂课,就会对王国维佩服得五体投地。他不仅学识渊博,而且为人质朴,气质纯真,比任何一个器宇轩昂的学者更能打动人心。

王国维无疑是有才学的,智商自然也是极高的,对他来说要想做到左右逢源并非难事,可是他却不屑于理会复杂的人情世故,只想"躲进小楼成一统",专心致志地研究学问,于是他成为了一位心地纯真、震古烁今的大师。而有些人把时间和精力都耗费在了无休止的争斗上,既失了为人的美好品性,又耽误了学习和工作,即便暂时获得了一点蝇头小利,可是用发展的眼光看,失去的要比得到的更多。

自然界奉行优胜劣汰的残酷法则,人类社会也是如此,所不同的是动物们为了生存和繁衍,只会屈从于动物性的本能,不受情感和道德的约束。而人类则不然,作为万物的灵长,人类通过纯粹的知识来修养自己,以道德和情感来约束自己,人类对自身的行为有着美丑的辨别,如果自己做了丑恶的事,即使不被别人发现,自己也会感到羞耻。可悲的是,有的人为了取得竞争的胜利,羞耻感已经完全退化了,未达目的不择手段,这就是简单的人复杂之后的变异。

王国维作为一个品行和才学备受世人推崇的国学大师,以其毫无污点的言论和不计私利的行为,为我们树立了一个精神上的榜样,告诫我们不可因为阅历的增加而变得狡诈有城府,在复杂变幻的社会环境中,应该继续保留人性的纯真,坦坦荡荡做人,问心无愧地立于天地之间,成为一个纯粹美好的光明使者,而非长袖善舞的奸佞小人。

03. 返璞归真,重塑独立之人格

【原文】

文学者,游戏的事业也。

【引申】

王国维生活在中国外忧内患的黑暗时代,许多知识分子都曾有过困惑和迷惘时期，王国维也不例外，作为一名学者和诗人，他以诗文的形式记录了自己的思想状态以及内心的挣扎。在人生的大部分时期，王国维都在寻找超脱痛苦的方法，后来他把西方的古典哲学思想和中国的传统哲学出世思想结合起来，提出了"游戏说"的文学主张。王国维认为我国哲学文学不够发达的原因在于中国人太过注重利害关系，把"生活之欲"的满足当成创作的动力，也就是说中国哲学、文学缺少那种超出利害关系的"游戏精神"。

王国维的游戏说继承了德国哲学家席勒的某些观点，又和庄子十分接近，庄子崇尚绝对的精神自由，认为个人心灵无羁无绊才能落得逍遥，他笔下"水击三千里，抟扶摇而上者九万里"的大鹏鸟就是一种自由的象征。庄子一生不仕，甘愿去过清苦的生活，为的就是不想让身外之物沾染了无瑕的心灵，更不想让外界的种种束缚了心灵的自由。王国维所说的游戏论大体符合庄子的处世哲学，他认为无论是在文学创作上还是在做人上，保持心灵的自由，不为功利目的所累是极为重要的。

王国维在《人间嗜好之研究》中指出："文学、美术亦不过成人之精神的游戏"，又在《文学小言》中进一步强调"文学者，游戏的事业也"。在他看来文学、美术等艺术在本质不过是人类的精神游戏罢了，它们是帮助人们超脱痛苦、填补精神空虚的最佳消遣。王国维提倡的游戏精神并不是指一种为所欲为、不严肃的态度，相反它指的是对文学对人生更加严肃的一种审美态度，一方面要求人们达到一种高层次的心灵境界，遵循严肃的规则，另一方面要求人们摆脱利害关系的束缚。和一般的哲学家及文学家不同的是，王国维不仅要用"游戏精神"来解决学术上的问题，还要用它来消解人生中的苦闷。

王国维幼年丧母，身体羸弱，性格忧郁，情感丰富细腻，他的一生是痛苦和困惑的一生，也是寻求解脱的一生。他清高、倔强，追求个性独立和思想自由，始终与社会现实刻意保持一定的距离，毕生最大的追求就是研究学问。他无论专研哲学、文学、考古学还是其他方面的学问始终都遵循自己所提倡的游戏精神，不追名逐利，不受外界干扰，仅凭自由精神意志而创作，梁启超说他是"情感最丰富而情操最严正的人"，他"充不屑不洁之量，不愿以虚伪恶浊之流同立于世。"

王国维性情寡淡，没有虚荣之心，天冷时穿一袭长袍，外层是一件灰色或深蓝色罩衫，上着黑色马褂，脚蹬一双朴实的布鞋，几乎从来没有穿过皮鞋和西装。初见王国维的人可能会因为他的不修边幅而失望，可是相处久了，就会被他渊博的学识和纯真的个性所折服。

王国维认为人生就是欲望、生活、痛苦三者的结合，有了欲望得不到满足就会感到痛苦，因此摆脱痛苦的方法就是对欲望的控制。因此，他一生都在尽量避免被欲望所累，不追求功名，不贪慕虚名，毕生以"游戏"态度在自己的思想世界里遨游。

绝大多数人认为人进入成年状态以后，就不可能再具备儿童时代的游戏精神了。孩童可以从纯粹的游戏中得到满足，而复杂的成年人就很难达到那种境界。还有的人认为对欲望的追逐能成为自己不断上进的动力，摆脱欲望的负累，虽然暂时摆脱了内心煎熬的痛苦，但是也失去了渴望奋进的动力源。那么，王国维的游戏学说对于当代是否还具有借鉴意义呢？答案是肯定的。

纵观人类发展史，那些受欲望驱动获得暂时成功的人，最终极容易迷失自我，其所做的贡献随着欲望的不断满足而与日俱减，比如无数前期籍籍无名的作家在一跃成为文坛新星后，为了在最短的时间内获得最大的收益，开始粗制滥造，创作出了大量毁誉参半的文学作品，再比如一些表演艺术家在成名之后，沉迷于镁光灯的诱惑，对艺术的追求越来越冷淡，最终因为再也奉献不出好作品而成为刹那坠地的流星。而那些不被外界诱惑所迷惑，始终保持孩童游戏精神的人，有的成为了科学巨匠，有的成了不朽的作家，他们留给世人的不是昙花一现的刹那光华，而是永恒的光辉。从这个角度看，能够返璞归真，保持独立人格的人更易于获得持久的成功。

王国维说，文学是游戏的事业，而对于当代人来说事业是不朽的游戏，把事业当成攀登欲望登峰的人成就不了大事业，把事业当成一种严肃的"游戏"来对待，具有独立人格的人才能在某一领域内达到常人难以企及的高度，成为真正的佼佼者。

Part 9

冯友兰

——用实践诠释人生哲学

冯友兰,中国当代著名的哲学家、教育家,被誉为"现代新儒家"。他的著作《中国哲学史》、《中国哲学简史》、《中国哲学史新编》、《贞元六书》等已成为 20 世纪中国学术的重要经典,对中国现当代学界乃至国外学界影响深远。冯先生学业精深,个人道德也令人仰慕,是一位杰出的爱国者,一生致力于研究和传播中国文化,他是享誉世界的文化名人。他的人生哲学中蕴含很多值得现代人身深加思考的地方。

第二十一章

人生应当追求更高的境界

冯友兰认为,人与其他动物的不同,在于人做某事时能够自知、自觉,正是这种觉解,使他正在做的事对于他有了意义。各种意义合成一个整体,就构成了一个人的人生境界。各人的觉解程度不同,所做的事就有不同的意义,这也就有了不同的人生境界,人生目的之一,便是追求更高的人生境界。

中国文化自古以来就很重视区分并提升人生境界。孔子认为有仁者、有不仁者;孟子更是提出:"可欲之谓善,有诸己之谓信,充实之谓美,充实而有光辉之谓大,大而化之之谓圣,圣而不可知之之谓神。"提出了善、信、美、大、圣、神等不同的境界。冯友兰将人生分为自然、功利、道德、天地四种境界,是对古人学说的一种发扬,也是对所有世人的一种激励。

01. 人生的四种境界

【原文】

各人有各人的境界,严格的说,没有两个人的境界,是完全相同底。每个人都是一个个体,每个人的境界,一个个体底境界。没有两个个体,是完全相同底,所以亦没有连个人的境界,是完全相同底。但我们可以忽其小异,而取其大同。就大同方面看,人所可能有底境界,可以分为四种:自然境界、功利境界、道德境界、天地境界。

【引申】

冯友兰先生认为各人因为道德水平、学识高低、处世方式的不同，具有不同的境界。他在《新原人》中说，人与其他动物不同，在于人做某事时，他了解他在做什么，并且自觉地在做。正是这种觉解，使他正在做的事情对他有了意义。他做各种事有意义，各种意义便合成一个整体，就构成了他的人生境界。

冯先生将人的境界分为四种：自然境界、功利境界、道德境界、天地境界。生活在自然境界之中的人混混沌沌，只知道为了生存而生活，没有人生理想，不知人生意义；生活在功利境界之中的人，相信"天下熙熙，皆为利来，天下攘攘，皆为名往"，他们汲汲于个人的利益追求，有了目的却是自私自利的；生活在道德境界之中的人能够懂得道德礼义，知道为社会、他人谋利；生活在天地境界之中的人，道德至盛、气象至广，精神充塞于天地宇宙之间，唯大圣大贤才能达到如此境界。

人生之初蒙昧无知，都陷于自然境界之中，通过后天的知识学习，道德修养逐渐提高，才能不断提升自己的境界。从这个角度上看，人生的目的就是不断提升自己的境界，使自己学识、道德更加完备，正如另一位国学大师钱锺书先生说的："做人的成功，不仅意味着事业上取得成就，还包括人生境界的提升。"

境界不仅决定着一个人的观念和行为，也决定着社会其他成员对于他的认可和评价。周处年幼之时，横行乡里无所不为，乡里人无不视其为祸害，希望他死而后快，这便是自然境界；后来，他顿然醒悟，为自己的荒唐放荡感到羞愧，主动向贤者求教，希望改善自己的名声，这便是进入了更高的功利境界；及至他身为忠臣，为国战死的时候，他就达到了道德境界，于是，世人也都开始称赞他为功臣，朝廷也追悼他的功绩了。生活之中，每个人都应努力提高自己的境界，这样才能让自己的人生更加有意义，更好地服务于社会，也更能得到他人的认可。

一个青年，高考落榜以后不得不放弃到大城市的梦想，回到自己的家乡做一名邮递员。开始工作的时候，他每天生活在理想和现实的落差之中，走在工作的路上，也充满了哀叹。于是，沿路居住的人们都看到了一个整天垂头丧气、消极怠工的邮递员；邮局也接到了无数投诉，说邮递员态度不好，信件拖延、丢失……后来，青年逐渐走出了高考失败的阴影，他听到了人们对他的抱怨和不满，于是努力工作，希望扭转这一形象。

在一次，送信的过程中，青年偶然遇到一位老人砸伤了脚，他连忙用自己的车子驮起老人赶到了医院。虽然累得汗流浃背，工作也耽误了，但所有的人都对他称赞不已，老人家里还专门给他送了锦旗。青年忽然感到了生活意义之所在，于是他不再仅仅将自己看成一个"送信的"。每次到人家的时候，都要问问有什么需要帮助的，每周都要为那些孤寡老人带一些生活用品。他逐渐得到了所有人的认可，他的生活中也充满了快乐，他拥有了一个幸福的家庭，还被评为"劳模"，选为"代表"，受到世人的尊重。

人生的境界决定一个人生命是否有意义，是否会幸福、快乐。每个人的能力有大有小，但只要不断提高自己的道德修养，为社会、为他人多做些好事，怀有无私利人的精神，便是一个品德高尚、有境界的人。每个人都应努力提高自己的境界，实现自己的人生价值，让生活更加幸福、快乐。

02. 人生当知自觉

【原文】

人与其他动物不同，在于人做事时，他了解他在做什么，并且自觉地做。

【引申】

自觉，这是几乎所有哲学大师所提倡的，冯友兰先生也不例外。所谓"自觉"是指"自己有所认识，并能主动去做"。一个人要能够认识自己，主动去履行自己的义务，坚守一定的原则，才能成为社会中合格的一分子；如果完全按照喜怒欲望行事，没有一点原则和操守，和禽兽又有什么区别呢？

在平常的生活之中，自觉是一种积极的人生态度。积极向上，自觉地反思自己的缺点、改正自己的不足，努力使自己成为一个品德更完善，境界更高的人，这便是一种自觉。孔子说："学而时习之，不亦说乎！"便是一种在学业上的自觉。曾子说："吾日三省吾身，为人谋而不忠乎？与朋友交而不信乎？传不习乎？"也是一种懂得反省、改过的自觉。人有这种自觉性，就会变得更加优秀，只有这样，才能不断在学业、道德之上更上一层楼。

在与人相处之中，自觉是一种为人着想美德。"己所不欲，勿施于人"，能够自觉地站在他人的角度思考问题，不为自己的利益而伤害他人便是一种自觉；在处理事情时候，能够考虑别人的心情、照顾别人的面子也是一种自觉。

冯友兰从北大毕业后回到开封，开始潜心研究社会、人生和哲学之类的命题。有一天，他突然收到一封昔日朋友寄来的信。这个朋友说准备专程前来拜访他，顺便和他探讨一下关于东西方文化的见解。冯友兰见到信后很高兴，准备和老友见面。

到了约定的日子，临出发时冯友兰突然看了看身上的衣服，转身打开衣柜翻找起来。他的夫人见状说道："今天穿的这件衣服是我特意帮你选的，想要再找一件比它更好的，估计不太可能了。""就是因为这件衣服太好了，所以我要换一件。"冯友兰说。夫人满脸不解地问："朋友多年未见，打扮好点是基本的礼节，为什么不向朋友展示出自己最好的一面呢？"冯友兰笑了笑，没有答言，便匆忙赴约去了。

晚上回来，冯友兰舒了口气，说道："我可以继续安心做研究了。"夫人不解，冯友兰解释道："我的这个朋友，各方面都好，就是自尊心太强，各方面都喜欢争强好胜。我们多年未见，我不知道他过得如何。万一他过得不如意，我穿得太好，会伤害他的自尊心。而且，依他的性格，这次不得意，以后还会不断地来和我暗中较量。今天见面，他似乎过得不错，看到我的衣着，应该不会和我较量了。"夫人这才知道，原来冯友兰想穿差点的衣服，是怕伤害到朋友的自尊心，便释然地点了点头。冯友兰这种为他人考虑、不与人争的品质不仅让他获得了更多清静的时光，成为著名的哲学史家，还让他得到了更多的尊敬，受到朋友们的认可。

自觉在人生之中还表现为行事有原则，有所为有所不为。留学归国后，冯友兰曾应聘到中州大学任教。他刚到开封，朋友傅佩青便告诉他，自己在北京兼了几个大学的课程，每月可收入四五百元，但因有事要离开北京，想请冯友兰去接替他。四五百元在当时是个不少的收入，冯友兰还未决定，他的母亲先听到了，说："这可不行。中州大学好久前就请你了，你也答应他们了，这是众所周知的。如果刚回来就变卦，这可不好。"冯友兰笑了笑，母亲的教导和他所想的完全一样，便谢绝了傅佩青的好意。

人生犹如一条航行在苍茫大海之上的船，每个人都必须在风雨波涛之中辨清自己真正的方向。在这一过程之中，只有牢牢把握好船桨、船舵，才不会迷失方向。这桨便是不断前进的自觉性，这舵便是坚守原则的自觉性，没了它们，船只便会停滞不前，甚至会倾覆在波浪之中。所以说，人生不可没有自觉性，成功的人生更是如此。

03. 平静地接受命运

【原文】

命是指人们所能控制的范围以外的东西。但是，他若是竭尽全力，总还有一些东西是在他力所能及的控制范围以内。因此，人只有已经做了他自己能够做的一切以后，对于那些仍然要来到的东西才只好认为是不可避免的，只好平静地、无可奈何地接受它。

【引申】

"天命难知，人道易守"，对于命运中无可奈何的东西，冯友兰先生建议我们平静地接受它，这是一种面对"不如意"生活的积极态度。每个人都希望自己是最出色的，每个人都盼望得到命运的垂青，永远幸福、快乐，但生活并不是想怎么样就怎么样的。无论你有多么美好的愿望，你多么努力去追逐它们，生活中还是会存在很多你无法改变的东西。此时，会有抱怨、怨恨、失落、甚至自暴自弃，可这一切，对生活又能改变什么呢？

愤世嫉俗、自怨自艾，只会让原本不如意的一切变得更糟，不仅不会带来增益，反而令自己徒增苦恼。面对那些我们无法改变的命运，最好的办法就是坦然面对，平静地接受它们。

史蒂芬·霍金，在20岁之前和其他所有的年轻人一样，幸福、快乐、对未来充满希望。但他在21岁的时候，一场突如其来的疾病忽然降临到他的身上，他的肌肉开始萎缩，他的神经开始坏死，他在逐渐失去了行动能力，不能再像以前那样到处走动了，不能再像以前那样和朋友们四处游玩了，最后连写字能力都失去了，他被"禁锢"在轮椅之上。很多人认为这个人"完了"，再也不会有所作为了。但霍金并没有被疾病击倒，他没有怨天尤人，没有颓废消沉，也没有停止在科学领域的探索。

霍金克服了常人难以想象的困难，先后毕业于牛津大学和剑桥大学，并获得剑桥大学哲学博士学位。由于身体行动不便，他只能用一个小书架和一块小黑板完成他的研究过程。最终在天文学的尖端领域——"黑洞爆炸"理论的研究中，获得了震动天文界的重大成就。

后来，他的病情恶化，连说话的能力都失去了，但他依然没有向命运屈服，他用仅能活动的几个手指操纵特制的鼠标在电脑屏幕上选择字母、单词来表达自己的思想，争分夺秒地在有限的生命中创造奇迹。有时候，为了准备正常人只需一个小时的讲演，他需要准备10天。霍金没有任何抱怨，只是默默地思考着，敲打着键盘……如今，几乎没有人不知道"史蒂芬·霍金"这个名字，他被视为在世最伟大的科学家，被誉为"当今的爱因斯坦"，取得了无数正常人无法取得的成就。

没有人愿意遇到挫折、磨难和不幸，但很多时候它们就像不速之客一样，就那么突然地来到了你的生命之中。你不能驱赶它们，也不能逃避它们，但你可以调节自己的心态：是在自怨自艾的煎熬中度过一生，还是坦然地面对它们、接受它们，这都是由自己决定的。那些不坚定的人，选择了灰心丧气，破罐子破摔，所以他们成为了一具具行尸走肉，带着抱怨、怨恨，消失在了茫茫人海之中。而那些真正的勇者，直面痛苦和惨淡人生的人，积极地接受命运的安排，将挫折、痛苦，转化成前进的动力，所以，他们的人生因为那些不完美，反而显得更加灿烂、更加壮美。

古人云："宠辱不惊，看庭前花开花落；去留无意，望天空云卷云舒。"宠辱不惊，淡然处之，去留无意，逍遥自在，才是最好的人生态度。幸福是生活，不幸同样也是生活的一部分，无论幸福还是不幸，我们都要面对生活，接受生活。不管你遭受了什么，不管你失去了什么，你都要告诉自己：放下抱怨和委屈，平静地接受与勇敢地面对，当生活为我关上一扇门的时候，它一定也会为我打开一扇窗子！

04. 不要执着于是非对错

【原文】

是、非的概念都是每人各自建立在自己的有限的观点上。所有这些观点都是相对的。《齐物论》说："方生方死。方死方生。方可方不可，方不可方可。因是因非，因非因是。"事物永远在变化，而且有许多方面。所以对于同一事物可以有许多观点。只要我们这样说，就是假定有一个站得更高的观点。如果我们接受了这个假定，就没有必要自己来决定孰是孰非。

【引申】

冯友兰先生虽然被称为"现代新儒家"，但他很欣赏老庄思想中那种"无可无不可"的洒脱出尘的处世方式，提出人应摆脱世俗的是非争执，站在更高的角度、以发展的眼光看待世间万物。很多人喜欢用对错来判断事情，用对错判断人，自己认为对的事就是好事，自己认为对的人就是好人，相反则是坏事、坏人。这种态度往往会让自己陷入偏执之中，有时甚至走入歧途。世上之事缤纷复杂，世上之人百态千种，绝非是对错善恶几个字可以概括得过来的，真正有道德、有涵养的人，不会浅薄地用自己的标准去衡量世间万物。

老子说:"上士无争,下士好争;上德不德,下德好德;执著之者,不明道德。"意思就是说:真正有道德的人,不会在大众面前张扬自己的道德,诋毁他人的无德;真正有道德的人不会认为自己比别人高尚,自己做得比别人正确;执着于善恶对错,反而是不明白善恶对错的人。看到他人和自己标准不同,不要急着去责备、反对,而是静下心来好好思考一下,是否别人有自己的道理;看到他人身上存在的不足,不要急着去揭露,以显示自己的"高尚"、"明察",而要用一颗博大宽容的心,去包容他们。

《菜根谭》中说:"今日之是不可执,执之则渣滓未化,而理趣反转为欲根。"不要过于执着于自己的正确,这种执着很可能变成欲望的根源,最终毁了自己。

一个年轻人跟着智者学习,期望能成为道德高尚的人。智者发现,这个弟子开始还勤奋谦虚,可是取得了点儿成就,受到了几句夸奖便沾沾自喜,开始走向邪路。为了显示自己的正确,他经常挑别人的缺点,找到了就向老师报告,以显示自己的聪明。

一次,智者带着弟子们渡江,船夫将渡船拉上岸边沙滩,江潮涌动,沙滩上落下了很多鱼虾,渡船上岸,将那些鱼虾碾压得血肉模糊。那个弟子看到了,便大声说道:"真是残忍啊!真是残忍啊!"大家都奇怪地看着他。他于是问智者说:"老师,您看,船夫拉船的时候,将岸上的鱼虾都压死了,他可真是残忍啊!那些坐在船上的乘客一脸木然,无动于衷,心肠真是冷酷啊!他们为什么会做这种错事呢?"

智者听了说:"船夫没有错,乘客也没有错。"那个弟子不解:"鱼虾都死了,难道没有有错吗?"智者没好气地说:"当然有,那就是你啊!"弟子不服。智者说:"船夫为了生活拉船有什么错呢?乘客花了钱坐在船上又有什么错呢?非要找出别人的错误来,只有你!你总是自己站在道德高地之上,指责别人的是非,难道是一个有道德的人所为吗?"弟子听了,满面通红,从此再也不轻易评价别人是非了。

不要轻易地评价别人的是非，因为你经历的不是别人的人生。多站在别人的角度上，为他人考虑一下，可能就会不再有那么多严苛的要求了，这样也会让自己得到他人的尊重。管仲和鲍叔牙一起做生意的时候，分钱时管仲总是要多拿一点，有人认为管仲贪心，鲍叔牙却说管仲家里确实贫穷；管仲当兵以后，在战场之上屡次做逃兵，有人认为管仲无勇，鲍叔牙却说管仲家里有老母需要赡养。不轻易地为别人下结论，不轻易地抛弃别人，所以鲍叔牙赢得了管仲的友谊，二人成为了知己。

不要轻易地评价别人的是非，因为你没有站在别人的那个位置之上。人所处的位置不同，往往会做出不同的判断，身居高位、掌管大局的人，要为全局利益考虑，他做出的决定很难让每个人都满意。此时，若是身处下位，胡乱评价、抱怨不断，只能显示出自己的无知鄙陋，让人厌恶，招来祸患。

生活中的是非对错，不要过于执着。《忠孝良方》上说："青山不管人间事，绿水何曾说是非。有人问我红尘事，摆手摇头总不知。"与其沉浸于红尘纷扰中，不如寄情于青山绿水；与其执着于得失对错，不如忘情于明月清风。

05. 平淡是一种境界

【原文】

圣贤虽和众人不同，但他达到道德和天地境界，不必做一些标新立异的特别事。

【引申】

冯友兰认为，一个人的境界越高，他便越朴实、越平和，越不会故意彰显自己的与众不同，也更不会因为自己的身份、地位而盛气凌人。老子说："锉其锐，解其纷，和其光，同其尘。"《论语》中形容孔子：温、良、恭、俭、让。做人要平平淡淡，做事要踏踏实实，只有这样，才能静下心将事做好，平平淡淡才能享受真实淡泊的人生。

那些行为奇诡、标新立异的人，大多没有什么真才实学，他们之所以炫奇，就是想通过奇来赚取他人的眼球，来博得自己的名声。殊不知，为学、修德都要踏踏实实地来，容不得半点敷衍、虚伪。人们所采取的行为方式、表达方式都应该遵循圣贤者的教诲，总想通过奇行异节来显得自己与众不同，哗众取宠、沽名钓誉，不仅不会达到目的，还会引起他人反感，会破与他人之间的和谐关系。

冯友兰先生虽然满腹学识、才华出众，但却从来不做什么标新立异的事，总是保持一副平淡朴素的形象。有学生形容他："总是留着一头浓黑的长发、大胡子，长袍马褂，手上总是拿着一个书包，书包的是一块印有太极八卦的蓝布，一副道家装扮。"他在讲课的时候，也没有什么特别的言行："每次上课前，冯友兰先总是面无表情地登上讲台坐下，透过他的玳瑁边眼镜呆望学生们一两分钟后，才开始说话，这时脸上方略带笑容。"在他的课堂上，从没有说过一句引人发笑的话，也没有闲话。抗战初，山海关告急，很多教授上课就谈时事，只有他仍若无其事地说："上次我们讨论墨子的……"开始上他课的学生都会感到单调和乏味，但只要过一段时间，他们就会被冯先生的博学多识而吸引，发现他这种朴实无华的讲课方式才是最有效、最使人受益的。

平平淡淡才是真的味道，就像白水淡茶一样，初尝时毫无特色，细品来余味不绝，那是任何饮料、烈酒所不能代替的。生活如此，做人也应如此，平易近人、朴素踏实才最可贵，才最能赢得他人的尊重。冯友兰先生在为人处事中，就一直保持着平易近人的特点。

20世纪40年代，冯友兰回唐河祁仪镇探亲，那时他已经颇有名气，乡邻们听说博士回来，几百人自发去迎接他，一直接到了镇北三里多远的村子。可是当马车来到跟前的时候，里面却没有冯友兰。车夫告诉大家，马车离镇子十几里的时候，冯先生便下了车，步行回到家中，早从东小门进街了。乡亲们大失所望，说友兰二十多年没有回来，回来后乡亲们前来迎接，却连个面也不能见。事实上，冯友兰并非不近人情，而是不想过于张扬，不久以后，他就逐家挨户地登门拜访，乡亲们非常感动，才知道那

天怪罪了他。

　　生活就像一杯水，装水的杯子是朴实还是华丽并不会影响它真正的味道。与其费尽心思、标新立异来赢得他人的目光，不如朴朴实实地生活；与其盛气凌人、骄傲自大显得自己与众不同，不如谦卑恭顺，和光同尘。只有具有大智慧的人，才会知道朴实、平淡是一种人生境界，是喧哗过后安宁的回归，是看尽繁华之后，与世无争的悠闲。

第二十二章

经营更好的人生

> 人生的目的和价值何在？怎样获取人生的幸福？每个人都会追问自己这些问题。冯友兰先生从哲学的角度进入，于中国传统文化的精神与血脉之中摄取养分，为我们提供了人生观的别一种答案。
>
> 冯先生的很多言论中都洋溢着人生的智慧，令人耳目一新，可以让人长久践行。本章就摘撷部分有关如何经营更好人生的语句，供读者思考，亦可以管中窥豹，从而对冯先生的哲学思想有所了解。

01. 爱能带来更多的爱

【原文】

爱别人就是一种个人保险或投资，它是会得到偿还的。可是绝大多数人都很近视，看不出这种长期投资的价值。

【引申】

这句话是冯先生在讲解墨子"兼爱"思想时提到的，中国传统文化无论哪一家都提倡"爱"，儒家提倡仁爱，墨家提倡兼爱，道家的无为其实也是一种不对别人进行干扰的利人、爱人。只有爱别人，才能得到他人的爱，爱是一种付出，同样也是一种收获。

投资一把种子，收获的是更多的粮食；投资一笔金钱，获的是更多的金钱；若是投资一份爱呢，难道也会收获更多的爱吗？答案是肯定的。像种子、金钱一样，爱也是一种投资，而且是一种长期的、利润更加丰厚的投资。爱的投资没有种在地下，没有写在纸上，但它却是最真实、最可靠的，它会在你最困难的时候兑现，会还给你一个美好的人生。

父母爱护儿女，当他们老了，儿女反过来孝顺父母，这便是爱的投资与回报；一个人帮助朋友，当他自己陷入困难了，朋友同样会为他赴汤蹈火，这便是爱的增值与兑现。爱的投资不局限在亲戚朋友之间，在任何时候、任何人身上，哪怕是今生今世再也不会相见的陌生人身上，你也可以大胆的投资，永远不用担心错过爱的回报。

美国德克萨斯州，一个风雨交加的夜晚，一位名叫克雷斯的年轻人驾车匆匆地行驶在路上，忽然汽车抛锚在雪地之中。四处看不到人家，克雷斯焦急万分，他不知道自己能否熬过这漫长冰冷的夜晚。此时一位骑马的男子恰巧经过这里，看到此情景，他二话没说，用马将克雷斯的汽车拖到了最近的小镇之上。

克雷斯感激万分，将自己身上的所有钱拿出来答谢。那位男子将钱推回去，对他说："我不需要钱，只要你的一个承诺。"克雷斯感到很奇怪，又担心自己无法完成承诺，正在犹豫，男子笑笑说："我只希望，你在看到别人遇到困难时，能够像我帮助你一样去帮助他们。"

克雷斯答应了男子，在以后的日子里，他主动帮助了许许多多的人，并且每次他都没有忘记向被帮助的人转述男子的那个要求。

许多年以后，克雷斯被一场忽如其来的洪水困在了孤岛上。正在他万念俱灰之时，一个勇敢的少年冒着被洪水吞噬的危险，划着小船将他救了出去。他正要感激少年的救命之恩时，少年竟然也说起了他自己说过无数次的那句话："我不需要回报，只要你的一个承诺……在其他人遇到困难之时，你也能像我帮助你一样去帮助他们！"

一股暖意从克雷斯胸中涌起："原来，这根关于爱的链条，周转了无数的人，最后经过少年还给了我，我一生做的这些好事，全都是为我自己做的！"

一个富人为了保护自己的家产，向保险公司投了一大笔钱，每日依然战战兢兢的，唯恐有人来抢劫。于是，他的朋友劝他："您投资这么多金钱来保护自己的财富，哪如投资爱更有效呢？"富人不解，朋友说："你虽然很富有，但周围的邻居没有受到任何惠济；乡里人都传扬你的富有，却没人说起你的德行。"富翁大悟，于是在家乡造桥修路，帮助困难的相邻，乡里人无不感念他的慷慨美德。有可疑的人窥视他的财富时，人们都向他通报。一次他家中着火，邻居们都奋不顾身地前去扑救。富翁感慨万千，对朋友说："谢谢您的指导，让我知道了仁爱才是世上最好的保险！"

爱别人是一种最好的投资和保险，真正的智者不断在生活中种下爱的种子，所以能够收获美好的人生；而那些愚蠢的人，在生活中随意播撒恶意与冷漠，所以他们的人生中也充满了提防、报复、冷漠、落井下石……你想要什么样的人生，便做出什么样的投资，是爱还是恨，由君自抉择！

02. 顺应生活规律，不可妄为

【原文】

老子警告我们："不知常，妄作，凶。"我们应该知道自然规律，根据它们来指导个人行动。老子把这叫作"袭明"。人"袭明"的通则是，想要得些东西，就要从其反面开始；想要保持什么东西，就要在其中容纳一些与它相反的东西。谁若想变强，就必须从感到他弱开始。

【引申】

对于老子顺其自然的观点，冯友兰是十分赞服的，他在平时教学之中也常常告诉学生们，要知晓自然规律，顺从自然规律，如此才能有所成。自然中的万物、社会中的人和事，都有一定的规律，聪明的人发现规律、顺从规律所以能将事情做好；愚蠢自大的人，无视规律、甚至故意违拗规律，等待他的只有失败。

古时一个商人，从小生活在北方，一次游玩江南，吃到了橘子。商人觉得橘子甘甜可口，要是能在北方栽种，新鲜的橘子一定可以卖个大价钱。于是，他购买了很多橘子树苗，运回家乡准备栽种。一个朋友劝告他说："橘子只能生长在南方，种到北方就变成了枳，味道苦涩难吃。"商人不听，说："我只知道地上种什么树，树上结什么果子。难道果子也会想家，到了这里就变味吗?!"朋友见到他如此顽固，也生气不再劝谏他。商人砍伐掉了自家果园中的树木，全部栽种了橘子。几年以后，橘树上长出了果子，商人细心呵护，等到秋天雇人将它们摘下来，准备卖给四邻。但人们发现果子又涩又苦，没一个人购买。这时那个朋友走来，对他说："怎么样，果子想家了吧！"商人大窘，又心痛又羞愧。

自然规律应该顺从，社会规律同样不可违背。统治者应该爱护人民，懂得"水能载舟，亦能覆舟"的道理；管理者应该立足于社会现实，不可脱离实际，为所欲为；个人应该将自己的命运和社会紧密联系，不能脱离社会关系而独自妄为……这些都是需要遵守的社会规律，违背了它们组织就不可能安稳、个人就不可能取得成功。

东汉末年，董卓掌握了国家大权，不思安定国家，却骄奢淫逸，为所欲为。有人劝谏，他说："天下之事，岂不在我，我欲为之，谁敢不从?"为所欲为，不行道义的结果就是被人斩杀，身首异处。

生活之中，也不能想干什么就干什么，自己不了解情况，就多听听别人的劝谏，不要想当然地做事。很多时候我们对现实和生活没有那么深刻的了解，盲目行事就会给自己带来灾害，多听他人的劝告，遵守规矩才会避免失误。

冯友兰先生就曾收到过一次这样的"教训"。抗战初期，几位清华教授从长沙前往昆明，途径镇南关的时候，司机对车上所有人说："不要将胳膊伸出窗外去！"别人都照办了，唯有冯先生不以为然，他想：手伸出窗外又能怎样？放在窗外不放在窗外又有什么区别？把手放进来难道就更有意义吗？还没有考虑完，忽然剧痛传来……原来，车子要经过城门，所以司机让他们将手拿进来。冯先生因为没有听从司机劝告，而胳膊骨折，经过这个教训以后，冯友兰先生常对人说："无论干什么都要守规则，不能想怎么样就怎么样，要多听别人的劝告。"

一个人生活在自然之中，就要遵守自然的规律；生活在社会之中就要遵守社会的规律，"无规矩，不成方圆"，无规矩，就不能成功。

03. 莫被外物所萦系

【原文】

人常说的"旁观者清，当局者迷"，就是不能廓然大公，有我之存在，总是战战兢兢，患得患失，结果也许很糟。

【引申】

冯友兰先生一直主张人应立足于高处，用一种超脱世俗的眼光看待万物，如此才能达到更高的人生境界，摆脱外界的束缚。老子在《道德经》中说："宠辱若惊，贵大患若身。何谓宠辱若惊？宠为下，得之若惊，失之若惊，是谓宠辱若惊。何谓贵大患若身？吾所以有大患者，为吾有身，及吾无身，吾有何患？"人之所以经常战战兢兢、患得患失，就是太过于看重自身了，因此被世俗的得失利益所萦系。真正的智者能够看透"小我"，以"廓然大公"之心囊括天下万物，所以他们不会为得到一点私利而欣喜若狂，不会为了暂时失去而悲切不止。

人要学会超脱，放下得失之念。泰戈尔说："假如你为失去夕阳而哭泣，那么你也要失去群星了。"生活中有很多不如意的时候，过去就过去了，如果我们不能放下，执着于不如意，那么生活就会越来越糟，内心将永远得不到解脱。

一个老头背着一个瓦罐行走在集市之上，一不小心瓦罐啪的一声掉在了地上，摔得粉碎。人们都为老头感到可惜，可老头就像没感到一样继续向前走。有人忙叫住他，说："大爷您的瓦罐摔碎啦！"老头说："知道。""那您为何不回头看看？""既然已经摔碎了，还回头看什么！"说罢，头也不回地走了。

开始听到这个故事的时候就感悟很深，这老者一定是个得道高人，不然为何能如此看待财物，如此逍遥自如呢？生活中若是能有这种心境，一定会减少很多烦恼。有些人考试没考上，便陷入绝望之中，认为自己一生都没什么希望了；有人做生意赔了一点钱，便心灰意冷，觉得再也翻不了身了；有人因亲人、朋友去世便万念俱灰，觉得自己没法再活下去了……其实，这都是执着于得失，不能放下啊。

《菜根谭》中说："两个空拳握古今，握住了还当放手；一条竹杖挑风月，挑到时也要息肩。"人生之初本就两手空空，一身轻松；可是每个人都追逐权力、财富、地位，这些真的很重要吗？金银成山，高位重权，又能带来什么呢？生命有限，攥着再大的权力终将失去，攥着再多的财富终要放手，欲求无度，只会让自己永远劳苦，得不到休息。

人还要跳出小我，即有一种无私之心。楚国有个人丢失了一把弓箭，别人劝他去找找，他说："楚国人丢了，楚国人捡到了，还去找什么？"孔子听到以后，说："去掉'楚国'二字就好了。"老子听说以后，说："要是把'人'也去掉就更好了。"超出了自己的概念所以能够利人，超出了国家的概念所以能够利天下；超出了人的概念所以能够利天地万物。

越是伟大的人生，就越无私。一个人如果心怀天下，想要进入更高的境界，就要放下私念，摆脱外物的萦系，做一个"廓然大公"的人。

04. 外不欺人，内不自欺

【原文】

真正言行一致、表里如一的人，即是外不欺人、内不自欺的人。

【引申】

中国古人修身很讲究表里如一、言行一致，作为国学大师，冯友兰自然也是如此。孔子说："巧言令色，鲜矣仁。"即内心一套，表面一套，喜欢阿谀谄媚的人，很少是真正具有仁德的。《大学》中更是强调"诚意"、"正心"，要求人们从内心上去修养德行，而不是内外不一、欺名盗世。

言行一致，就要做真实的自己，不要为了面子而将自己裹在虚伪装饰之中。很多人本来没有钱，却非得穿名牌，充大款；本来没有学问，却非要引经据典，贻笑大方；本来只是个普通人，却非要和一些权贵拉关系，在别人面前标榜自己多么多么有能力、认识哪个大人物。其实，这些拙劣的表演，他人一眼就看穿，只不过不愿说出来而已，自以为得到了荣耀，在他人心中只会被人轻视，被人所不齿。

一位哲人收了一位徒弟，徒弟很听话，可是总是爱慕虚荣。有了一点小小的进步，便会在别人面前夸耀、吹嘘。为了改正徒弟的这个毛病，哲人将他带到了果园里，指着一堆刚刚摘完的果子对徒弟说："去里面挑一个最好的果子。"

徒弟选来选去，拿了一个又大又圆的果子送给老师，哲人问："你为何觉得这个是最好的果子呢？"

"因为他是里面最好看的，个头大，表面又光洁无瑕。"

"我看未必。"哲人说着，走到果堆旁，也挑了一个果子，那果子又小又不光滑，上面布满了风吹日晒的疤痕。

看到徒弟不相信的样子，哲人说："每个果子咬一口试试。"

徒弟咬完后才发现，自己的果子虽然看起来很好，却又涩又酸，而老师挑选的则又甜又脆，它不禁有些脸红了。

"果子是用来吃的，外表如何并不重要。有的果子躲在风吹不到，日晒不到的地方，虽然光滑好看，其果肉却毫无可取之处；有的果子经常风吹日晒的，虽然貌不起眼，却甜在其中。人也是一样，好的名声、好的服饰，只是外表。别人和你交往真正看重的是你的学问、你的德行。如果一个人只为名声而活着，那就像果子只为外表而生长一样，内心一定会有所欠缺。人们只要一'尝'就会发现他是好是坏，是有真才实学，还是空有花架子。"

徒弟听完老师的教诲后，顿时领悟，深深地低下了头。

在现实生活中，你要让自己成为哪一种人，是徒有其表、没有内涵的人，还是道德完备、具有才能的人呢？你更愿意和哪种人交往，是带着美丽面具的人，还是露出平实容貌的人呢？要想成为一个有内涵的人，就要做到表里如一，要想得到他人的尊重就要做到言行一致。冯友兰先生就是一个表里如一的人，他心中想到什么就说什么，与别人意见相左，也从不隐瞒，而是直言相告。

胡适是冯友兰的老师辈人物，即便如此，冯友兰对自己不认可的地方也毫不隐晦。他曾直言批评胡适道："适之先生的病痛，只是过于好奇和自信。他常以为古人所看不出的，他可以看得出；古人所不注意的，他可以注意。所以他经常指出古人所公认为不重要的人物来大吹大擂，而于古人所公认为重要的，则反对之漠然。这是不对的，因为人的眼光不能相去得那样远啊！"有人认为冯友兰和胡适二人是文人相轻，互相攻讦，其实冯先生所说的话，并不是出于私怨，而是对自己看法的耿直表述。当别人大肆批判胡适，有欠公允的时候，他不仅不会落井下石，反而要为这位学术上的对手说两句公道话："现在批评适之先生的人真多，有的竟著起一部书批评他。但他们的态度多欠公允，因为他们常把适之先生二十多年前的话来攻击。这如何算得是公允的呢？"

一个人保持言行一致、表里如一，才能成为真正道德高尚的人，才能得到他人的尊重。"说一套，做一套"，只能蒙蔽别人一时，获得一时虚荣，久之，必然被身边所有人抛弃。这样的人，永远不能在事业上取得什么成就。

05. 顺应自然，珍惜当下

【原文】

何为幸福？凡物各由其道而得其德，则是凡物皆有其自然之性，苟顺其自然之性，则幸福当下即是。

【引申】

"幸福当下即是"，懂得珍惜当下的人，才能抓住人生之中的幸福，冯友兰先生是这样认为的，他也是如此做的。生命的目的就在于追求幸福，可什么才是幸福呢？有人拼命追逐钱财，有人拼命追逐权力，有人沉迷于酒色之中不能自拔，他们幸福吗？表面看来他们一生都在追求着自己想要的，其实，他们错了。能够滋养生命的并不是财富、权力、享乐，而是恬静自然的本性，能够顺从生命的自然本性，放弃那些虚妄、执着的追求，珍惜自己当下所拥有的，才是真正的幸福。

珍惜当下，就要懂得接受现实，乐观地面对生活。上天创造每个人的时候，都给了他与众不同的缺点和优点，顺性就是要认识到自己的长处，与不足，发扬自己的长处，去实现自己的价值，接受自己的短处，不要怨天尤人。冯友兰先生是一名出色的大学教授，但很多人不知道先生其实有口吃的毛病。听他的课，很多学生最深刻的印象便是他的口吃，往往一句话在黑板上已经写完，他的话还没有讲完。冯先生念墨索里尼，必"摸索摸索摸索"许久，一句"学而时习之"的"而"字，要"而"一分多钟，在学生中传为笑谈。但冯友兰从未因此而自怨自艾，他勇敢地面对自己存在的这一缺点，并将其转化成一个有用的演讲办法。每当口吃的时候，他都停顿一下，这样一停顿反倒给学生一个思考他接下来讲什么的机会。也因为口吃，他讲话简要而精辟，这一以来，很多学生反而十分喜欢听他讲课。

珍惜当下，就要有乐观向上的心境，在生活中无论遇到什么样的困难，都要坦然面对，在清贫苦难中体味出生活的幸福。冯友兰在美国留学时，官费有时不能按时寄来，只能靠勤工俭学维持生活。那时，他只能到餐馆刷盘子，每天经过紧张的学习，还要去餐馆中任人呼来喝去，但他从来没有消沉过。一次，冯友兰因为去中国城演讲耽误了上工，受到老板怒斥，失去了工作。朋友们都以为他会有些失落，没想到冯先生没有受到一毫影响，他立刻又找了份相同的工作。还欢喜地告诉朋友，他偶然间发现了一种洗盘子的好办法：他将盘子立在木板之上，放进一个箱子中，用水冲洗，几分钟就干净了。

顺应自然之性，还要有宽容博大的胸怀，宽和地对待万物万事。冯先生就是一个心胸宽广之人，即使受到别人讽刺、嘲笑，他也能坦然面对。

西南联大的学生壁报上曾张贴一幅漫画，画中有梯子一架，梯子脚下垫着《新世创》、《新原人》两书，梯子上站着冯友兰，翘着胡子，回过头来向学生们招手，但学生们都站着不动。冯友兰也前去参观了这幅漫画，人们以为他会生气，没想到他只是淡淡地说："画得很像。"

郑振铎与冯友兰一起出国访问时,郑幽默风趣,喜欢管冯友兰叫"大胡子",不时地和他说些开玩笑的话。有一次,冯友兰正在理发、刮脸的时候,郑振铎在旁边起哄,连声对理发师高呼:"把他的络腮胡子刮掉!"理发师被吵得不知所措,一失手,真把冯友兰的胡子给刮掉了一块。郑胜利似的大笑,旁边的人也赔着笑,然而冯友兰只是微微一笑,神色始终未变。

幸福并不神秘,幸福并不遥远,珍惜当下,顺应自然之性,坦然地接受生活中的缺憾,以博大的胸襟包容万物,幸福就在我们身边。

第二十三章

树立积极的人生态度

冯友兰在国学研究之上是一个集大成者,他的思想之中即有老庄超脱世俗、顺应自然的思想,又有积极进取、努力拼搏观点。总的来看,他更加支持一种积极的人生态度,主张人们自知自觉,努力进取,寻找机会、等待机会去创造辉煌的人生。

人生之中,尤其是年轻之时,最重要的就是努力打拼,用汗水浇灌成功的未来。本章选取了冯友兰先生积极进取的几句话,加以引申,希望读者能够从中获得激励,鼓起奋勇前进的勇气,创造更美好的未来。

01. 知不足

【原文】

人在学问途上要知不足,学历越高,越能知不足,知不足的时候就要读书——立学于勤,方有所成。

【引申】

冯友兰先生认为,人在学问之中要有股知不足的劲儿。知道自己的不足,才能发奋于心,立志勤学,然后取得成就。若是,有一点小成就便骄傲自满,丧失上进之心,就再也不会取得更高的成就了。所以《礼记·学记》中说:"学然后知不足,教然后知困。知不足,然后能自反也;知困,然后能自强也。"

虚心使人成功,骄傲使人失败。一个人如果骄傲自满,就会因自满而招致失败，受到讥讽，甚至成为他人笑柄。

宋仁宗的时候，读书人苗振做了几年官，然后去朝廷应试。考试前，他去拜见当朝宰相晏殊，晏殊劝他说："你当了几年官，对于学问恐怕是生疏了吧，应好好温习一下才能应试。"苗振自恃才高，不以为然地说："养护孩子三十多年的老母，难道会倒绷孩儿吗？"结果，考试的时候，苗振一不小心犯了一点小错误，将"普天之下，莫非王土"写成了"普天之下莫非王"而落选。晏殊得知消息以后，拍着他的肩膀打趣道："看来，您真的将孩儿绷倒了！"苗振十分羞愧。

骄傲自大，往往会自取其辱，冯友兰先生也有过这样的一次"教训"。印度学者罗德到西南联大演讲，冯友兰看到他以后，大大咧咧地说道："印度佛学是消极的。"罗德并没有辩白，只是说："你不懂吗？请你去请教你们的佛学大师汤用彤教授。"冯友兰意识到了自己的失言，没有辩解，但一直将这件事记在心中。从此，他很少在别人面前显露自己的学问，更不以博学标榜自己，谦虚谨慎，勤学不殆，最后用博学赢得了他人的尊重。

其实，不单单在做学问上，在修身、立业等方面，也要时刻怀着谦虚之心，知道自己的不足，发奋努力去弥补自己的不足。中国有句老话："人贵有自知之明。"古希腊的阿波罗神殿门上，同样刻着一句古话："认识你自己。"中国希腊相距万里，却有几乎一模一样的戒言，这说明它是人类社会的普遍真理。认识到自己是做人做事的基础，只有认识到自己，才能在学问、道德的探求之路上取得成就，造福于社会。

既然知道自己的不足是做事的基础，那么就应该将发现不足当成一种乐事，就不要讳疾忌医、自欺欺人。古人强调闻过则喜，别人指出自己的缺点，不要怨恨他们，而是要因认识到自己的不足，能够改正自己的不足而感到高兴。孔子就是这样的一个人。

一次，陈国司寇赴孔子居处拜访，他问孔子说："鲁昭公懂得礼吗？"为了维护国君的尊严，孔子立刻回答道："知礼。"离开以后，陈国司寇对孔子的弟子巫马期说："我听说君子是不偏袒别人的过错的。孔子作为鲁国最著名的君子也偏袒吗？鲁君从吴娶妻，因同姓，讳称她'吴孟子'。鲁君这样做，如果算是懂礼，还有谁不懂礼呢？"巫马期将他的话转告给了孔子，孔子愉快地说道："我孔丘真幸运呀，如果有了过错，人家必定让我知道。"巫马期不解地问："老师。陈国司寇明明指出了昭公不懂礼和你偏袒他的错误的事，你却感到幸运、喜悦，这是为何？"孔子说："懂得自己的不足而进行改正，一个人的德行才会不断提高，别人指出我的过错，我能够进行改正，这难道不是一件幸运的事，不该快乐吗？"巫马期点头称是。

认识自己，是做人做事的基础；知道自己的不足，然后才能有所进步。我们每个人都应时刻反省，努力找出自己的不足；虚心听取别人的批评、劝谏，审查并改正自己的不足！

02. 人生当尽力

【原文】

人对外部世界首先应当尽力而为，只有在竭尽所能之后，才能沉静接受人力所无法改变的部分。

【引申】

冯友兰先生主张，只有尽力而为、竭尽所能之后，才能沉静地接受无法改变的命运。其实，这在现实生活中是很好理解的。两个考生，考了同样的分数，离理想中的大学都差了那么一点点，但他们的心态却完全不同，因为在准备的过程中他们选择了不同的方式。其中一个考试之前早起晚睡，抓紧一切时间复习，所以考试之后，他淡然处之，对自己说："我已经尽力了！"而另外的一个人，考试之前嬉戏如故，成竹在胸，看到成绩以后，闷闷不乐，经常对人叹息："要是考试前用点心，就好了！"人生中之所以充满那么多的遗憾、后悔，其实，并不是因为失败和错过，而是因为当初并未全力以赴。

冯友兰先生不仅是个大学者，还积极地关注社会现实，他很同情那些心怀理想的学生。20世纪30年代，他因以历史唯物主义观点讲述秦汉哲学而被判入狱，多亏亲朋好友的营救才脱离危险。但即使身处这种险境之中，他也没有丝毫改变自己爱学生、支持他们为理想而斗争的本色。他经常救助被军阀围捕的学生，冒着被"杀头"的危险将他们藏在自己家中。有人问他，帮助学生也要有个限度，为什么要如此尽力而为，不计后果呢？冯先生回答："尽力而为，做自己应该做的事，以后才能无愧于心。现在看到应该做的而不去做，以后就要受到良心的谴责！"

全力以赴，也是事业成功的保障。成功来源于精诚专一，全力以赴就能成功，不全力以赴、懈怠散漫，迎来的必然是失败、后悔。所以，无论对于任何事，只要我们决定去做了，就要全力以赴、毫不懈怠地去完成它。

一段道路异常险阻，有两位旅者想要穿过这段道路，去山岭那边的城市。出发前，他们在山前的旅店中歇脚。二人出发后，旅店老板对伙计说："前面的那个旅客一定通不过这段道路，要提前准备好房间等他回来；后面的那个旅客一定会穿过险阻，就不用管他了。"伙计很奇怪，道："可是，我看前面的那个人身体更强壮一些啊！"老板笑而不语。

几天以后，前面的那个旅客果然拖着一副疲惫的身躯返回来了，而后面的那个旅客则没有。伙计十分惊讶，就问老板："为什么您在几天前就知道这位旅客会返回，而后面的那个会通过呢？"老板说："通过这段路要五天时间，而最险的地方在第四天的路程中。前面的那个旅客带着八天的口粮，而后面的那个人则只带着五天的口粮。这说明前面那个人，心存畏惧，又怀着可以返回的念头，所以面对险阻不会全力以赴；而后面的那个人则只能前进，不能后退，所以他必定会全力以赴地通过险阻。"

人生的道路上充满了各种险阻，尽力而为才能最终取得成功。韩信面对数倍于己的赵军，令士兵背水为阵，使他们置之死地而后生；项羽面对几乎不可战胜的秦军，令士兵们破釜沉舟、拼死一战，最终击溃秦军取得了胜利。他们之所以能成功，就是因为抛弃了其他一切想法、退路，全力以赴追求目标的结果。

对于一个想有所作为的人来说，不妨经常问一下自己：你尽力了吗？你全力以赴了吗？唯有尽力，才能成功；唯有尽力，方能不怨不悔；唯有尽力，才能放下奢望，从容地面对生活。

03. 获得他人的认可，人生才有价值

【原文】

所谓名誉者，是众人对于我的过人之处的承认；若我虽有过人之处，众人不愿意承认，则虽有过人之实，名亦不立。

【引申】

孔子说："君子疾没世而名不称焉。"《史记》中说："贪夫徇财，烈士徇名。"古人很重视自己的名誉，所谓"名誉"就是他人、社会对自己的认可。冯友兰先生同样指出，一个人不仅要勤学修德，使自身具有才能、德行，还要积极地投身于社会建设之中，造福于他人、造福于社会，得到外界的认可，这样的人生才更有意义。

要想拥有名誉，获得他人认可，就要令自己的人生对于他人来说真正具有价值。而人生的价值不在于一个人有多大的能力，拥有多高的才学，而在于他为别人贡献了多少，他为社会做出了什么。

两个灵魂脱离了肉体以后，来到了上帝面前。上帝对他们说："天堂和地狱都恰好空出一个名额，你们两人生命价值高的人将进入天堂，生命价值低微的人将被送往地狱。"一个灵魂听了，高兴得手舞足蹈，对旁边的那个灵魂说："我生前是富甲一方的大财主，而你只是一个贫穷的教书匠，看来你要去地狱中继续教书了，而我将在天堂中享受不尽的荣耀。"

可是，上帝来到他们面前，对财主的灵魂说："你要进入地狱，而他则进入天堂。"财主的灵魂急切地辩解道："上帝，您一定是弄错了！我一生所取得的成就要比他多得多！"上帝冷淡地看了他一眼，说："你虽然富甲一方，却从来不做善事，你的财富都是开启天堂的钥匙——只要你用它

们来行善济民，可你却将它们牢牢地锁在仓库之中，看着身边的穷人们食不果腹、衣不蔽体。你的价值在哪里？"转身指着教书匠的灵魂说："可是他就不同了，虽然他没有你那么多的财富，却到处传播知识和善行，还用自己微薄的收入帮助贫困的乡邻。懂得贡献的人生，才是具有价值的。不信你看看下面！"

说着，上帝划开云层，他们向下望去，财主看到自己躺在华丽的棺材之中，虽然周围遍布黄金、美玉，但身边只有几个家仆，没一个人流下眼泪，而穷教书匠的家中聚集了很多悼念他的民众，很多人流着泪向他的遗体鞠躬……

其实，人生的价值就在于获得社会的认可、他人的认可。要想实现这个目的，别无他法，只有"贡献"二字而已。冯友兰先生深谙此道，所以他提出人要追求贡献他人、社会的道德境界，无私无我、心怀宇宙的天地境界。而他本人也正是这么做的。

1948年，冯友兰从美国带回一台冰箱，当时这是整个清华唯一的一台，全北京城也不多见，他对这台冰箱很是珍爱。但当他得知清华校医院需要冰箱时，二话没说，当即就捐了出来。1985年冯友兰90岁寿辰，家乡人民派代表特地去北京看望他，在谈话之中他得知家乡教育现状还颇为落后，立刻慷慨地从多年的积蓄中拿出1万元资助修建了祁仪乡中学的教学楼。后来，唐河县修建图书馆，冯友兰得知后又慷慨解囊捐助人民币1万元和上千册图书。

冯友兰之所以受到人民的怀念、尊重，不单单是因为其学识渊博，更重要的原因是他拥有那种贡献社会、慷慨助人的精神。这种无私贡献的精神，让他得到了更多人的认可，也让他的人生步入了更高的境界，让他的生命具有了更高的价值！

04. 努力是成功的必要因素

【原文】

无论在哪一方面成功的人，都要努力。如果非常懒惰，而想成功，正如希望苹果落在自己嘴里，一样的不可能。

【引申】

冯友兰先生认为成功的来源只有一个，那就是——不断努力。每个人都想成功，但成功是"想"不来的，只有立足于现实，踏踏实实地去努力追求，才能在某一方面取得成就。人们都羡慕爱因斯坦、居里夫人的学识；羡慕马云的财富，却不知道他们之所以能够取得成功，灵感、天赋只占百分之一，而辛勤奋斗的汗水却要占上百分之九十九。

爱因斯坦小的时候，天赋并不比别人高，相反，他智力发展得较慢，和同学们相比显得十分愚钝。别人十分钟就能完成的事，他要做半个小时；别人一次做好的事，他要反复几次都不一定做好。为此，曾有老师指着他的鼻子说："如果你能够成功，世上就没有不成功的人了！"但爱因斯坦并未放弃，他用比别人多得多的努力，终于成为了20世纪最伟大的物理学家。

居里夫人，在求学的时候，她便以勤学苦读而著称，为了不受别人的打扰，她独自租了一间阁楼，在没有暖气、煤气、水，也没有电灯的环境下默默地钻研学问。有时，为了读书甚至不顾惜自己的身体。有一天，她晕倒了。姐夫赶来一边仔细地给她检查身体，一边问她都吃了什么东西。她头一天晚饭只吃了一把萝卜和半磅樱桃，一直学习到凌晨3时。姐夫把她接到家中，在姐姐一家的精心护理下，她才恢复了健康。

马云创业之初，为了工作有时连续几个月不休息一天，经常用泡面过日子。为了赶项目，甚至连除夕都不休息，连年夜饭都用方便面对付。世人往往只看到别人取得成功之后的光鲜，却没有认识到他们之所以取得成功的原因，没有看到他们在成功之前的努力付出。

冯友兰先生之所以成为了一个博学多识的人，和他长期不断的付出努力是分不开的。首先他做事十分认真，为学之时精诚专一，不怀"二心"。在西南联大时，日军入侵，生活困难，一些师生便从滇缅公路到仰光等地贩一些物资到云南贩卖，"下海"做生意。冯友兰在学校同事和家人面前多次表示，人一心不能二用，生活再苦，也不能分了心，仍专心致力于学问。

其次，冯先生彻底发扬了"将学习进行到底"的精神，在求学之路上一路进取，从不松懈。

晚年，冯友兰耳失聪，眼睛也失明了，但他依然没有停止著述。据他的博士生回忆，冯先生视力有障碍后，全靠记忆指导学生协助自己编写，需要引用什么资料，他凭记忆让助手去某处查某一部分，然后由助手念给他听，由他决定取舍。

年过九旬之后，冯友兰仍坚持每天9点钟起开始工作，由于行动不便，他坚持上午不喝水，以减少上厕所的次数。生命的最后一两年，冯更是频繁地来往于家与医院之间。1990年初，病床上的冯友兰低声对女儿说："庄子说过，生为附赘悬疣，死为决疣溃痈；孔子说过，朝闻道，夕死可也；张横渠又说，生，吾顺事；殁，吾宁也。我现在是事情没有做完，所以还要治病。等书写完了，再生病就不必治了。"于是抓紧一切清醒的时间整理著作，终于在生命结束之前，完成了《中国哲学史新编》的第七册。

在人的一生中，如果你要想取得成功，就必须付出努力。努力是通向成功的桥梁，那些成功者拼搏了、奋斗了，跨越了这座桥梁，所以取得了辉煌的成就；而那些失败的人，不想付出，逃避困难，他们也在逃避中断绝了自己通往成功的路。

05. 寻找机会，等待机会

【原文】

如一个人有天赋才能，并且肯十分努力，但却仍需遇巧了机会。如果没有机会，虽然有天资，肯努力，也是"英雄无用武之地"了。

【引申】

冯友兰认为成功不仅仅要靠天赋才能、努力拼搏，还要有合适的机会。《孟子》中说："虽有智慧，不如乘势；虽有镃基，不如待时。"很多时候，好的时机要远远比才能、努力更加重要。人应该懂得等待，当时机不好的时候就"潜居抱道"，静观其变，当时机到来之时，再奋起有为，牢牢地抓住时机。

等待时机并不是消极退缩，而是掌握了事物变化的规律，懂得取得成功的智慧；那些一味莽撞的人，永远不能懂得等待的奥妙，只能将自己的才华在"不合时宜"中挥霍浪费。

秦朝时有两个人，一起拜师学习兵法，他们都想凭借自己的才智而有所作为。其中一个人认为，天下刚刚统一，不是自己展现才智的时机，逆时妄为一定会招致祸患，于是归隐山间，以耕种为生。另一个人认为自己一身才华，一定能取得富贵，于是便去游说秦始皇。秦始皇刚刚灭了六国，统一天下，正考虑着如何保持天下太平，听到他谈论兵法，既不能用他，又担心将来他凭借才学扰乱天下，危害秦朝统治，便找了个罪名将其处死了。秦始皇死后，二世无道，天下大乱，群雄并起，归隐的那个人用所学兵法游说于诸侯之间，很快就得到了功名和富贵。

一个人的才华只有在恰当的环境之中，才能有所作为，创造辉煌，真正的智者要善于洞察机会，抓住机会。地中海东岸的沙漠里生长着一种蒲公英，不同于一般蒲公英的生长，它并不按季节来舒展生命。因为是在干燥的沙漠地区，如果没有雨，它一生一世都不开花。但是只要有一场雨，哪怕雨量极少，而且不论这场雨什么时候落下，它们都会抓住这难得的机会，迅速开出花朵，并抢在雨水蒸发掉之前，做完受孕、结籽、传播等所有的事情。在那种干燥恶劣的环境中，这种蒲公英因为懂得等待时机，延续着生命的奇迹，让无数人惊叹不已。只有拥有沙漠蒲公英般的品性，坚韧生长，默默等待，机会来临时，就果敢地抓住，利用一切条件向上努力，才能成为了不起的人。

姜太公一生贫困，但坚持自己的志向，等待机会，终于等到了周文王的赏识，建立了一番盖世之功；勾践在失败之中，坚持不放弃，卧薪尝胆，等待机会，终于打败了强大的吴国，成为一代霸主；孙膑受到庞涓的陷害，身体残疾，但他并没有自暴自弃，而是装疯卖傻，等待机会，终于被齐国使臣所救，最后击败庞涓，报了大仇……历史上，在困境之中不放弃，等待机会取得成功的事，举不胜举。

"天将降大任于斯人也，必先苦其心志，劳其筋骨，饿其体肤，空乏其身，行拂乱其所为，所以动心忍性，增益其所不能。"成功之人，在生活中都会遭遇各种打击、挫折，弱者在命运面前屈服，而强者能够直面人生之中的惨淡与苦难，他们像沙漠中的蒲公英一样默默忍耐，虽然陷入困窘，却拥有一颗翱翔天空的雄心。一旦时机到来，他们便汲取着那难得的甘霖，尽情地舒展自己的才能、志向，创造出绚烂的人生。

等待机会是一种人生智慧。小小的种子，懂得等待春暖花开，所以能够冲破土层，迎接阳光；柔弱的雏鹰，懂得等到羽翼丰满之时，再展翅高飞，翱翔天际；成功的智者，懂得厚积薄发，等待时机，故能在有利的时机之中大显身手，创造属于自己的功业。

努力才有成功的资本，等待才能更接近成功！

Part 10
梁漱溟
——中国最后一位儒家

梁漱溟，著名的思想家、哲学家、教育家、社会活动家，他主要研究人生问题和社会问题，是现代新儒家的早期代表人物之一，有"中国最后一位儒家"之称。梁漱溟出身于"世代诗礼仁宦"家庭，青年时代一度崇信康有为、梁启超的改良主义思想，20岁起潜心于佛学研究，经过几年的沉潜反思，重兴追求社会理想的热情，逐步转向了儒学。其丰富的学识、高尚的人格、积极贡献社会的热情都值得后人效仿学习。先生有很多独到的见解，尤其是在修身养性、对待生活方面的言论，非常值得今日生活在大都市中、被繁杂世事困扰的人们深思细品。

第二十四章

生命就是生活

> 梁漱溟先生年轻之时长期沉浸于释家思想中,这令他与其他儒学研究者不同——其思想中除了积极入世的一面之外,又有着不同一般的洒脱、超然。正是这种积极与超然思想的相互交织,让他的人生闪烁了光彩,让他的学说充满了独特的魅力。
>
> 本章选取的几句话就是梁先生对生活的一些独特见解,简单朴素,却意蕴深远,尤其是对于那些久被尘俗牵萦的心灵,这些话如同振聋发聩,让人忽然就产生了一种超然省悟之心,使人更加认清生活的本真面目,从而更加珍惜生活,热爱生活。

01. 好好活着就是生活

【原文】

生命与生活,在我说实际上是纯然一回事。

【引申】

"生命就是生活",这话很简单,但想通了不容易,梁漱溟先生也是在饱经沧桑之后,才有了如此深刻的感悟。很多对生活感到迷茫、不知生命之意义的人,对这句简单的话都应好好思考一番。

有人问智者:"生活是什么?"智者想了想回答:"生活就是活着,吃饭、睡觉、安静地度过生命中的每一天,便是生活。"很多人总想为生活找个冠冕堂皇的理由,其实,这完全没有必要。生活就是生活,爱惜自己的生命，好好地活下去，这个理由对人生来说已经足够了。

人生之所以常常陷入苦闷之中，感觉生活失去了意义，其实，并不是生命真的没有意义，而是我们的心态空寂了。真正对生活失望的人，往往不是生活在苦难中者，而是那些过于安乐、没有目标的人。只要找到人生的目标，生活便会充满意义，人生便具有了希望。

梁漱溟先生年轻之时，也曾被生活的意义深深困扰。二十来岁时，他便潜心于佛学研究，总是觉得生活是空洞枯寂的，几次自杀未遂。家人、朋友对此都十分痛心，于是劝他接触儒学，接触生活。梁漱溟听从劝告，尽力体味生活中的乐趣，通过读儒家著作，他了解到人生应当积极有为，重新燃起了生命的兴趣，从此，他再也没有出现过轻生的念头。

生命就是生活，懂得珍惜自己的生命，懂得发现生命的意义，这样的生活才会更加有意义。很多时候，我们轻视生活，只是因为没有认识到生命的价值。生命是世界上最可贵的财富，所有的财富都可以失而复得，唯独生命只有一次。每个人都要好好地活着，用心去珍惜我们的生命。未来无法预测，但当下却可以牢牢把握；我们不知道自己的生命到底有多长，却可以安排好当下的生活；我们左右不了外界的变化，却可以随时调整自己的心情。只要活着，就要好好地珍惜每一天，让生活时时充满新的希望。

哀莫大于心死，好好活着就是要让自己的心中充满希望。命运可能十分残酷，我们要做的就是直面它，不要被苦难所击倒，跨过了苦难，人生就能走向欢乐，生活中没有过不去的坎，只要我们坚持住，别放弃，一定可以成为生活的强者，找到生命的意义。

第二次世界大战的时候，美国士兵们在波兰西部发现了一座集中营。集中营中尸骨成山，仅仅有几十个人活了下来，令人吃惊的是，这几十人并不像人们所想象的那样，面无表情，一脸恐慌。相反，他们尽管骨瘦如柴，满身肮脏，但他们的眸子中无一不露出些许坚定的神色，表现出对生的渴望。

事后，有人曾采访过那些集中营中的幸存者，问他们，是什么使他们

活下来的。回答者无一例外地说，是希望，是对美好生活的渴望，这让他们战胜了残忍的虐待和难以想象的苦难。

生活中可能遭遇各种不幸，此时不要放弃，更不能轻生，而是要相信风雨总会过去，美丽的彩虹一定会出现在我们眼前。坚定对生活的渴望，坚定内心的崇高信仰，在困境之中多给自己鼓劲加油，千万不要让悲观的乌云遮住了阳光。1942年初，在日军的炮火下逃生之后梁漱溟给儿子写信，他说道："我不能死。我若死，天地将为之变色，历史将为之改辙。"这是一种崇高的历史责任感，是对生命极度热爱的渴望。正是因为这种心态，让梁漱溟先生取得了巨大的成就。

生命就是生活，好好活着就是生活的最大理由；生活就是生命，珍惜自己的生命，不懈地追求生命的意义，才能拥有更美好的生活。

02. 生命就是向上创造

【原文】

生命是什么？就是活的相续"活"就是向上创造。

【引申】

梁漱溟先生认为，只有向上创造、积极进取才算是生活，才算是"活着"。人之所以有生命，不单单是为了呼吸喘气，更重要的是要有追求，要有人生的理想和目标。俗话说得好："人如果没有任何追求，那和咸鱼又有什么区别呢？"

人生如逆水行舟，不断进取，努力向上才能取得一定成就；不思进取、随波逐流，只能被生活所抛弃，沦落于平庸。人最怕的就是不思进取，满足于目前所取得的成就，沉溺于物欲享乐，都会让人堕落，唯有进取，才能够驱动人不断地提高自己的能力，开启成功的大门。

有一个青年，刚刚离开大学的时候，梦想着自己成为一个作家，于是每日工作之余，便努力读书，练习写文章。别人娱乐的时候，他在桌前苦读；别人将时间花在游玩之上，他将时间花在学习之上；别人慵懒地赖在床上之时，他已经开始在公园里晨读了。这样坚持了几年，青年的学识越来越丰富，写作水平越来越高，很快在圈子中取得了不小的成绩。

名声提高了，收入也增加了，青年开始变得骄傲起来。有些朋友便劝他："以前你的生活也太清苦了，学习的机会多的是，但青春一去就不复返了，好好珍惜时光，为乐当及时，才是生命中最该做到的。"青年听了以后，觉得很有道理，于是在学业上越来越松懈，将以前读书写作的时间都花费在了娱乐上，重视吃穿、重视打扮……然而，他的才能也在这种放纵之中泯灭，他没能在梦想的道路上取得更多的成就，最终变成了一个碌碌无为的普通人。

在追求理想的道路上，人应该有进取之心，不断向上，才能取得成功，一旦懈怠下来，再想取得成就，就不可能了。进取心是成大事者必备的美德，它能驱使一个人在没有外部鞭策的状况下，自觉地去为了理想而奋斗，它是人生航船永不懈怠的发动机。每个人的生命都是有限的，上天给我们的时间并非绰绰有余的，拥有进取心这种内在的动力，人才能与生命赛跑，最终夺得人生的奖牌。

梁漱溟本身并不是一个非常有天赋的人，他小的时候不喜运动，体质较差，生活自理能力也差，6岁的时候还不会自己穿裤子。有一次家里人呼他起床，他却说："妹妹不给我穿裤子呀。"一直是家里人的笑谈。梁漱溟"自幼呆笨，几乎全部小学时期皆不如人"。但随着年龄的增长、知识的丰富，他立志培养自己"自学、自进、自强"的精神。别人比自己出色的地方，他看到了就一定要去学习，一次学不好就学两次，两次学不好就学多次，一直要做得像别人一样出色了才罢休。

梁漱溟为自己订立了崇高的理想，他曾说："'为往圣继绝学，为来世开太平'，此正是我一生的使命。"在出任北大讲师的时候也曾出豪言，道："吾辈不出如苍生何！"为了实现这些理想，他不断勤学苦思，积极上进。晚年时，有人问他如何能够取得这些成就，梁漱溟回答道："活到老，学到老，还应当加上思考到老。"正是这种为了崇高理想积极进取的精神，造就了梁漱溟这"最后的儒家"。

生活就是要不断上进，追求更高的人生价值。要想成为一个有作为的人，就必须树立远大的理想，并为了这些理想而积极进取，不断向上创造。只有满怀勇气，不畏艰辛，才能获得更大的成功！

03. 生命不需要太多理由

【原文】

生命本身是毫无目的的。

【引申】

梁漱溟先生说："就一段一段的琐碎生活上，分别目的与手段，是可以的，就整个生活说，没法说目的——实在也没有目的。如果要有目的，在生之初就应当有了，后来现安上一个目的就不是了。"世人最大的困惑就是非得要为生命寻找个理由，找来找去，就陷入了空洞悲观之中，反而失去了生命的乐趣。花儿每天开放，尽情地享受风雨阳光就行了；鸟儿每天鸣叫，尽情地享受蓝天绿树就行了；清风拂面，白云悠悠，你又何必非得问它们为什么，何必在意它们要到哪里去。

哲人有两个徒弟，大徒弟聪明好学，凡事都要问个所以然，得不到答案便会苦思冥想、忧心不已；小徒弟则自然随性、乐观开朗。一次，两个徒弟询问老师："老师，我们活着是为了什么啊？"哲人思索了一会儿回答道："活着就是为了活着，就是为了让我们活得更精彩。"两个徒弟都不太明白，尤其是大徒弟好几天陷入苦思，食不甘味，寝不安席。

看到弟子们陷入困惑，哲人带着他们来到一条美丽的山路上，对他们说："今天我们的任务，就是爬山。"山路很长，一直到傍晚，三人才回到家中。哲人问大弟子："今天过得怎么样？"大弟子回答："不怎么样，爬了一天山路，好累啊！""你对这条山路有什么印象？""又崎岖，又漫长，走下来真是难受死了！"哲人转身又问小徒弟："今天过得怎么样？"小徒弟回答："虽然累，不过活动了一下身体，感觉真棒！""你对山路有什么印象？"小徒弟兴奋地回答道："山间空气好极了，路上的各种野花、林间的各种小鸟、蓝天、白云、清风，到处都让人耳目一新，心胸开阔。要是能再去一次就好了！"

哲人笑着点点头，对两个徒弟说："你们不是问人生是什么样吗？人生就像这山路一样，每天无数人经过这里，他们都怀着不同的目的、不同的心境。山路到底如何，并不在于路本身，而在于路过者的心情；同样，人生到底有什么意义，也在于人的自身。怀着积极乐观的心情面对人生，生命中到处都充满意义；怀着悲观低迷的心态面对人生，人生中到处都是乏味苦闷的。生命本身是没有任何目的和意义的，是生活在其中的人赋予了它意义，让他自己的生命变得与众不同。"

是啊，人生就如一场旅途，我们只需不断地向前走，随时欣赏这路途中的美妙风景就可以了，至于它的终点在哪里，行走下去有什么意义，这些又何必在意！我们在哪里停下来，哪里就是生命的终点，我们把什么当成快乐，什么就是人生的意义。

知道生命本身的无意义，就要懂得掌控住自己的人生。不要因为他人都追逐某些东西，就把那些当成自己人生的目标；不要因为别人如何评价自己，就宠辱若惊，消沉低靡；更不要因为，觉得人生没有固定的目的而自暴自弃，放任自流。

知道生命本身的无意义，就要有一颗旷达的心，用超脱生死的态度去面对人生；又要有一颗负重的心，在有限的生命中赋予本无意义的生命以重要的意义。梁漱溟先生就是一个这样的人。抗战期间，袁鸿寿先生在桂林七星岩请他吃素席，饭后在一株小树下聊天，恰敌机在头上盘旋下"蛋"，袁鸿寿大惊失色，要避。而梁漱溟则镇定自若，聊天如常。香港陷落，梁漱溟在敌机弹雨之中安然打坐，人问其故，他说："我尚有大业未成，不会遽死！"曾有一位生活孤苦的老人向他请教："先生，人什么时候才能得到解脱呢？"梁漱溟一字一顿回答："不求生、不求死。"对于生、死，先生是"任其自然"；对于人生他则奋力而为。

生命本身没有意义，人无须为外物所萦系，无须为了某些本不必要的追求而令自己劳神费心，苦闷消沉；生命本身没有目的，人无须执着于生死、得失、宠辱、富贵；然而，作为生命的掌控者，我们应该赋予自己的生命以重要的意义，让自己担负起时代的使命，努力成为一个有理想、有作为的人。可以说，人生最大的目的就是赋予本无目的的生命以目的；赋予本无意义的生命以意义！

04. 人生应该知趣

【原文】

一个人必须有他的兴趣所在才行，不在此则在彼，兴趣就是生命；剥夺一个人的兴趣就是等于剥夺他的生命，鼓舞一个人的兴趣便是增强他的生命。

【引申】

梁漱溟先生认为，人生应该有趣味，充满趣味的人生才是真正的人生，索然无味，空洞贫乏，这样的人生和牛羊豚犬又有什么区别，甚至还不如这些禽兽。禽兽吃了睡，睡了吃，醒来时看到美味的食物，还有欢乐之心，人如果每日循环着枯寂无味的生活，心灵便会被空虚烦恼所占据，生活中便再也不会有一丝乐趣。

生活中应该学会知趣，"知趣"就是一种发现生命趣味的能力，知趣才能感受到生活中的种种美好，燃起对生命的热情。很多人总是在匆匆忙忙中度过时光，生活看似充实，但在某一刻回首往事的时候，忽然发现生命中竟然到处都是平淡，是茫然、落寞，孤寂的心情难以排遣，才晓得自己从来就未体会到生命真正的乐趣。

欧洲阿尔卑斯山中，有一条风景很美的大道上，挂着一句标语，写着："慢慢走，请注意欣赏！"匆忙的现代人，时时奔行在世界上，手脚不停，仿佛阿尔卑斯山上的旅客，匆忙从山间乘车经过，竟然没有为自己留点时间好好看一下风景，没有停下脚步欣赏一下壮美的雪山。结果，这原本丰富美丽的世界，在他们的眼中变得空无所有，只剩下了匆忙和劳碌。人生若是不知趣，便不能从容地品味每一天，生活百年，也不过是碌碌无所得。

懂得知趣，人生中处处都是欢乐。看到花开，心中便有了欣赏美的兴趣；时值三五，抬头便有赏月的兴趣；老朋友到访，一起喝喝酒、打打牌，便换来几天的快乐；不经意间和身边人开个玩笑，便能心情舒畅一整天……懂得知趣，不必故意追寻快乐，身边的一点点小事，工作中的每个环节，都能让人感到趣味十足，这样的人无论干什么都是兴趣十足的，无论在哪里都能以积极的心态面对生活，他的人生一定充满欢乐、笑语。

梁启超先生就很注重知趣，他认为只要有知趣的心，做什么都是欢乐的，这样人生才更加美好。他还将有趣的事归为四大类：一是劳作；二是游戏；三是艺术；四是学问。游戏、艺术固然有趣，游山玩水、赏花弄月、与人对弈、听琴听戏、观赏画作都能让人从中得到快乐，找到乐趣。若是能以劳作、学问为趣味，那就又到了一个更高的境界。能以劳作为兴趣，便会不断创造，在劳动和贡献中提升自己的人生价值；能以学问为兴趣，便会勤学不殆，最终在自己的领域中取得成就。

懂得知趣，还是一种风流文雅，是人生的一种境界。康德曾说过，审美无功利。跳出世俗的功名利禄，品味人生之中的独特趣味，是一种较高的人生境界。

陶渊明不为五斗米折腰，辞去官职，隐居山林。有人劝他："人生在世，当博得功名利禄，尽情享乐而已，何必固守贫困？"陶渊明回答："功名利禄哪比得上清风明月？我每日荷锄饮酒，沉醉东篱之下，醒来则与花鸟鱼虫共处。这种生活的乐趣哪里比在官场之中忙忙碌碌，受人驱使，与世俗之辈同流合污差呢？"

懂得知趣的人，在任何环境之中都能找到生活的快乐，所以他们不会被那些世俗的功名利禄所驱使，不会为了获得权力地位而使自己的心灵蒙尘。懂得知趣，不仅仅是一种人生态度，更是一种人生境界，是一种难得的修养。

05. 人生须有高远的志向

【原文】

我愿终身为华夏民族社会尽力，并愿使自己成为社会所永久信赖的一个人。

【引申】

梁漱溟的洒脱是看淡得失荣辱，并不是完全脱离世事。先生一生有无数超然洒脱的事，但其人生的主旋律是努力为社会民族而奋斗，不断进取的。他一直努力使自己得到社会的信赖，从未放弃过对人生理想的追逐。

人生有远大志向的支撑，才能活得更加充实，才能获得无穷的动力。没有梦想的人就像行尸走肉一样，失去了生活的目标和愿望，每日里只知道吃喝睡觉，是多么庸俗而可鄙。梁漱溟先生小的时候，曾经长期被这种"没有目标"而困扰，不知道为了什么生活，生命的意义在于何处，以至于几度想自杀结束自己的生命。后来，他通过学习孔孟等先贤的大道，了解了人生该积极入世，奋力作为，所以一改昔日暮气，开始勤奋求学，投入社会调查之中，最后成为了著名的思想家。

远大的志向是人生的动力。若人生是一艘大海上航行的船，志向便是驱动它前进的风帆；若人生是飞翔的鸿雁，志向便是翩翩的翅膀。历史上成就一番伟业的人，无不有崇高的理想、远大的志向，项羽年轻时见到秦始皇的出征，他便感慨"彼将取而代之"，北宋的张载豪言壮志是"为天地立心，为生民立命，为往圣继绝学，为天下开太平"，这种雄心壮志让他们成为一代文豪、伟人，也激励了无数后人不断进取。

一位记者，曾问一个贫困地区放牛的孩子："你放牛做什么？""挣钱。""挣钱做什么？""娶媳妇。""娶媳妇做什么？""生娃。""生娃后再做什么？""放牛。"几十年过去了，这个放牛娃依然是个年老的放牛者，他的孩子也像他一样过着放牛、挣钱、娶媳妇的平庸生活。

一百多年前，在遥远的地球对面，同样有一个贫穷的牧人，领着两个孩子放牛。孩子望着天上飞过的大雁说:"我们要是像大雁那样会飞就好了。"父亲说:"只要想飞,就能飞上天!"兄弟俩都来学大雁飞,当然都没有飞起来。父亲对他们说:"你们还小,将来经过努力,你们一定能飞起来!"两个孩子一直相信自己可以飞上天,并为了这个梦想而努力,后来,他们果然飞上了蓝天,他们就是美国的莱特兄弟!

同样的境况,却出现了截然不同的人生,这便是有志向和没有志向的区别。人生之初本是没有目的的,可如果总是没有目的,人就会陷入沉沦之中,所以每个人都要为自己树立一个目标,拥有一个远大的志向;父母在教育孩子的时候,更要注意培养他们的志向,让他们拥有人生的目标。

有个妈妈在厨房洗碗,她听到小孩在后院蹦蹦跳跳玩耍的声音,便对他喊道:"你在做什么?"小孩回答:"我要跳到月亮上!"母亲听了孩子的这种荒唐话,并没有生气,也没有泼冷水,而是和蔼地对他说:"好,不要忘记回来喔!"后来,这个小孩成为第一位登陆月球的人——阿姆斯特朗。当谈及自己的成就时,他说在他年幼的时候,母亲就鼓励他,使他树立了这样一个远大的目标,这让他坚信自己可以登上月球,这是他取得成功的关键。

明确的志向还会让人更加珍惜生命。梁漱溟先生看淡生死,对生命怀着一种洒脱的心态。但当1955年,他开始写作《人心与人生》时,他对儿子说:"这本书不写出来,我的心不死!"书完成以后,他在给朋友的信中说:"今日可死而轻快地离去"。

一个远大的志向,让人找到生活的支撑,让人更加珍惜生命,让人变得与众不同,走向成功。人生可以没有很多东西,但不能没有志向。想要成功,先为自己树立一个远大的志向吧!

第二十五章

人生四难

> 梁漱溟先生的人生哲学之中有个"人生四难"：乐不难，乐之后不苦难；行动之后无悔难；奋勇之后继续难；人活着不难，活着不生厌离之感难。它们是梁先生经历沧桑沉浮以后，对人生经验的精炼总结。
>
> 乐后不苦是告诉人们放平心态，坦荡地面对生活中的逆境困苦；行后不悔是告诉人们顺其自然，从容地面对生活中各种得失宠辱；奋勇之后继续是告诉人们善始善终，坚持不懈；不生厌离之感则是要求人们积极投入生活，树立健康的心态。能够做到这四点，人生也就没有什么困扰了。

01. 放平心态难

【原文】

乐不难，乐之后不苦难。

【引申】

人生知乐，不是难事，人生知苦，也很常见，但有几个人能够在尝过甘甜之后，还能从容地应对苦难呢？梁漱溟先生能，他用自己的人生，诠释了这一点。

在他人生最低沉的时刻，他受到了来自各方面的冲击。别人不理解他，误会他，打击他，梁漱溟从来未自暴自弃过，也没有放弃自己的原则和乐观的生活态度。有人冲进他的家里,将他收藏多年的字画撕毁,将他珍藏的简牍搅乱,将他的书籍摔在地上点燃焚毁。看着一生的积蓄化为一片灰烬,梁漱溟并没有痛苦、激动,而是淡淡地看着这一切,反而安慰起家人来:"这些都是身外之物,没有什么。不过,思想是销毁不了的!"

后来,当他接受采访的时候,被问及当初受到冲击时的心情,梁漱溟只是端起杯子,喝了一口白开水,淡淡地说:"这对我没有什么。""行云流水,不足挂齿。"这便是他对生命中所有打击、所有苦难的回应。

《菜根谭》中有句话说得很好:"有一乐境界,就有一不乐的相对待;有一好光景,就有一不好的相乘除。"生活就是这样的,祸福相依、成败无常,快乐之中往往也蕴含着苦痛,痛苦之中同样也蕴含着快乐。能够放平心态,淡然面对人生中的痛苦与快乐,才是真正的修养。

"苦心中常得悦心之趣,得意时便生失意之悲。"苦和乐从来就不会分开,越是苦痛的生活中越能品味到人生的乐趣;越是志得意满之时,越会产生失落、空虚的悲哀。人只要活着,就要随时面对身边的苦和乐,就要注定在苦与乐之间不断徘徊游荡,愿意也好,不愿意也罢,这便是人生。

正因为如此,所以我们要学会放平心态,正确对待生活中苦和乐,在快乐时,要居安思危,告诉自己快乐不是永恒的,珍惜快乐,将它作为生命的恩赐;在痛苦时,要学会豁达,告诉自己痛苦终将过去,暴风雨之后定是绚烂的彩虹。能够直面生活的痛苦,才能尽情享受生活的快乐。

古人赞赏用豁达的胸襟去面对世间万物,"宠辱不惊,闲看庭前花开花落;去留无意,漫随天外云卷云舒",苦难和快乐都是一时之虚幻,人只要放松心态,再快乐的事业不会让他迷失,再痛苦的遭遇也不能将他击倒。"苦由乐生、乐由苦来",享受生活不仅要享受其中的快乐幸福,更要能够淡然接受其中的苦难和痛楚。

面对痛苦,接受痛苦,并不代表人应该随波逐流毫无作为。苦和乐,在一定条件之下可以相互转化,所以人们说"苦尽甘来"、"乐极生悲"。我们要怀着积极的心态面对生活,当处于痛苦之中的时候,努力让自己的心态平和,不要怨天尤人,而是要将痛苦的经历变成人生之中宝贵的财富，将生命中的失意转化为成功的阶梯；当处于快乐之中的时候，切不可得意忘形，要尽量避免悲剧的产生，将快乐的时刻作为人生的驿站，珍惜快乐，享受生活。

生活可能春风得意，也可能坎坷不平，不管道路如何，我们都要走下去。生活中会遇到荣耀，也会遭遇屈辱，无论如何，我们都要直面它。世界就是这样，我们无法去选择，也无力去改变，置身其中，更多是要适应它。把心放平，把心放轻，平静地面对，多一份从容和淡然，豁达地对待生活中的苦和乐，乐而不骄，苦而不怨，这样才能体味到最美好的人生。

02. 人生无悔难

【原文】

行动之后无悔难。

【引申】

动当谨慎，行后不悔，这是梁漱溟先生对自己的告诫，也是对所有世人的一种教诲。

人生就像一场旅行，得到什么样的经历，是一路平坦还是坎坷泥泞都是自己的选择；人生又像在作一幅画，随意涂鸦还是精心刻画，都在于自己的选择。但人生又不同于旅行和作画，旅行途中对景色不满意，还可以返回路口，重新选择道路；作画不如意了还可以涂抹擦去重新再画，但人生只有一次，走过的路就不能再转身，画过的线就不能再擦去。

很多人随意地挥霍自己的时光，随意地勾画自己的人生，忽然有一天发现自己选错了、做错了，便产生了悔意，可后悔并不能改变已经成为现实的人生，它只会徒增生命中的烦恼和苦闷。所以有人说，无悔便是人生最大的目标，无悔便是生命中最难以做到的事。想要在生命中没有悔恨，最根本的就是慎言慎行，严格恪守做人处世的原则，不做任何违心之举。这样的人一定是个道德高尚之人，梁漱溟先生做到了，他在遭受最严重冲击的时候也没有屈服，没有做违背自己内心的事。所以当他躺在病床之上，奄奄一息的时候，医生问他还有什么愿望、要求，老人平静地说："我很累，我要休息。"说完就瞑目长逝。张岱年评价道："大哉死乎！君子息焉。"

人生无悔还要拥有一份洒脱又果断的心态。生活如同岔路，每一条路上都有独特的风景，选择每一种人生定有它自己的得和失，如果总盯着"别人的幸福"，自己可能永远处于羡慕嫉妒恨之中，永远对自己的人生充满质疑和悔恨。生活只能自己慢慢地品位，如鱼饮水，冷暖自知，不必羡慕他人，所以不要总是患得患失，面对机会的时候，也不要犹豫不决。

有一个年轻的哲学家，气质高雅，知识渊博，很多女人为他的风度而痴迷。

一天，一个女孩敲响他的门，对他说："你让我爱慕不已，让我做你的妻子吧！错过了我，你将再也找不到比我更好更出色的女人了！"哲学家对这位美女十分中意，但仍然回答："让我考虑考虑吧！"

哲学家用他一贯研究学问的精神，将结婚和不结婚的好、坏所在分别条列下来，他想选择这个女孩，却又幻想着自己或许会遇上更加出色的妻子。于是，他陷入苦恼之中，不能做出抉择。

直到一年以后，他终于想明白了，那个女孩就是做他妻子的最终人选。于是，哲学家兴奋地来到女孩家里，问她的父亲："您的女儿呢？我已经想明白了，我要娶她为妻！"

女孩的父亲看了他一眼，冷冷地回答道："你来晚了，我的女儿已经嫁给了别人！都快成为孩子妈了。"

哲学家听后，整个人几乎崩溃了，他万万没想到自己谨慎抉择换来的竟是错过。此后，他又接触过很多女人，但面对每一个人时，他都会想到那个曾经错过的女孩，于是心中充满了悔恨，无法接受她们。后来，这个哲学家竟然一个人孤独终身，在他临死的时候，感到前所未有的孤独，觉得自己的人生就是一出悲剧。于是，他将自己所有的著作丢入火堆，只留下两句话哲言来告诫后人："不犹豫"、"不后悔"。

人生既要谨慎地对待，不做让自己后悔的粗心决定，又要淡然地对待它，不要犹豫、后悔。还没有做的事，定要谨慎思考，在道德原则等方面不可有一丝苟且，否则将来就会让自己终身后悔；已经做了的事，即使有什么遗憾失误，也不要总是耿耿于怀，后悔并不能改变现状，耽误的只是自己的生命，糟蹋的只是自己的情绪。人生本来就是有得有失，失去的同时，必定也得到了一些，放宽心胸，珍惜当前才是最重要的。

03. 奋勇后继难

【原文】

奋勇之后继续难。

【引申】

梁漱溟认为，人生能够取得一些成绩不难，但在成功之后还能不骄不躁，将功绩保持到底是很困难的。古人有句话说得很好："看人只看后半截。"历史长河中，成功半截的人实在是太多了，他们前半生努力作为，道德也没有什么缺陷，可到了后半生，便恍如换了一个人，骄奢淫逸、无所不为，最后将取得的成功挥霍殆尽，只能善始，不能善终。

人之所以在奋勇之后不能后继，很大程度上是因为取得一点成就便骄傲自满，认为人生已经成功了，便忘记了昔日的志向和原则，被虚荣、享乐所淹没。后唐庄宗李存勖就是一个这样的典型。

李存勖年轻的时候，很有作为。他的父亲李克用去世的时，将他叫到床前，赐给他三支箭，对他说："梁朝是我的仇敌；契丹曾经与我约为兄弟，燕王是我所立的，但它们都背叛了我而归顺于梁朝。这三者是我的遗恨啊，你不要忘记了你父亲的志向！"

继承王位以后，李存勖励精图治。他将三支箭供奉在家庙里，每临出征就派人取来，放在精制的丝套里，带着上阵，打了胜仗，又送回家庙，表示完成了任务。三年以后，他就击败了死敌朱温亲帅的五十万大军，不久攻克燕国，将燕王刘仁恭父子活捉押回太原处死。九年以后，他又率军大败耶律阿保机，将契丹赶回关外。又过了几年，他称帝建立后唐，同年，他消灭掉了后梁的势力，完成了父亲的三桩愿望。

但他称帝后，便骄奢淫逸起来，认为父仇已报，中原已定，便不再进取，开始享乐。他自幼喜欢看戏、演戏，即位后，常常穿上戏装，粉墨登台表演，不理朝政，并自取艺名为"李天下"。"李天下"宠幸伶人，导致伶人干涉朝政，大臣怨而不敢言。后来，他又听信谗言，滥杀大将郭崇韬，另一个大将李嗣源也险些被害。皇帝无道滥杀无辜，人心震动，不久魏州发生兵变，李嗣源在士兵的拥护下举兵反叛。李存勖听到李嗣源叛乱的消息后，大惊失色，朝中无可用之将，他只得拿出内府财物招募士兵，仓促带兵出征。但刚走到了半路，大部分士兵就逃亡了，李存勖本人也在退回洛阳的途中被反叛的伶人杀死。

翻开史书，那些悲剧的英雄几乎都有一个绚丽的开场。项羽破釜沉舟，威震天下，却因骄傲自大而败亡；唐玄宗开始勤奋有为、选拔贤能，开创了开元盛世，但后来却因宠信杨国忠、安禄山等小人，沉迷于贵妃的美色之中，而导致了安史之乱，他迫不得已，仓皇出奔，使国家由盛转衰；宋徽宗刚即位的时候，也采取了一些利国利民的政策，但很快便沉迷于玩乐之中，被蔡京等小人所蒙蔽，最后竟至惨遭"靖康之难"，身死异国……

很多时候，失败的根源并不在于无能、困境，而恰恰来源于开始时的成功，来源于一帆风顺。人在困境里，往往不会遭遇太大的祸患，而顺境，往往会让他们高傲自满，忘乎所以，于是灾祸便产生了。要想避免这种情况，最好的办法莫过于不骄不躁，时刻保持谦虚谨慎之心。无论取得了多大的成就，都要跟开始的时候一样谨慎，严格地要求自己，力求做到慎始慎终。

04. 心态健康难

【原文】

人活着不难，活着不生厌离之感难。

【引申】

这是梁漱溟先生对自己人生经历的一种最深切的总结和感慨。

大部分人都觉得生活在世上是一种幸运之事，可为何又那么多人选择结束自己的生命呢？海明威曾经写下："人不是生来要被打败的，一个人可以被毁灭掉，但不能被打败。"这句话不知道激励了多少处于困境之中的人，可他自己却在爱达荷州凯彻姆镇寓所里用双管猎枪结束了自己的生命。"你明白，人的一生，既不是人们想象的那么好，也不是那么坏。"莫泊桑这句话读来就给人一种开朗豁达的感觉，可是作者自己并没有能够将"不是那么坏"的人生进行到底，而是选择了结束它。三毛经常说姐姐不够勇敢，不敢真实面对自己，可她自己却选择了逃避生活、放弃生命……是什么让那些令人羡慕的成功者忽然对生活充满厌倦，选择离开？是失去生命的念头。

生命是需要用热情来维持的，一个人只有热爱生活，投入生活，他的人生才会充满乐趣，才会能够继续下去。梁漱溟先生年轻的时候，思考人生问题不得其解，读了很多教人枯寂无为的书，这几乎让他失去对生命的所有热情，几度想要自杀。后来，他读了儒学著作，发现人生应该积极入世，贡献社会。从此，他开始思考国家该走向何处，并为寻找国家的正确出路而调查、思索，也正是这些让他重新燃起了对生命的渴望，从此再也没有冒出结束自己生命的念头。

要想燃起对生命的热情，就要为自己树立一个明确的目标。只有觉得自己的人生已经近乎完美了的人才会产生对生命的厌离感，有理想、正在为实现目的而奋斗的人，心中只有拼搏，哪还会有时间去空虚、去厌恶人生呢？

燃起对生命的热情，还要让心灵有所寄托，服务于他人，服务于社会，便是心灵最好的安宅。

一个年轻人，因为爱情的不如意，屡次想要结束生命。他的母亲苦苦哀求，朋友围着他劝告，这一切都不能让他回心转意。这时，一个朋友找到了他："你觉得生命没有意义了吗?"年轻人点点头。朋友问："我们是不是朋友?""是。""那我在求你最后一件事吧!"年轻人同意了。朋友说："我的一位叔叔在敬老院中，这几天我要出差，你能答应我照顾他一下吗？只需要一周，一周以后你做什么选择我都不会劝谏了。"年轻人答应了朋友的最后要求。

一周以后，朋友再次见到了他，年轻人变得神采奕奕，赶紧握住了朋友的手，说："谢谢你，让我感到了还有那么多人需要我，原来我的生命是这么有意义。"

人只有将自己融入社会之中，在服务于他人的过程中，才会发现自己的价值，才会燃起生命的热情。要想让自己更加珍惜生命、更加热爱生命，就要让自己多做些对别人、对社会有意义的事，找到自己生命的意义。

第二十六章

重视人格,重视心灵

> 梁漱溟的人生哲学,最突出的特点便是重视心灵、重视人格的培养。他曾说:"人类面临三个难题:人与动物、人与人和人与内心。其中最难解决的是人与内心。"在生活中,我们常常打败别人,却很难战胜自己,这就是我们还不能控制自己的内心。只有弄清了人和心灵的关系,才算是真正理顺了人生。
>
> 梁漱溟先生一生都在追求心灵的建设,君子人格、圣人情怀和儒绅的风骨,在他的身上得到了完美的体现。如何持守内心,才能成为先生那样的人,从本章所选的一些话语中,读者或者可以得到一些启示。

01. 不疑人,不自负

【原文】

不要在人格上轻易怀疑人家,不要在识见上过于相信自己。

【引申】

每个人都希望得到别人的信任,而不是怀疑。自身具有道德的人,绝对不会随意地臆测他人,对别人产生无端的怀疑。总是怀疑的人,将永远生活在猜忌之中;而心怀诚恳可能受到一两次欺骗,但终将以诚恳感动别人。梁漱溟的处世态度便是相信别人,用真诚获得他人的相信。认识梁先生的人都称赞他直来直去,总是诚恳地微笑,让身边人不时受到感动。梁先生的学生李兢西曾说:"分明你想去欺骗他一件事情,到了他面前时,你便不由得会把实话说出来。"梁对此也很满意,并说:"我相信人,可是我也没有吃过相信人的亏。"

遇到事情的时候,不要主观臆测,不要站在自己的立场上给别人下结论是一种美德。孔子就曾告诫自己的弟子们:"毋意、毋必、毋固、毋我。"即不主观臆测,不绝对肯定,不拘泥固执,不自以为是。

不轻易怀疑他人,既体现了自己内心的坦荡,又显示了对别人人格的认可和尊重。领导不轻易疑心下属,才能得到下属之心;下属不轻易怀疑上司,才能安心工作,取得成就。永远以猜忌的心对待身边的人,就会出现"智子疑邻"中的情况,看谁都像是伤害自己的人,看谁都不怀好意,那样的人就很难在社会上立足了,更何况与别人合作,成就一番事业呢!所以说,不轻易怀疑他人既是美德,又是一种处世的智慧,每个人都应牢记这一点。

对别人要宽,尽量相信他人;对自己则要严,不可过于自负。尤其是在做学问之上,只有谦虚谨慎,才能成为一个真正有真才实学的人。学了一点东西,便骄傲自满,"一瓶子不满,半瓶子摇",就会流于浅薄,徒成他人笑料。

梁漱溟先生说自己很崇拜诸葛亮,"我爱他的谦虚。一般人都认为他很有智巧,其实他很谦虚,愿意听人家指责他的话。谦虚谨慎是最可贵的品质,一个人自以为聪明、了不起,那就不行了。"梁漱溟与人交往时,无论平常生活还是做学问,他都能时时做到谦恭有礼。

当初,蔡元培看到梁漱溟一篇文章,当即决定聘请他做北京大学印度哲学讲席,梁漱溟辞以对印度哲学实无所知。蔡元培说:"你说你教不了印度哲学,那么,你知有谁能教印度哲学呢?"又说,"我们亦没有寻到真能教印度哲学的人。横竖彼此都差不多,还是你来吧!你不是爱好哲学吗?我此番到北大,定要把许多爱好哲学的朋友都聚拢来,共同研究,互相切磋;你怎可不来呢?你不要当是老师来教人,你当是来合作研究,来学习好了。"梁漱溟推辞不下,才最后去北大做了教授,并谦称自己是抱着教学相长的想法，来和学生们一起学习的。

在生活中，梁漱溟也谦逊有礼，平易近人。每遇有人相求，只要他认为在理，就从不厌烦。复信不假他人之手，即使在垂暮之年，一时无力回复，他都要在未复的函件上注明"待复"。对八方而来的不速之客，无论对方年长年幼、位尊位卑，他都竭诚相迎，客人告辞，送之门外，还鞠躬揖别。"梁漱溟国际学术讨论会"开幕式上，他已是91岁高龄的老人了，发言者大多坐着讲话，他却15分钟一直站立，主持者三次请他坐下，他都谢绝了。

"不要在人格上轻易怀疑人家，不要在识见上过于相信自己。"梁漱溟做到了这一点，所以他能够得到众人的尊崇，能够成为一个真正有思想的大家。我们每个人都要深刻思索这句话，努力在学习、生活中做到这两点！

02. 立足现实，安心当下

【原文】

在这个时代的青年，能够把自己安排对了的很少。越聪明的人，越容易有欲望，越不知应在哪个地方搁下那个心。心实在应该搁在当下的。可是聪明的人，老是搁不在当下，老往远处跑，烦躁而不宁。所以没有志气的固不用说，就是自以为有志气的，往往不是志气而是欲望。

【引申】

梁漱溟先生曾多次告诫年轻人说，人要有志气，而不是欲望。志气立足于现实，是人在认识自己的基础上对未来的合理规划；而欲望则脱离现实，是对权力、利益的不切实际的幻想。

人最大的悲哀就是不能正确地认识自己。很多人对这句话产生怀疑，说：自己有什么不好认识的呢？但平心问自己一下，你印象中的自己，真的是自己吗？很多人不能回答。其实，我们印象之中所认识的自己，往往只是过去的自己，是自己理想中的自己，而不是现实中的自己。

有些人沉浸在过去的光荣之中不能自拔，总是用以前曾经取得的成就来麻痹自己，过于在意曾经，反而让他们失去了现实。有人说："回忆会使人前行变得艰难。"的确，回忆再美，曾经取得过再多的成就，它们终究是历史了，别人更在意你的当下，你还能够取得什么成就。只有立足于现实，抛开过去的回忆，才能迎接新的生活。

另一些人恰恰相反，他们沉浸在未来的幻想之中，总想着以后自己什么什么样，去不愿正视现实付出努力。有哲人说过："只有不仰望天空的人，才不会掉进坑里。"总是想着未来，手高眼低，到最后只能悲哀地发现，成功不是幻想出来的，过多的关注未来，反而让自己失去了很多身边的机会。

把过去和未来都埋藏在心里，放眼注视当下，才能脚踏实地地前行，走出属于自己的精彩旅程。

然而，很多人又开始感慨，自己的命运没有别人好，自己的条件不如意，自己每天奔波劳累，还是没有别人过得得意。其实，这只是逃避现实的一种借口而已，只是弱者对生活的妥协而已。每个人都有他自己的优势，也有自己的缺点：上天没有给你一个"衣来伸手饭来张口"的环境，他一定给了你很多学习技能的机会；上天没有给你用不完的财富，一定给了你一个去争取这一切的梦想。你所羡慕的那些人，在某些程度上说，也许并没有你所具有优势。

出身普通，没有显赫的家庭背景，资质平平，没有过目不忘的天赋，难道就很差吗？想想只有几个手指能动的霍金，想想坐在轮椅上的张海迪，想想看不见光明的海伦·凯勒……你的条件难道比他们更差吗？不，和他们相比，你简直就是"开了外挂"。一个人能否成功，完全在于自己是否能够立足于现实，是否尽力去拼搏奋斗了。

南非的一个小男孩，刚生下来就是个残疾人。医生悲哀地告诉他的父母，孩子天生就没有腓骨，脚的外侧什么都没有长，只能选择截肢。所有人都对这个幼小的生灵感到遗憾，认为他将在拐杖和轮椅的帮助下度过残缺的一生。

但孩子的父母并未放弃他，为了能让他的身体更好发育，他们从小就带他参加各种体育运动。在假肢的支撑下，这个没有小腿的孩子先后接触了网球、水球、橄榄球、摔跤等多个项目。懂事以后，他发现了自己的与众不同，他常常受到其他孩子的嘲笑，母亲抚摸着情绪低迷的男孩安慰道："上帝让你与众不同，一定有他的理由。"父亲鼓励他说："既然生命如此，你又如何能逃避呢？不如接受它，用努力证明自己！"

听了父母的话，男孩点点头，从此他不在意别人的看法，更加努力地训练。他在参加橄榄球比赛的时候膝盖受了伤，钻心的疼痛，他没有放弃；在驾船比赛的时候，受到撞击，在重病监护室待了五天，他依然没有放弃。后来，他开始参加残奥会，并在雅典残奥会上取得200米金牌及多个项目银牌和铜牌。2012年他又参加了伦敦奥运会，成为了奥运会历史上第一位双腿残疾的运动员。

这个男孩就是南非运动员奥斯卡·皮斯托瑞斯，他直面残忍的现实，并用自己的毅力征服了它。

只有靠自己的努力去挑战现实，才能为自己开创出一片天，我们不能一直活在我们虚构的梦想世界里，敢于面对于惨淡的人生是我们活着的责任。无论现实如何，只要我们怀着一颗勇敢的心去面对它，就一定能够战胜它。人是可以在逆境中生存的，在这个社会中，没有什么是不能度过的，只要你认真努力地对待这一切，你将欣喜地发现，那些所谓的困难都是上天对你的考验，是生命对你的馈赠。相信自己、面对现实，这个世界就是你展现自己毅力和才能的舞台。

03. 内心不动，所向披靡

【原文】

人一辈子首先要解决人和物的关系，再解决人和人的关系，最后解决人和自己内心的关系。

就像一只出色的斗鸡，要想修炼成功，需要漫长的过程：第一阶段，没有什么底气还气势汹汹,像无赖般叫嚣街头的小混混;第二阶段,紧张好胜,俨如指点江山、激扬文字的年轻人;第三阶段,虽然好胜的迹象看上去已经全泯,但是眼睛里精气犹存,说明气势未消,容易冲动;到最后,呆头呆脑,不动声色,身怀绝技,秘不示人。这样的鸡踏入战场,才能真正所向披靡。

【引申】

梁漱溟的这段话,形象地概括了人的成长过程:越是成熟,便越谦虚,越会韬光养晦。人的成长有两个过程,一是不断获得,获得自己不具有的学识、见闻、品德;一是不断地抛弃,抛弃自己的虚荣、浅薄、争强好胜之心。所以,从一个人的表现可以衡量他的学识、品性。越是争强好胜,越是虚荣,说明这个人学识越浅薄、品性上的修养越不足。

有修养的人,不会被外物所干扰,不会为了虚名、虚利而争斗不休。他们不会表现得像只斗鸡一样满身争夺之气,不会与街头小混混那样叫嚣自大。老子说:"锉其锐,解其纷,和其光,同其尘。"孟子说:"不动心。"一个人经历越多,见识越丰富,就越会看淡世间名利,越倾向于回归朴素平实,藏起自己身上的锋芒。

荆轲刺杀秦王之前,屡次在与人争斗中逃跑,而被认为胆怯;秦舞阳十几岁就杀人,自恃勇敢,怒目直视,没人敢直视他的目光。但到了秦廷之上,荆轲淡然自若,而秦舞阳则双股战战,脸色失常。可见,真正有大勇的人不会到处逞匹夫之勇,那样的人只是不入流的小混混而已。同样,真正有学问的人,不会到处标榜自己有学问;真正有修养的人,不会到处标榜自己道德高尚。

哲人收了一个小徒弟,小徒弟头脑灵活,心思敏捷,做事麻利,很得老师欢心。不久,哲人就发现徒弟身上有一个很大的缺点——喜欢张扬,骄傲自满。每次他刚学到了一点东西,就到处显摆,若是自己领悟了一些道理,便一遍遍地在老师和同学面前炫耀。

这天小徒弟又一次向同学们夸耀了自己的心得,哲人将他叫到了自己屋里,并送了一盆含苞待放的鲜花给他,让他仔细地观察花卉开放的状况。小徒弟得到了老师的"奖赏",兴高采烈地一路招摇着跑了回去。

第二天,刚刚起床,小徒弟就来找哲人了,他当着众人的面,对哲人说:"老师,您送给我的花真是太奇妙了!晚上开放时,清香四溢,美不胜收,到了早上又默默地收敛了它的芳香……"

哲人听了笑着问:"它晚上开花时吵到你了吗?"

"没有。"哲人回答道,"它开放和闭合都是静悄悄的,怎么会吵人呢?"

"喔,原来这样啊。我还以为它开花时会吵闹着炫耀一番呢。"

小徒弟愣了一下,随即红了脸,对老师说道:"弟子知道错了。"

真正有学识、有修养的人不会到处显摆,他们知道自己有什么,知道自己需要什么,不会将时间花在获得虚名虚誉之上,不会为了得到一些世俗之辈的认可而浪费自己的生命。老子曾告诫世人:"自见者不明,自足者不彰,自伐者无功,自夸者无长。"达·芬奇也说:"微少的知识使人骄傲,丰富的知识使人谦逊,所以空心的禾穗高傲地举头向天,而充实的禾穗却低头向着大地。"

人生要追求自己与众不同的价值,但在做人处世的时候,更要和光同尘,隐藏锋芒。时刻谦卑,时刻低眉,时时刻刻心存敬畏,只有这样,才能达到修养的更高层次。事业成功了,不要沾沾自喜,不要忘乎所以;个人进步了,不要孤芳自赏,不要洋洋得意。要调整好心态,脚踏实地往前走,才能积累更多的资本,取得更高的成就。

04. 和气养身,无物不长

【原文】

情贵淡,气贵和,惟淡惟和,乃得其养,苟得其养,无物不长。

【引申】

梁漱溟先生很重视气度的修养,他主张以和气养身,以和气待人,以和气接触世间万物。《菜根谭》中说:"疾风怒雨,禽鸟戚戚;霁月光风,草木欣欣，可见天地不可一日无和气，人心不可一日无喜神。"天地之间充斥和气，才可万物滋生，草木向荣；没有和气就会万物摧折、禽鸟不安。人生之中也是如此，一个人心中充满和气，本性温舒，必然心广体胖，躯体安康，他周围的环境也会受到影响，生出一股和谐之气，生活在他旁边的每个人都会感到温馨幸福。相反，一个人若是一身暴戾之气，自身会因心胸狭隘而受损，身边的人也会被他影响而产生戾气。

性格是一个人能否取得成功的决定性因素之一。性格温和之人，遇到什么都能淡然处之，看到别人有矛盾也能积极化解，他的自身和团队都会因为他的这种和气而积极向上，充满活力。而性情乖戾之人，在哪里都会破坏组织的和谐，本来平和的气氛，因为他的到来，就会变得冷漠，成员之间不能和谐共处，这样的人到哪里都不会受到欢迎，更别说和别人一起建功立业了。梁漱溟先生之所以取得那么大的成就，和他的性格是分不开的。

梁漱溟年轻的时候，就养成了淡泊不争的性格和慈悲的胸怀，无论面对什么，都能以一团和气来对待。别人有了困难，只要他知道了，就一定尽力帮忙，别人在不经意间伤害了他，他都能一笑而过，宽容看待。他好布施，经常接济一些难中的朋友、晚辈。解放初期他每月工资300元，只留百元左右自己家用，其余都帮衬了生活无助的友人。别人生活特别贫困的，他就直接送钱，而且送的钱不要还；如果别人生活条件好，就是借，那是一定要还的，因为他的观点是："可以与，可以不与，与伤惠。"他要朋友们还钱，并不是爱钱，而是为了把钱借给另一些仍在困苦中的人。

梁漱溟在重庆勉仁文学院时，一个很壮实的青年，拿着一封信，照着上面写的地址，经多次问询，终于找到梁漱溟的家。他对梁漱溟说，他是日寇侵犯广西时脱离老家学校，逃难来到重庆的，其间参加了进步活动，受到威胁，同事们都转移农村隐蔽，而他是外乡人，因语言不通，所以不能一起转移。青年想到勉仁文学院读书，但是不仅交不起学费，而且自己的生活费用都还得靠学校解决。

梁漱溟看着这个诚恳的青年说："尽管我们素昧平生，但对追求进步的年轻人,我是要尽力支持的。所以我立马给你回信,告诉你我家地址,让你来找我。来读书吧,教室里加张课桌就行了,学费也可免交。至于生活嘛,你可以帮学校抄写讲义,做点杂务,吃饭问题不就解决了吗?"而后,他还热情地留这位青年人在家吃了午饭。直到几十年后,那个青年谈起自己第一次见到梁漱溟情形,还依然是激动不已。

梁漱溟不仅待人温和,还将"和气"当成了一种养身修心的秘技,践行终身。他经常劝告自己的家人和自己身边的好友说:"一个人动不动就气盛发怒,势必伤肝,火攻心。如气盛不得平和,不外露,则又积郁于内腑,两者都伤肝劳神,有损于健康。所以说气平情淡,自长自消,称得上身心锻炼的一项真正过硬的功夫。"

和气是一种宽容的胸怀,是一种利人的精神,是一种和谐万物、利惠万物的大无私。中国传统文化历来讲究和气,《论语》中有"礼之用,和为贵",《孟子》中有"天时不如地利,地利不如人和"。无论是修身自持,还是待人接物,都要有和气,这样人才能恬淡地面对生活,才能和睦地与人共处,才能事业有成。

05. 人生根本不可丢

【原文】

"乐"、"玩"也不是容易的事。必须在人生的根本上弄对了,然后才能干什么都对,才能有真乐趣。

【引申】

梁漱溟先生曾送给友人一幅联语:"无我为大,有本无穷。""有本",并不是指做生意有本钱,有资本,而是说人一定要有立身的根本。根本正确,做其他的事才都是正确的,才会得到真正的人生乐趣;根本不对,即使想要做一些好事,想要积极上进也是不可能的。

老庄以"道"为根本,凡事依道而行,所以能够超然物外,逍遥自得;儒家以"仁"为根本,亲人爱物,故能关照万物,为天地立心,为生民立命。一个人，无论持有那种信仰，一定要有自己的根本、自己的处世原则。《大学》中说："物有本末，事有终始，之所先后，则近道矣。"有所操持，坚守根本，再去做其他的事情，才不会脱离大道，犯严重的过错，也就不会在事后遗憾悔恨了。

为人做事坚守根本就是有德，丢掉根本就是失德。人人坚守根本，社会才能井然有序，和谐融洽，人人都忘记根本，都为所欲为，社会就会混乱，每个生活在其中的人都会深受其害。医生的根本在于治病救人，在于仁慈，若失去这个根本，只盯着钱财虚名，就不能称为一个合格的医生；商人的根本在于诚信，如果没有诚信，肆意追逐利益，就会为了发财而囤积居奇，欺骗投机，害人也害己；为官的根本在于管理服务于人民，如果忘掉了这个根本，就会在职位上作威作福，盘剥百姓，最终成为社会的蛀虫。

梁漱溟先生就是一个有根本、有原则的人。符合他原则的事，他就会全力以赴；不符合原则之事，他就认为违反了自己做人的根本，即使面对再大的压力也不退缩，该做的时候，虽千万人吾往矣，不该做的时候，就是别人逼迫他也毫不动容。

1924年，梁漱溟离开北大，有人问他原因，他说："因为觉得当时的教育不对，先生对学生毫不关心。"他认为，先生应与青年人为友。所谓友，指的是帮着他们走路。先生应该教学生们走正确的道路，做出正确的选择，而不是让他们屈服于权贵。既然自己不能这么做，就只好辞职了，北大教授的名声再好，俸禄再丰厚，他也不愿意继续做下去。

抗战中，梁漱溟在重庆办学，有反"政府"之论，沈醉带特务闯进学校去查办他。梁漱溟则正气凛然，针锋相对："我这是小骂，对你们，对抗日有好处，如果你们仍不改悔，我今后还要大骂。"李公朴、闻一多血案发生后，很多人对白色恐怖感到畏惧，而梁漱溟却在集会上公开宣言："特务们，你们还有第三颗子弹吗？我在这里等着它！"

在"批孔"热潮中，很多人要求梁漱溟批评孔子，甚至用强力胁迫，梁漱溟都不为所动，宁可自己受到打击，也不做违心之事。冯友兰与梁漱溟是好朋友，冯友兰九十寿辰的时候，电邀梁漱溟出席家宴，梁漱溟当即拒绝了，并去信说明拒赴原因，冯先生曾迫于压力谄媚权贵，违心地批判孔子。冯友兰得信很是感慨，最后还是主动前去拜访梁漱溟了。

梁漱溟一生根本牢固，原则分明，晚年，他自豪地说道："我一生的是非曲直，当由后人评说。自己为人处世，平生力行的，就是：独立思考，表里如一。"

对于一个人来说，最重要的不是他取得了什么成就，不是他拥有多大学问，而是能够在生命将尽的时候，自信地说："我一生没有丢掉自己的根本。"

Part 11

钱锺书

——中国文化批判性的观照者

钱锺书，中国现代著名的作家、文学研究家，在国学方面亦有深厚造诣。他的古文笔记体著作《管锥编》考论词章及义理，打通时间、空间、语言、文化和学科的壁障，其间多有新说创见，是近现代学术界之巨著。钱锺书以一种文化批判精神观照中国与世界，在精熟中国文化和通览世界文化的基础上，他在观察中西文化事物时，总是表现出一种清醒的头脑和一种深刻的洞察力，既深刻地阐发了中国文化精神的深厚意蕴和独特价值，也恰切地指出了其历史局限性和地域局限性，对后人有很深的借鉴意义。

第二十七章

人生如围城

> 《围城》是钱锺书先生最著名的小说,其中蕴含了很多深刻的哲理,其中题目本身就是对生活最大的隐喻。生活如何,其实就在于每个人对它的不同看法,任何人的生活之中都存在特有的喜与乐,然而现实之中,我们往往只能看到自己的苦,看到别人的乐。所以,我们对自己的所得不知道珍惜,而对于别人的所有则羡慕不已,如此就陷入了不断的艳羡与失意之中。
>
> 我们要学会用一种全面的眼光去看待生活,对"围城现象"进行反思,如此才能拥有更加美好的人生。

01. 不要总是羡慕他人

【原文】

围在城里的人想逃出来,城外的人想冲进去。对婚姻也罢,职业也罢,人生的愿望大都如此。

【引申】

钱锺书先生在《围城》之中告诉人们的一个重要道理就是不要总羡慕他人,或许自己所拥有的并没有那么差,别人的也没有那么好。在生活之中,我们总是羡慕别人,在室外工作的羡慕办公室中的清闲,在屋里工作的羡慕别人的自由;到处奔波的羡慕别人生活安稳,可以常回家;工作安稳的又羡慕创业、做生意的赚钱多;普通人羡慕名流被各种光环笼罩,受人仰慕；名人又羡慕普通人平凡自适，无拘无束……

有一则寓言：一群动物死了以后，见到了上帝。上帝问它们活了一生有什么愿望。猪说："假如让我再活一次，我要做一头牛，工作虽然累点，但名声好，让人尊重。"牛说："假如让我再活一次，我要做一头猪，吃罢睡，睡罢吃，不流汗，不挨鞭，活得像神仙。"鹰说："假如让我再活一次，我要做一只鸡，渴有水，饿有米，有人照看，不用为生活而担忧。"鸡说："假如让我再活一次，我要做一只鹰，可以翱翔天空，无拘无束，做天地间的强者。"

人看到的总是别人最光鲜的一面，而感触最深的往往是自己最不如意的地方。所以我们常常抱怨自己生不逢时，抱怨命运不公，而对自己拥有的视而不见。这就像处于围城之中一样，在外面的看到了里面华美的高楼大厦，去没有看到繁忙的工作、处理不完的文件；在里面的看到墙外的蓝天绿树，却没有看到地上布满了荆棘。

其实，生活在这个世上，上天对每个人都是公平的，在这一方面有得，在其他的方面一定有失。有人得到了富贵，却因富贵而失去了生命；有人遭受了不幸，却因残疾而保住了性命；有人天生富贵，但生命中却只有空虚、寂寞；有人出身贫苦，却能享受到无限的亲情、友情。与其羡慕别人，不如放平心态，珍惜自己现在所拥有的；与其在对别人的羡慕中度日，不如关起门来创造自己的幸福。

世上万种人，便有万种生活方式，我们不可能一一体会，也不能总是了解到他人世界中的痛苦和快乐。所以，没有必要总是用自己所看到的别人的生活来对比自己。不断地和别人做无谓的比较，只会让自己更加失落。有位哲人说过："世上唯一能够让我羡慕的便是我的未来。"聪明人从不和别人比较长短，他们只和自己对比，他们每天默默地努力工作，让自己今天比昨天更好，明天比今天更好。

我们每个人都是一座小小的城，可能它看起来不如别人的坚固，不如别人的辉煌，但只有它是自己的。我们一生所要做的，不是厌恶它、摆脱它，而是要将它建设得更好，让它成为我们的骄傲。

02. 懂得珍惜

【原文】

人生的刺,就在这里,留恋着不肯快走的,偏是你所不留恋的东西。

【引申】

钱锺书先生总是用一种独特而风趣的眼光看待事物,他对人生也就有了很多精彩的发现。在这里,他指出:生活中有很多奇怪的悖论,有些东西我们越是珍惜,越容易失去;有些东西越是看淡,越容易得到;有的时候,我们毫不在乎的,轻易放弃了,却发现那是自己最想要的;有些时候,我们苦苦地执着,生怕失去的,到后来却发现对自己毫无价值。

一群商人骑着骆驼在沙漠中行走,忽然地下传来一个神秘的声音:"抓一把沙子放在口袋里,不然你们会后悔的。"

有人听了将信将疑,抓了一把沙子放在口袋之中,而大部分人则对此不屑一顾。他们继续上路,没带沙子的走得很轻松,而带着的走得很沉重,于是有人陆续将自己口袋中的沙子倒掉。

几天以后,当商人们走出沙漠的时候,带着沙子的人忽然发现口袋变重了,打开一看,沙子竟然全部变成了黄金。装着沙子的人欣喜若狂,没带沙子的人嗟叹后悔,最可怜的是那些开始装了沙子,在路上将它们丢掉的,一个个捶胸顿足,悔恨不已。

我们漫长的一生就像遥远的旅途一样,很多宝贵的东西,当我们面对的时候,它们可能并没有显现出价值,可随着岁月的流逝,它们越发地闪耀出灿烂的光彩。有的人珍视它们,将它们紧紧抓住了,所以,他们的人生也是充实闪亮的;而另一些人轻易地将他们抛弃,所以他们的生命黯淡而粗糙,始终散发不出金子般灿烂的光芒。

人生中有两个悲哀:一是不知道自己想要什么,为了错误的目标而忙碌一生;一是不知道自己想要的东西就在身边,不经意间让它轻易地溜走。

在一次海难事故中，一位乘客被冲到了一座孤岛之上，幸运的是他还有几个同伴：一头牛，一条狗，一只百灵鸟，一只猴子。虽然获救的希望很渺茫，但在这几只动物的陪伴下，幸存者过得还算快乐。

忽然有一天，牛去世了，幸存者痛苦不已，他的世界仿佛一下子坍塌了下来，他后悔自己没有好好地爱惜那头牛。想到牛的种种好处，憨厚、温顺、任劳任怨，他宁愿用狗、鸟、猴子换回牛……这种状况一直持续到他的狗也死去了，他又开始后悔没有珍惜这条狗，想到狗的种种好处：忠诚、体贴、勇敢无畏，他甚至想为什么失去的不是百灵鸟或者猴子，偏偏是那条狗……几个月后，他的百灵鸟也死了，他想到百灵的美丽、漂亮、善解人意，对剩下的猴子甚至有了点厌恶：为什么死的不是猴子，而偏偏是那么可爱的百灵鸟呢！……一年以后，猴子也死了，幸存者陷入了孤独之中，开始怀念猴子的机灵讨巧，开始后悔自己对它的刻薄……

其实，每个人都像这个幸存者，上帝让我们来到这个世上，又害怕我们孤独，所以给了我们勤劳的父母、忠诚的朋友、体贴的妻子和可爱的孩子。但我们往往不知道珍惜这些感情，对它们毫不在意，直到失去以后才悔恨莫及，可那时一切都晚了。

人生中留恋着不肯快走的，偏是你所不留恋的东西。当我们怨恨它们不肯快走的时候，其实正是在失去最后珍惜它们的机会。就像父母的管教、朋友的打扰、妻子的唠叨、儿女的烦吵，当它们在的时候，我们希望它们赶快消失，可一旦它们真的再也没有了，你会深深地怀念它们，后悔自己未曾珍惜。

生活中哪有不值得留恋的东西啊！每一寸时光都是黄金，每一份感情都是明珠，身边每一个人都是上天慷慨的馈赠，在你盼望它们早点离去的时候，为何不好好问问自己，这些真的不值得留恋吗？

03. 正确地对待"得不到"

【原文】

我们对采摘不到的葡萄,不但可以想象它酸,很有可能想象它是分外的甜。

【引申】

钱锺书先生热爱生活,他指出人应该珍惜生活的赐予,珍惜自己所拥有的一切。可世人并非如此,他们总是对得到的东西不知珍惜,对得不到的东西却牵肠挂肚。不懂珍惜让我们失去很多,过于在意那些得不到的东西,同样让我们失去很多。生活对每个人都是公平的,是自私的欲望让我们不知满足,总觉得命运更青睐于他人,他人所拥有的都比自己的要好,于是便陷入了无尽的羡慕和嫉妒之中,总是渴望那些得不到的东西。

一位老妇人去世的时候,上帝问她对此生是否满意。她回答道:"不满意,您总是钟爱别人,而我却被您孤零零地抛弃在一边。"上帝不解。老妇人抱怨道:"年少的时候,您给了别人富贵的家庭,而我却只能享受贫苦;长大以后,别人嫁得如意郎君,而我只能做一个农民的妻子;别人的孩子聪敏漂亮,而我的孩子却平庸无奇;别人体面地离开人世,而我却在病痛中死亡,为什么您对别人那么慷慨,而对我这么刻薄呢?"上帝说:"那么,下一世就如你所愿吧!"

几十年过去了,老妇人再次来到上帝面前。上帝问她:"此生你可满意?"老妇人答道:"不满意,为何您总是钟爱别人而将我忽略呢?"上帝不解。老妇人回答:"年少的时候,别人可以自由地玩耍,而我却要接受各种管教,被仆人看得紧紧的;长大以后,别人都能自由恋爱,而我必须听从父母的安排,为家族的利益牺牲;别人的孩子都陪在他们身边,我却只能每日与仆人相伴;别人的生活是自己选择的,而我一生仿佛都被安排好了,为何世上那么多人,您偏偏对我如此刻薄呢?"上帝哀叹了一口气,他发现人实在是太难满足了,因为他们总是羡慕着不属于自己的东西。

对于许多人来说,"得不到"是悲剧产生的根源之一,有些人因为没有考上仰慕的大学而愤恨一生;有人因为没有娶到中意的女人而一生不能释怀;有人因为没能抓住一个机会而一生悔恨。其实,很多时候我们所错过的那些,并没有想象中的那么美好,只不过失去,让我们将它们神圣化、完美化了。有些人苦苦追求一个异性,未得到时,辗转反侧,忧思盈怀,可是得到以后却发现,她原来并没有自己想象中的那么美好;有些人苦苦追求一个职位,未得到时,食不甘味,得到以后却发现原来这份工作无聊得很,很快就辞职不干了;有些人没有看过某个景色时,朝思暮想,可一旦到了那里,便感觉兴趣索然,只想坐在车里等待回去……

　　得不到的,未必是最好的;看不清的,未必是最美的。我们应该有希望,但不要对那些得不到的事物怀着过分的期待,那样只能是欺骗自己,让自己在毫无轻重的东西上浪费宝贵的生命。别把别人看得太高,也别把自己看得太低。对于世间万物,最好让它们淡淡地来、淡淡地去、淡淡地相处,得之不喜,失之不忧,自然随性,淡然处之。

第二十八章

恬淡洒脱，自在人生

> 钱锺书是个才子，他的人生哲学之中处处都洋溢着一种自然洒脱、信心十足的气势。他从来不会像其他哲学家那样苦闷地思考人生的目的，人生该如何才不算白过。在他看来，人生就是为了追求快乐、享受快乐，凡事淡然处之，自由自在人生便完美无缺了。
>
> 虽然先生才气非常人可及，但他那种恬淡的生活态度还是值得人们效仿学习的。本章选了三句话来说明先生对生活的一些态度，读者可以从中一窥洒脱不羁的才子风姿。

01. 顺其自然 不患得失

【原文】

快乐在人生里，好比引诱小孩子吃药的方糖，更像跑狗场里引诱狗赛跑的电兔子。几分钟或者几天的快乐赚我们活了一世，忍受着许多痛苦。我们希望它来，希望它留，希望它再来——这三句话概括了整个人类努力的历史。

【引申】

小孩子为了获得方糖而听从大人的引诱，就像跑狗场中狗为了追上电兔子而狂奔，在大人们眼中，他们是多么可笑、多么幼稚啊！可仔细想想，我们这些大人又何尝不时时被"方糖"所引诱，为了追逐"电兔子"而忘情奔波呢？只不过我们的方糖换了个形式，叫作"金钱"、"地位"、

"利益"，我们的电兔子也换了个名字，叫作"成功"、"名誉"、"事业"。我们看到了小孩子的幼稚，却不知道在真正的智者眼中，我们自己比他们更加幼稚，更加可笑。

我们都懂得，小孩子其实不用为了方糖而受他人支配，不用为了得到玩具、失去玩具而或喜或悲，他们只要做自己喜欢做的事情，大人总是会将方糖、玩具给他们的。其实，我们自身也是如此，很多时候，我们本无需为求一些东西而忧愁劳苦，无须为了害怕失去而担惊受怕。看破生命，看穿得失，属于你的终究你会得到，不属于你的苦苦求索也未必获得，况且，得到了你还会发现它未必是你所需要的。

过于在意某些东西，反而让自己被拘束起来，失去原本应有的快乐。顺其自然，任其得失，淡然地面对生活中的种种，也许才是最好的处世方式，最能让自己的人生充满快乐。

两个几十年不见的老朋友，相聚在一起。他们谈起了自己的人生，其中一个人说："我的一生都是悲剧。"老友惊问为何。他说："我年轻的时候，盼望娶一个妻子，可是一直到30岁才娶到，你不知道我以前的日子有多么煎熬；后来我盼望有一个孩子，这又让我忍受了十年的煎熬；再后来妻子病了，我时时害怕失去他，可是担惊受怕了十几年，她还是离我而去了；后来我的孩子也病了，直到今天，我从来就没有一天不生活在煎熬惊惧之中，难道我的人生还不够悲剧吗。"

朋友听了，说："我的人生恰恰相反，我觉得一生都很幸运。""那你的一生一定与众不同了？"朋友笑了笑说道："我年轻的时候，以为自己会孤独一生，没想到在30岁的时候，上天让我遇到了我的妻子；我对生活已经十分满意了，令人兴奋的是，十年后，我又有了一个儿子；后来，我又和家人度过了十几年的快乐时光，我的妻子去世了；如今我一个人和儿子相依为命，虽然儿子身体不健康，但能够每日照顾他，看到他的面孔，我的心中便充满了幸福……"

同样的生活，总是奢求，总是害怕失去，便会永远生活在痛苦之中；总是感恩，顺其自然，便会永远生活在幸福之中。生命看淡了其实就是一场小孩子的游戏，或得或失，或荣或辱，都是一时幻境，执着其中，得到的就是苦痛；看淡万事，得到的就是自在。与其患得患失，让自己苦恼恐惧，不如顺其自然，好好地品味其中的酸甜苦辣。

02. 人当有些狂气

【原文】

一个人，到了20岁还不狂，这个人是没出息的；到了30岁还狂，也是没出息的。

【引申】

钱锺书先生有才，才高八斗，所以他的学生时代是光芒四射的，也是张狂自傲的。中国传统文化中反对张扬，号召低调、谦逊，但有时想想，做人不能死气沉沉，张狂一点也是必要的，尤其是年轻人，不可没有一些狂气。

人们经常劝告做人当成熟稳重，不要张狂傲慢。不傲慢是对的，成熟些也是对的，但做人不能没有一点张狂之气。人生如河流，从潺潺溪水，注入到汪洋大海，有时应像刚刚冲下山峦的激流一样，当有冲破一切阻碍、洗净一切污秽的气势，既不能总如山溪那样沉默忍耐，也不能总如平原的大河一样老成稳重。有挥斥方遒、粪土当年万户侯的狂气，才能成就不世之功；有舍我其谁的狂气，才能德泽天下，为天地立心。

有狂气不是肆意妄为，不是毫无节制，而是对未来充满希望的表现。有狂气不是盲目的嚣张，不是目中无人，而是一种建立在努力拼搏之上的自信。有狂气不是要凌辱、傲视他人，而是一种人与人间的相互激励和鼓舞。钱锺书先生本身就以"狂"而著称，也因"狂"而受到赏识。

钱锺书出身于诗书世家，从小聪慧过人，有人称其为"民国第一才子"。青年时期的钱锺书颇有些自负自许，恃才傲物。1929年，他以英文满分的成绩，考入清华大学外文系，成为吴宓教授的得意门生。他上课从不记笔记，总是边听课边看闲书，或作图画，或练书法，但每次考试都是第一名，甚至在某个学年还得到清华超等的破纪录成绩。老师吴宓对这个天才更是"青眼相加"，常常在上完课后，"谦恭"地问："Mr. Qian 的意见怎么样？"钱锺书也不谦让，总是先扬后抑，有时甚至对老师的见解不屑一顾。吴宓也不气恼，只是颔首唯唯。

1933 年，钱锺书即将从清华外文系毕业，校长冯友兰亲自告知他，他将被破格录取，留校继续攻读西洋文学研究硕士学位。钱锺书却一口拒绝，并狂妄地说："整个清华，叶公超太懒，吴宓太笨，陈福田太俗！没有一个教授有资格充当钱某人的导师！"有人将这些话告诉了吴宓，吴宓笑了笑，平静地说："钱锺书的狂，并非孔雀亮屏般的个体炫耀，只是文人骨子里的一种高尚的傲慢。这没啥。"

有人张狂让人厌恶，但钱锺书的狂却让人敬佩，一则是他有真才实学，他的狂是文人对自己的自信，而不是凌辱别人；一则是他用他的狂，表现了一种学者的傲骨，让人不由得敬佩。在文人经常受到冲击的年代，有些当权者主动表示对他的邀请，在别人看来这是避免厄运的最好机会。但钱锺书却冷淡地拒绝了，在他看来"道不同不相为谋"，他宁愿受到冲击也不会与那些人同流合污。

狂气是一种发自内心的自信；是一种藐视苦难的豁达，是一种无视权贵的清高；是一种心怀天下的责任感。愚公有了狂气，所以能够藐视太行、王屋，震惊天地；陶渊明有了狂气，所以能够弃官而去，不为五斗米折腰；李白有了狂气，能写出气吞山河的诗篇，能傲视权贵；顾炎武有了狂气，所以能够投笔从戎，呼出"天下兴亡，匹夫有责"的壮言。人生应当有些狂气，少年更要如此。

03. 重视精神上的快乐

【原文】

天地间有许多景象是要闭了眼才看得见的，譬如梦。

【引申】

钱先生此说，是为了让人们更加重视精神上的快乐。很多东西看不到、摸不着，但它们却远远比那些我们能够接触到的事物更加珍贵，比如道德、梦想、良心、信仰……人生既需要物质来培养，更需要精神上的快乐让它充实，就像生长在野外的大树一样，既不能脱离土壤，也不能没有雨水。人生没有精神上的快乐，便会如失去水的植物一样，干枯、腐朽，变成一堆废柴。

物质上的快乐是短暂的，享受够了，吃完穿完了，物质就失去了价值，它们提供的快乐也就消失了，这时人会更加空虚、更加寂寞，而精神上的快乐却是长久的，它们不需要用吃、穿来维持，得到了，只要一闭眼，它们就在那里，永远不会枯竭。

享受物质上的快乐容易使人堕落，令人沉迷在酒色之中，而享受精神上的快乐，则能给人以生存的希望和信仰，让人脱离低级趣味，达到更高层次的人生境界。

物质的快乐不难获取，精神上的快乐却是不易得到；物质的快乐容易感受和察觉，而精神上的快乐却难以捉摸。愚蠢的人相信世上只有物质享受，只要拥有了物质，心灵便会感到快乐，他们否认物质之外快乐的存在；而拥有大智慧的人则笃信精神上的快乐，所以他们轻视物质，看重心灵，甚至为了理想放弃自己的身体、生命。

我们没必要人人做那样的圣者、赴道者，但至少我们应该懂得重视心灵，不要总是盯着现实的功名利禄，总是贪图物质至上的享乐。钱锺书先生就是一个轻视功利，重视心灵之人。

钱锺书虽然姓钱，但他从来没将赚钱发财作为自己的目标，他时刻都坚守自己的理想，保守着一种读书人的清高，一种精神贵族的气质。在困居上海孤岛写《围城》的时候，他的生活曾一度陷入窘迫，为了维持开销，不得不辞退保姆，由夫人杨绛操持家务。他用心写的文稿没人买，而那时轻佻煽情的鸳鸯蝴蝶派小说却大受追捧。有人劝钱先生："不如改变一下自己的风格，迎合世俗口味，那样就可以赚大钱了。"钱先生不为所动，每天只写500字的精工细作，既不改变自己的风格，又不为了赚钱而加快写作速度。最后，还是夫人杨绛的四幕喜剧《称心如意》和五幕喜剧《弄假成真》得到上演机会，并及时支付了酬金，才使钱家渡过了难关。

20世纪，很多电视台准备拍摄一部《当代中华文化名人录》的片子，他们找到了钱锺书，承诺提供优厚酬金，钱先生却不愿参与其中，笑着对前来邀请的人说："我都姓了一辈子钱了，难道还迷信钱吗？"

在钱先生八十寿辰之际，有关部门要给这位学术权威举行盛大的庆祝典礼。对此，钱锺书先生委婉而坚决地谢绝了。事后，有人问钱老为何拒绝举办这一庆典，钱锺书先生淡淡地说："不愿花不明不白的钱，不愿见不三不四的人，不愿听不痛不痒的话。"

钱锺书很少关心物质上的琐事，别人借钱，只要自己不困难张口就答应，甚至不用归还。他吃穿简朴，从不挑剔，几乎常年蜗居书斋，杜门避嚣，淡泊名利，专心治学，仿佛过着出世般的生活。他的家里摆设简单，几乎看不到什么装饰，但书房中的书却堆得满满的，中文书、外文书、古典书、现代书……夏衍曾赞叹道："这真是一个特殊的人！"

钱锺书先生认为："一切快乐的享受都属于精神"。的确，人只有在精神至上去追求快乐，他的快乐才是真实的，才是长久的。物质的享受所带来的快乐不过是麻醉之下产生的幻觉而已，当我们在酒色之中醒来时，那种快乐会让我们更加痛苦、更加空虚。你是否还在沉浸在物质的快乐之中呢？早点醒来吧，不要让这种虚假的快乐继续侵蚀你的灵魂；当你因为物质的匮乏而哀伤怨艾时，不妨去追求精神的快乐，在淡泊宁静的生活中享受人生。

第二十九章

人生智慧

钱锺书先生在一些小说、文章之中讲了很多富有趣味的话语,这些话通俗易懂,看似平常,但细细品来,其中都蕴含着丰富的人生哲理。有的告诉人们要灵活地面对生活,有的告诉人们要用宽阔的胸襟造就幸福的生活,有的告诉人要学会自知自觉,有的要让人们坦然面对生活中的种种挫折、逆境……

钱先生在谈老子思想时,提到过"在迩求远,往而复返"之旨,其实,人生之中很多大道理都蕴藏在身边的细碎小事之上,一两句平常言论细细品读,也可获得无穷余味。本节就选取了一些朴素却蕴涵哲理的话,使读者对钱先生的思想能有更深的了解。

01. 话是空的,人是活的

【原文】

话是空的,人是活的;不是人照着话做,是话跟着人变。假如说了一句话,就至死不变地照做,世界上就没有解约、反悔、道歉、离婚许多事了。

【引申】

"话是空的,人是活的",在钱锺书先生看来,世上很多烦恼就来源于人们过于在意一些不重要的话语。其实,很多话本不必放在心上的,违约、违诺本是世间常情,不然怎么会有那么多解约、反悔、道歉、离婚之事呢?

人们常常说:"不要过分相信……的话。"的确,很多时候,有些话值得我们相信,而有些话则不值得人们相信。并不是说话的人不可靠,而是,那些话本身就没有什么价值。如果,我们不能认识到这一点的话,把他人随口说出的话,当成了承诺,就会给自己造成烦恼,同时影响与别人的关系。

有个朋友常常抱怨,说身边的人总是说话不算数,承诺了的事情过两天忘了。人们很好奇,为何他的身边总有一些言而无信的呢人?问他有什么别人失信的例子。他回答,比如有人说"过两天一起吃饭",可是过了好久也没请;有人说"闲了就来家里",可是去了却发现主人并不是那么期待……人不禁愕然,继而感慨这个朋友太天真了,不懂"客套话"。

是啊,生活中很多话,本来就是人与人之间的客套,大家一笑而过就算了,偏偏有人将这种话记在心中,最后倒成了心中的一个负担。

汉朝时,汉景帝的弟弟梁王进京看望太后,太后设宴,皇帝、大臣在堂前聚饮。饮酒至兴起处,汉景帝半醉着对梁王说:"等我去世以后,将立你为继承人。"大臣们都很震惊,但考虑到皇帝只是酒后随口一说,也就没有多想。然而,说者无心,听者有意。梁王却将这话牢牢地记住了,认为景帝真有立自己为嗣的念头,从而打起了做皇帝的算盘。

可是,汉景帝酒醒之后,早就将此事忘到了九霄云外,此后再也没有提起。梁王心中着急,催促太后询问,景帝默然不语。又碍于太后颜面,于是召集大臣们商讨。大臣自然知道景帝心意,他不愿弃子立弟,况且这么做也不符合祖制,于是纷纷上表反对。景帝于是立自己的儿子做太子。梁王认为这都是那些谏言大臣们坏了自己的好事,于是派人刺杀了袁盎等多位朝廷大臣。汉景帝大怒,于是下令彻查此事,矛头直指梁王。后来,景帝因为太后的关系,对此事没有深究,但梁王忧惧交加,又对没有获得继承权而耿耿于怀,不久便忧愤而死了。

有些话本来就不可信,若是过于在意,就会让自己陷入难以摆脱的纠结之中。在生活中,对于自己而言,我们要重视话语,恪守所做出的承诺,慎言慎行;对于别人,我们要学会忽略一些话语,不要过于在意别人

的"客套话"。

很多时候，即使是郑重承诺，往往因为各种原因而不能兑现。有些是他人失信，不去履行诺言，有些则是因为环境的变化，他人想兑现也无法去完成。一位智者，他和身边所有人的关系都很融洽。别人询问他原因，他只说三个字：不强求。人问何解，智者回答："对别人不要抱着太高的期待，不要有太多的要求，别人偶尔承诺了自己，也不要放在心上。"

对别人不要抱着太高的期望，并不是轻视别人，而是告诉人们，不要总想着别人对自己的承诺，不要总期望别人能答应自己什么，为自己做什么。期待太多，友情便受到了伤害。很多好朋友，就是因为一两件事承诺了，而又不能兑现，接受承诺的人却不能放下，从此成了陌路人。话是空的，人是活的，人生多变，很多话根本没法兑现，这是说话人也想不到的事，有时根本无法说明谁对谁错，不要太将别人的话"当回事"，不要让自己为一些没有意义的客套话而纠结。

02. 忘记别人的错

【原文】

假使爱女人，应当爱及女人的狗。那么真心结交朋友，应当忘掉朋友的过失。

【引申】

钱锺书先生用形象的比喻告诉我们，准备接受一个人，就应该接受他的所有，包括优点和缺点；真正与朋友结交，既要能想起他的好，还要能原谅他的过失。如果不能原谅一个人的过失，他在你心中所有的好，都将会被这一点过失满满腐蚀掉，最终都变成了错。

没有一个人是十全十美的，能够放下别人的过失，才能结交真心的朋友；自己能够接受别人的过错，别人才可接受你的过失。"人至察则无徒，水至清则无鱼"，过于在意他人的缺点，不仅会失去朋友，还会让自己陷入孤独、无助之中。法国哲学博士约瑟夫·墨菲曾说："如果你不能首先宽恕别人，你就不会完全地宽恕你自己，拒绝宽恕你自己就是精神上的傲慢和无知。"真正具有生活智慧的人，懂得让自己忘记他人的过错。

忘记别人的过错，于人是一种宽容，于己也是一种洒脱淡泊。有一则寓言故事，说两个朋友一起旅行，最后，他们来到一片海滩上，其中一个人在石上刻了一些字，然后又在沙滩上写了一些字。别人都很好奇，问他这是做什么。他说，我将一路上朋友对我的帮助刻在礁石之上，将他旅途中的过失写在沙滩之上。这样潮水来了以后，我就忘记了他的过错，而他的恩惠却将永远铭记于心。一个人如果能有这样的胸怀，他的人生怎能不快乐，他的朋友又怎能不多？

原谅别人的过失，也就是原谅自己。一个人，如果时时念着的都是别人的美好，那么他看到谁都会很开心，生活也充满趣味；相反，若一个人时时念着别人的过错，那么他看到谁都会心怀疑忌，他的生活一定是阴暗无光的。人心就像一个瓶子，快乐的人在里面装满美好的事情，而悲伤的人则将所有的缺憾、错误揽入自己心中。

一个满脸愁容的中年人，找到一位智者，对智者说："师尊，我觉得生活太不公平了，他在我的身边安置了一对令人厌恶、难以忍受的人，我快对生活绝望了。"智者问："他们真的像你想象中的那么可恶吗？"中年人立刻大吐苦水，掰着手指数落起了身边人的缺点，足足讲了半个小时。智者耐心地听完了，对他说："他们没有一点优点吗？"中年人立刻摇摇头。智者大斥道："不可能！"中年人一下子愣了，想了好久，终于想出了几条。智者又大声道："还有呢！"中年人又想了几条。大师接着道："还有呢？还有吗？"就这样，一直说了将近一个小时。智者终于停下了催促，对中年人说："你看，他们有这么多优点，远远比你刚才说的过失多，可你心中却只想着别人的错，我看错的不是别人，恰恰是你自己！"

执着于他人过错，只会让事情变得更糟。放弃那些使事态恶化的举措，用宽容的心态，原谅对方，这样做不仅能使怨恨止步，而且会让自己的心灵获得轻松、自在。宽容只在一念间，何必让自己活得很累，很累……

03. 学会"自知"

【原文】

据说,每个人需要一面镜子,可以常常自照,知道自己是个什么东西。不过,能自知的人根本不用照镜子;不自知的人,照了镜子也没有用。

【引申】

钱先生的话,让人想到了一句古语:人贵有自知之明。所谓"自知之明"就是能够了解自己、认识自己。了解自己,才能进而了解别人、了解环境,在此基础之上不断完善,去追求更高的事业;认识自己,才能正确地看清自己的优点、缺点,把握正确的人生方向。

自知是自我修炼的一个过程,也是一种人生态度。人在为学、修德的过程之中,不能盲目地追求,首先要做的就是好好地静下心来思索自己,人们常说要自省,就是达到自知的一种手段。曾子说:"吾日三省吾身,为人谋而不忠乎,与朋友交而不信乎,传不习乎?"通过自省了解自己,才能不断弥补自身的缺点,使自己在各方面取得进步。

自知体现了一个人是否成熟。年轻气盛之时,目空一切,自信之中带着些许狂傲,其实这也是不自知、不知人的一种体现。天外有天,人外有人,才能再高的人,若是能够完全了解自己,知道自己身上的不足,定会收敛许多。

钱锺书年轻之时以狂著称,常常以"轻视"老师、放出豪言壮志而自诩。可是当他成年以后,便逐渐改掉了这种风气。一次,他到昆明,特意去西南联大拜访恩师吴宓。吴宓见到得意门生喜上眉梢,毫无芥蒂地拉着他讲谈学问、下棋聊天、游山玩水。此时,钱锺书阅人、阅世多年,想起昔日种种,既钦服老师的宽容、谦逊,又深愧自己的年少轻狂,红着脸,就以前的"不自知"向老师赔罪。吴宓见此,知道狂生弟子变成熟了,大笑着说:"我早已忘了!"

1993年春，钱锺书接到吴宓先生女儿的来信，希望他为其父新书《吴宓日记》写《序》，并寄来书稿。当钱锺书读完恩师日记后，心内慨然，立即回信自我检讨，谴责自己："少不解事，又好谐戏，逞才行小慧……内疚于心，补过无从，唯有愧悔。"且郑重地要求把这封自我检讨的信，附入《吴宓日记》公开发表。

除了使人谦逊，自知还有另一个重大的好处，便是让人变得坦荡自信。不了解自己的人，往往在面对优秀者时产生一种自卑之感；而自知者则明白自己的优点在什么地方，明白自己应该坚守什么，从而不会妄自菲薄。不自知者，别人说了什么，评价什么便会心生猜忌，胡思乱想，自知者则内心坦荡荡，不为外界所干扰。

"知人者智，自知者明"。反观自身，就知道自己能做什么，究竟有多大能力，最易失误的是什么，才能在社会中为自己找好准确的位置，才能将自己的才能发挥到最理想的状态，才能克服困难、奋勇前进，创造出属于自己的辉煌。

04. 先苦才能后甜

【原文】

天下只有两种人。比如一串葡萄到手，一种人挑最好的先吃，另一种人把最好的留到最后吃。照例第一种人应该乐观，因为他每吃一颗都是吃剩的葡萄里最好的；第二种人应该悲观，因为他每吃一颗都是吃剩的葡萄里最坏的。不过事实却适得其反，缘故是第二种人还有希望，第一种人只有回忆。

【引申】

《世说新语》中记述了顾恺之食甘蔗的事，和钱锺书先生所描述的吃葡萄都是同样的道理：大画家顾恺之，除了痴迷画画，还喜欢吃甘蔗。但他吃甘蔗和别人不同，别人拿到甘蔗都是从最甜的根部开始吃起，吃到没味道了便丢掉，而顾恺之吃甘蔗，每次都要从梢端吃起，别人问他为什么要从不甜的梢端开吃。他回答:"从梢端吃,便会越吃越甜,渐入佳境。"

把美好的事物放在最后享用是一种人生智慧,是对奋斗历程最好的激励和回报。中国人最重要的节日就是春节——一年中的最后一天,很多家庭一年辛辛苦苦,只为了年终家人欢聚、共享快乐的时光。仿佛,为了那几天的欢乐,一年之中忍受再多的苦也心甘情愿。

一个打工者获得了三天的年假,这让他十分兴奋,因为这样就可以回家了。于是,每隔一段时间,他就兴奋地对工友说:"过两天我就回家了,就可以看到老婆、孩子了。"可是,过了大半年,他还是没有回家。工友打趣道:"你这'过两天'可真长啊!"打工者憨笑着说,这样才有盼头。读完这个故事,忽然感觉这个打工者真是有智慧啊!目标就像葡萄,生活中,我们应该学着多为自己树立一些美好的幻景在前面,才能甘心享受身边现实存在的压力,并燃起生活的希望。

生活就像喝咖啡,开始入口感觉淡淡的苦涩,苦涩去后,才能尝到沁人心脾的甘甜。俗话说:"吃过黄连苦,方知蜜糖甜。"一个人如果天生泡在蜜罐之中,从来没有尝到过辛苦的滋味,对于他而言,甘甜也就无从谈起了,因为他的生命中根本没有苦和甜的概念,这样的人生也是不完满的。

美国曾有一个公益机构进行一份长期的观察——对比相同年龄的孤儿和正常孩子的人生。他们发现很多从孤儿院出来的孩子,并非像平常人们想象中的那样,缺乏关爱、人格不完整。相反,他们中的大部分人都拥有一种比常人更加健康的心态。他们怀着感恩的心,进入社会,他们愿意从事任何有价值的工作,不会挑肥拣瘦,不会好高骛远。多年以后,他们将会比那些正常家庭的孩子生活更加阳光,拥有更加美好的未来。当被问及为何会有如此积极心态的时候,很多孤儿回答,因为小时候的贫穷,让他们更加珍惜现在,更加珍惜社会的馈赠。

人生如一条漫长的旅途,一个坎坷、苦痛的开始并非坏事,相反它会让人们认清现实,更加珍惜以后得到的点滴快乐。雷锋出身贫苦,幼年就成为了孤儿,所以他的心中满怀对新社会的感激,主动将快乐建立在为他人服务的基础之上；海伦·凯勒身患残疾，比大多数人都不幸，但这种苦难反而更加激起了她生命的热情，让她在黑暗中看到了光明……

　　甜美的希望是人生的动力，路途中的苦难是生命的试金石。只有先感到苦，后尝到甜的人，才会取得成功，才会得到巨大的成就。因此，我们不应该总是让最美好的东西触手可及，不妨将其放得离自己远一点，那样，生活才会更加有意义，更加充满动力。